21 世纪采购与供应规划系列教材配套习题与案例

采购与法律实务
习题与案例

黄　瑶　石锦芹　编著

中国物资出版社

图书在版编目（CIP）数据

采购与法律实务习题与案例/黄瑶，石锦芹编著 . —北京：中国物资出版社，2011.4

（21 世纪采购与供应规划系列教材配套习题与案例）

ISBN 978 - 7 - 5047 - 3756 - 4

I. ①采… II. ①黄… ②石… III. ①政府采购法—中国—教学参考资料 IV. ①D922.2

中国版本图书馆 CIP 数据核字（2010）第 255356 号

策划编辑 钱 瑛

责任编辑 张 娟

责任印制 何崇杭

责任校对 孙会香 杨小静

中国物资出版社出版发行

网址：http：//www.clph.cn

社址：北京市西城区月坛北街 25 号

电话：（010）68589540 邮编：100834

全国新华书店经销

中国农业出版社印刷厂印刷

开本：787mm×1092mm 1/16 印张：19 字数：451 千字

2011 年 4 月第 1 版 2011 年 4 月第 1 次印刷

书号：ISBN 978 - 7 - 5047 - 3756 - 4/D·0071

印数：0001—3000 册

定价：33.00 元

（图书出现印装质量问题，本社负责调换）

前　言

　　随着经济全球化的发展和全球供应链管理的普遍实施，如今越来越多的跨国公司将其全球采购网络迅速向中国延伸。资料表明，近两年跨国公司在中国的年采购额已突破千亿美元，并呈逐年递增的态势。

　　当前，中国经济领域"采购"也成了热点话题，包括：电子商务采购、企业招标采购和公共（政府）采购，跨国公司在中国建立采购中心又使这一热点加温。加强采购与供应管理、降低采购成本是企业价值链中的重要一环，对企业提升核心竞争力具有十分重要的意义。

　　据有关专家预测：中国加入WTO以后，将有望在10年内成为全球的制造中心和采购热点地区。跨国公司在中国采购与我国企业的国际采购将日趋频繁。然而，由于我国长期以来采用传统的采购模式，致使中国企业的采购管理仍是一个十分薄弱的环节。有关资料表明，目前我国工业企业产品销售成本中，采购成本一般在60%左右。我国企业的采购管理水平与国际一流跨国公司相比差距十分明显，如不尽快改善与创新，仅采购环节就将在激烈市场竞争中处于劣势。为此，我国企业如何学习、吸取国际先进企业采购管理理念和经验，改革传统的采购管理模式，加强采购管理，是当前我国广大企业普遍关注和亟待解决的热点问题。实践证明，加强采购管理是企业降低成本的关键环节，是保证商品质量的重要手段，是提高企业敏捷性的重要前提，是增强企业核心竞争力的重要途径。伴随着全球竞争的加强，企业采购环节的地位将更加突出，采购工作将更加严格。

　　另外一个重要的、引人注意的问题就是政府采购日益进入经济生活。各个地方政府已经把政府采购列为一项重要的工作内容，而且随着我国《政府采购法》的出台，预计今后5~10年将进入中国政府采购的成熟期。政府采购是公共财政支出的重要方面，政府采购对减少采购成本，节约巨额开支，规范采购行为，促进政府采购中的廉洁，增进公众对政府采购制度的信心等具有重要意义。

　　全球采购活动进入中国，也给中国企业和经济政策、贸易制度带来了许多挑战。例如，企业的产品种类、质量与标准能否满足跨国公司全球生产体系和国际市场的要求，企业如何了解和适应国际采购的规则和方法，国内相关服务行业和基础设施是否能够适应国际采购中心运作的要求，经济体制和贸易政策中还存在着哪些不利于企业参与全球化竞争的内容，等等。这些方面也是当前需要企业、政府及相关研究机构进行深入研究和探讨的领域。

中国企业需要通过加强采购管理以适应全球资源配置的方式，同时，更应该在广泛参与国际市场竞争中建立起全球化的生产网络和采购网络，真正提高在国际市场上的竞争能力。

随着物流与供应链管理在社会经济中的地位越来越重要，物流人才的培养也在我国蓬勃发展起来。作为物流和供应链管理领域重要的一部分，采购人才在社会经济活动中起的作用越来越大，尽快地培养复合型采购专业人才非常迫切。当前，培养专业的采购人才主要有两条途径：一条是在物流专业教学中简单地开设采购管理相关的课程，但是这些课程很少针对专业采购，而且所授的知识都是传统的采购知识；另一条是通过认证机构，诸如国际性CIPS（英国皇家采购与供应认证体系）、ITC（国际采购中心）和国内采购培训（中国采购与供应协会、劳动部）等机构进行的采购理论培训，国际培训机构的培训体系尽管非常完善，但是缺少合格的师资，并且很多素材脱离了中国的实际。

针对国内采购管理蓬勃发展和采购人才的培养需要，编写物流专业的采购用书或者采购专业的理论书籍显得尤为必要。基于专业采购人才培训和教材现状，在中国物资出版社及其编辑老师的大力支持下，作者规划了"21世纪采购与供应规划系列教材"（系列教材书目见底封面，本书是该系列教材的配套习题与案例）。系列教材借鉴了欧美国际采购的培训知识体系，同时结合中国企业采购人才培养的实际需要。希望系列教材能够成为物流专业中"采购与法律实务"课程的专业资料，亦能够成为专业采购人士的案头用书。

中国物资出版社是我国物流与采购领域的专业出版社，它致力于我国采购和物流人才教育和培养的书籍出版，编辑出版了大量的商品流通专业图书（教材），以"读物流书，找物资社"为出版理念，形成了以物流图书（教材）为重点的经济、科技图书出版体系和规模，为促进商品流通事业的发展、促进流通理论和流通技术研究的繁荣、促进流通系统职工科学文化的普及和提高、促进流通部门专门人才的成长作出了突出的贡献。很多图书受到广大读者的欢迎和好评。同时，本系列教材的作者均是在高校从事物流领域的科学研究和企业以及咨询机构的专家。因此，作者们将自身丰富的理论和实践经验用于该书的编写中，期望该书能够对中国企业的采购作出贡献。

本书作为"21世纪采购与供应规划系列教材"的基础课程"采购与法律实务"配套习题与案例，从知识的掌握和应用出发，紧紧围绕教材，并对教材中的基本概念、重点难点和知识体系以不同的题型进行阐述，并通过案例分析锻炼读者分析问题和解决问题的能力。

全书共分为十章，它和系列教材"采购与法律实务"中章节对应。首先是绪论的知识习题与案例；其次是采购合同的产生、采购合同的管理、买卖合同等方面知识习题与案例；再次介绍了政府采购法律制度等知识习题与案例；最后介绍了采购与民事诉讼、仲裁法律制度和行政救济法等方面的知识习题与案例。

全书在编写过程中，得到诸多高校老师（浙江大学、浙江工业大学、浙江财经学院、中国计量学院、杭州电子科技大学等）和浙江工商大学硕士生的参与和支持，并得到了浙江工商大学信息学院物流管理和工程系的老师在案例资料收集、素材整理上给予的大力支持和协助，正是他们的参与和支持才使得本书能够及时完稿。在此，对他们的辛勤工作表示衷心的感谢。感谢中国物资出版社的钱瑛老师对本书出版的大力支持。由于作者水平有限，成稿时间仓促，书中表述难免出现疏忽和谬误，敬请各位专家、读者提出批评意见，并及时反馈给作者，以便逐步完善（联系邮箱：lujuncun@yahoo.com.cn）。

在编写过程中，参考或引用了许多专家学者的资料，作者已尽可能在参考文献中列出，谨对他们表示衷心的感谢。

黄　瑶

2010年11月于浙江工商大学

目　　录

第一章　绪　　论

一、知识概述

通过本章的学习，了解采购的任务与原则，熟悉采购的类型与流程，掌握采购法的渊源，明确采购法的调整对象。

二、基本概念

1. 概念1——议价采购

【说明】由买卖双方直接讨价还价实现交易的一种采购行为。议价采购一般不进行公开竞标，仅向固定的供应商直接采购。

2. 概念2——比价采购

【说明】买方市场条件下，在选定两家以上供应商的基础上，由供应商公开报价，最后选择报价最低的，为企业供应商的一种采购方式。

3. 概念3——招标采购

【说明】通过公开招标的方式进行物资和服务采购，是政府及企业采购中的基本方式之一，招标采购的最大特征是其"公开性"，即凡是符合资质规定的供应商都有权参加投标。

4. 概念4——集中化采购

【说明】由企业的采购部门全权负责企业采购工作。即企业生产中所需物资的采购任务，都由一个部门负责，其他部门均无采购职权。

5. 概念5——分散化采购

【说明】根据需要由各单位自行设立采购部门负责采购工作，一般适用于大型生产企业或者大型流通企业。

6. 概念6——混合化采购

【说明】混合化采购是将集中化采购和分散化采购组合而成的一种新型采购制度。如需求量大且价值高的货物、进口货物等可由总公司采购部集中采购；需求量小且价值低的物品，临时性需要采购的物资，由分公司和分厂的采购部门分散采购，但在采购中应向总公司反馈相关的采购信息。

7. 概念7——采购法

【说明】采购活动过程中产生的各种民事、行政关系的法律规范的总称。

8. 概念 8——司法解释

【说明】国家最高司法机关根据法律赋予的职权对具体应用法律问题所制定的具有普遍司法效力的规范性文件。

三、重点内容

1. 采购的原则

（1）选择合适的供应商。

（2）适当的质量。

（3）适当的时间。

（4）适当的数量。

（5）适当的价格。

2. 采购的类型

采购分类

分类标准	内　容
采购的主体	个人采购、组织采购
采购的范围	国内采购、国外采购
采购的时间	长期合同采购、短期合同采购
采购的用途	消费采购、生产采购
采购的形式	有形采购、无形采购

3. 采购的方式

（1）议价采购。

（2）比价采购。

（3）招标采购。

4. 采购程序

（1）发现需求。

（2）需求说明，制订采购计划。

（3）选择供应商。

（4）价格洽谈，签订采购合同。

（5）采购订单安排。

（6）订单跟踪。

（7）接收和验货入库。

（8）结算。

（9）采购档案管理。

5. 采购法的法律渊源

（1）宪法。

（2）法律。

（3）行政法规。

（4）地方性法规。

（5）行政规章。

6. 采购法的调整对象

（1）采购活动当事人的采购关系。

（2）采购活动当事人与采购活动监管者之间的监督管理关系。

（3）采购活动当事人与采购纠纷解决者之间的裁判关系。

四、习题与案例

（一）单选（本题共 10 小题）

在每小题列出的四个备选项中只有一个是符合题目要求的，请将其代码填写在题后的括号内。错选、多选或未选均无分。

1. 采购的对象主要指（　　）。

A. 生活资料　　　　　　　　B. 生产资料

C. 工具　　　　　　　　　　D. 消费品

2. 采购管理的基本职能不包括（　　）。

A. 采购决策　　　　　　　　B. 采购实施

C. 采购计划　　　　　　　　D. 采购控制

3. 长期合同采购适用于（　　）。

A. 非经常消耗产品　　　　　B. 补缺产品

C. 质量不稳定产品　　　　　D. 消耗性产品

4. 下列不属于招标采购方式的优点的是（　　）。

A. 采购灵活性大，在采购活动中可对采购规格、数量及价格做灵活的调整

B. 有利于形成符合市场规律的真实价格

C. 有利于降低采购成本

D. 有利于和供应商建立互惠关系，稳定供需关系

5. 下列说法不正确的是（　　）。

A. 集中化采购的优点之一是可以降低采购费用

B. 分散化采购的优点之一是有利于实现采购作业及采购流程的规范化和标准化

C. 混合化采购是指将集中化采购和分散化采购组合成的一种新型采购制度

D. 分散化采购的优点之一是决策效率高、权责分明

6. 下列关于行政规章说法错误的是（　　）。

A. 行政规章包含部门规章与政府规章，部门规章指的是各单位部门根据法律、行政法规、国务院的决定与命令，制定的各种规范性法律文件

B. 政府规章的制定主体是省、自治区、直辖市以及较大的市的人民政府

C. 政府规章与部门规章的法律效力相同

D. 部门规章的效力低于宪法、法律、行政法规

7. （　　）指国家最高司法机关根据法律赋予的职权对具体应用法律问题所制定的具有普遍司法效力的规范性文件。

A. 法律   B. 宪法

C. 行政法规   D. 司法解释

8. 下列不属于常用采购方式的是（　　）。

A. 议价采购   B. 比价采购

C. 无形采购   D. 招标采购

9. 我国现行的多项法律均不同程度地涉及了采购法的内容，下列说法错误的是（　　）。

A. 《合同法》是调整政府采购活动的主要法律规范

B. 《民事诉讼法》与《仲裁法》是对民事采购中发生的纠纷通过法律途径进行解决的主要法律规范

C. 《行政复议法》与《行政诉讼法》是对政府采购中发生的纠纷通过法律途径进行解决的主要法律规范

D. 法律的效力仅次于宪法，高于其他形式的法

10. 下列不属于采购法调整对象的是（　　）。

A. 采购活动当事人之间的采购关系

B. 采购活动当事人与采购活动监管者之间的监督管理关系

C. 采购活动当事人与采购纠纷解决者之间的裁判关系

D. 采购活动当事人与采购者所在的管理部门的管理关系

（二）多选（本题共6小题）

请把正确答案的序号填写在题中的括号内，多选、漏选、错选不给分。如果全部答案的序号完全相同，例如全选ABCDE，则本大题不得分。

1. 从企业采购的实践来看，经常采用的采购方式有（　　）。

A. 集中化采购   B. 比价采购

C. 分散化采购   D. 招标采购

E. 议价采购

2. 以下属于招标采购的优点的是（　　）。

A. 有利于做到采购工作的"公开、公正、公平"

B. 有利于形成符合市场规律的真实价格

C. 有利于提高采购物品的质量

D. 有利于采购方建立供应商的信息资源库，增大选择范围

E. 有利于降低采购成本

3. 采购法的调整对象主要是与采购活动密切相关的一系列社会关系，具体包括（　　）。

    A. 采购活动监管者与采购纠纷解决者之间的管理裁判关系

    B. 采购活动当事人之间的采购关系

    C. 采购活动当事人与采购活动监管者之间的监督管理关系

    D. 采购活动当事人与采购纠纷解决者之间的审判关系

4. 分散化采购的优点有（　　）。

    A. 针对性强　　　　　　　　　　　B. 决策效率高，权责明确

    C. 有较强的激励作用　　　　　　　D. 降低采购费用

5. 采购法的特征包括（　　）。

    A. 运用的灵活性　　　　　　　　　B. 内容的广泛性

    C. 层次的多样性　　　　　　　　　D. 运用的综合性

6. 采购法的法律渊源除了宪法以外，还有（　　）。

    A. 行政法规　　　　　　　　　　　B. 地方性法规

    C. 行政规章　　　　　　　　　　　D. 司法解释

    E. 法律

（三）名词解释（本题共 11 小题）

1. 议价采购

2. 招标采购

3. 集中化采购

4. 采购法

5. 宪法

6. 司法解释

7. 地方性法规

8. 行政法规

9. 法律

10. 比价采购

11. 分散化采购

（四）判断（本题共 10 小题）

对的在括号内画"√"，错误的画"×"。

1. 行政法规，是由全国人民代表大会及其常务委员会制定和修改的，规定和调整国家、社会和公民生活中某一方面的基本问题的法。（   ）

2. 采购法律制度的规定包含在经济法中，所以如果在采购关系中发生纠纷，主要参考经济法。（   ）

3. 采购活动当事人与采购活动监管者之间的监督管理关系是采购活动中最为基本的

社会关系。（　　）

4. 政府采购中主要的采购形式是招标采购。（　　）

5. 采购的是 MBO 物品，这属于有形采购。（　　）

6. 如果短期采购双方之间关系不稳定，采购产品的数量、品种随时变化，这种情况适用短期合同采购。（　　）

7. 采购法内容广泛性的特点体现在采购法的法律渊源多样、各个法律渊源之间的效力等级不同，于是采购法就表现为内容的多样性。（　　）

8. 司法解释，指国家最高司法机关对具体应用法律问题所作出的解释，仅具有指导作用。（　　）

9. 采购法的调整对象主要是与采购活动密切相关的一系列社会关系，具体包括采购活动当事人之间的采购关系、采购活动当事人与采购活动监管者之间的监督管理关系、采购活动当事人与采购纠纷解决者之间的审判关系。（　　）

10. 我国现行的采购法律制度中，有些制度是以行政法规的形式存在的。（　　）

（五）简答（本题共 3 小题）

将答案要点写出并作简要叙述，必要时可以画出流程图或示意图进行阐述。

1. 采购的方式有哪些？

2. 采购程序包含哪些步骤？

3. 简述采购法的特点。

（六）论述（本题共 2 小题）

要求阐述过程中理论联系实际、结构严谨、分析透彻，必要时可以画出流程图或示意图进行阐述。

1. 简述采购法的法律渊源。

2. 论述采购法的调整对象。

五、参考答案

（一）单选答案（本题共 10 小题）

1	2	3	4	5	6	7	8	9	10
B	B	D	A	B	A	D	C	A	D

（二）多选答案（本题共 6 小题）

1	2	3	4	5	6
BDE	ABCDE	BCD	ABC	BCD	ABCDE

（三）名词解释答案（本题共 11 小题）

1. 答：议价采购，是指由买卖双方直接讨价还价实现交易的一种采购行为。议价采购一般不进行公开竞标，仅向固定的供应商直接采购。

2. 答：招标采购，是指通过公开招标的方式进行物资和服务采购的一种行为，是政府及企业采购中的基本方式之一。

3. 答：集中化采购，是指由企业的采购部门全权负责企业采购工作。即企业生产中所需物资的采购任务，都由一个部门负责，其他部门（包括分厂、分公司）均无采购职权。

4. 答：采购法，指调整采购活动过程中产生的各种民事关系、行政关系的法律规范的总称。我国目前的法律制度中并没有制定有关采购法的专门法典，有关采购法律制度的相关内容分散在各项不同的单行法中，各项单行法则分属民法、商法、经济法、行政法、刑法以及民事诉讼法、行政诉讼法等各个法律部门。

5. 答：宪法，是由国家最高权力机关即全国人民代表大会经特殊程序制定和修改的，综合性地规定了我国各项基本性制度的法，在法律体系中居于最高的地位。

6. 答：司法解释，指国家最高司法机关根据法律赋予的职权对具体应用法律问题所制定的具有普遍司法效力的规范性文件。司法解释是一种介于立法与司法之间的准立法行为，司法解释的效力也往往与其所解释的法律具有同等的效力。

7. 答：地方性法规，指由特定的地方权力机关制定与修改的，在一定范围内发生效力的法。根据立法法的规定，我国有权制定地方性法规的地方权力机关包括省、自治区、直辖市以及较大的市的人民代表大会及其常务委员会。地方性法规的效力等级比宪法、法律、行政法规都要低，而且只在制定机关的权力管辖范围内发生效力。

8. 答：行政法规，是由国家最高行政机关即国务院制定和修改的，规定和调整为执行法律规定事项以及宪法规定的国务院行政管理职权的事项的法。

9. 答：法律，是由全国人民代表大会及其常务委员会制定和修改的，规定和调整国家、社会和公民生活中某一方面的基本问题的法。

10. 答：比价采购，是指在买方市场条件下，在选定两家以上供应商的基础上，由供应商公开报价，最后选择报价最低的，为企业供应商的一种采购方式。实质上这是一种供应商有限条件下的招标采购。

11. 答：分散化采购，是指按照需要由各单位自行设立采购部门负责采购工作，以满足其生产需要。

（四）判断答案（本题共10小题）

1	2	3	4	5	6	7	8	9	10
×	×	×	√	√	√	×	×	√	×

（五）简答答案（本题共3小题）

1. 答：采购有以下三种方式：

（1）议价采购。议价采购，是指由买卖双方直接讨价还价实现交易的一种采购行为。

（2）比价采购。比价采购，是指在买方市场条件下，在选定两家以上供应商的基础上，由供应商公开报价，最后选择报价最低的，为企业供应商的一种采购方式。实质上这是一种供应商有限条件下的招标采购。

（3）招标采购。招标采购，是指通过公开招标的方式进行物资和服务采购的一种行为，是政府及企业采购中的基本方式之一。在招标采购中，其最大的特征在于其"公开性"，凡是符合资质规定的供应商都有权参加投标。

2. 答：采购程序包含如下步骤：

（1）发现需求。发现需求是采购行为的前提。企业采购需求通常由物资使用部门提出采购申请单，说明需要什么、需要多少、何时需要。

（2）需求说明，制订采购计划。物料申请单确定后，要求对所申请采购的物品的细节作详细说明，如对数量、质量要求、包装、售后服务、运输、检验方式等给以准确描述。

在需求分析的基础上，应制订一份采购计划，包括市场采购资源分析、物资、价格调查、供应商分析、采购方法、日程计划、运输、交货结算等。

（3）选择供应商。选择供应商是采购流程中的关键环节。

（4）价格洽谈，签订采购合同。洽谈价格是采购的主要环节。洽谈的过程是一个反复的讨价还价的过程，并就质量、数量、交货期、货款支付方式、违约责任等进行洽谈。

（5）采购订单安排。采购订单是采购商向供应商发出的采购书面通知。

（6）订单跟踪。采购订单得到供应商确认（或签订采购合同）后，采购商的主要任务就是对订单的跟踪及催货。

（7）接收和验货入库。供应商按承诺发货后，采购商负责接收和验货入库。

（8）结算。采购部门依据验收入库单，发指令通知财务部门按照合同规定向供应商支付货款。

（9）采购档案管理。经过以上流程，企业完成一次系统的采购活动，当这次采购工作结束后，要进行采购总结及采购文件、资料的分类归档，并做好长期保管的各项工作。

3. 答：采购法主要具有以下特征：

（1）内容的广泛性。采购法没有统一的采购法典，有关采购法的内容分散规定在各项不同的法律制度中，具体而言主要包括民法、商法、经济法、民事诉讼法、行政法、行政诉讼法，基本上涵盖了我国现行法律制度一般以上的部门法，是一项内容及其丰富的法律制度。

（2）层次的多样性。层次的多样性指的是采购法的法律渊源的多样性，由于各个法律渊源之间的效力等级不同，于是采购法就表现为层次的多样性。

（3）运用的综合性。内容的广泛性与层次的多样性决定了采购法律规范在具体运用时的综合性。在民事采购活动中，需要适用的采购法相对比较单一，主要涉及《中华人民共和国民法通则》与《中华人民共和国合同法》及其司法解释的运用。在政府采购活动中，需要适用的采购法则相对庞杂，除了适用《中华人民共和国政府采购法》和《中华人民共和国招标投标法》以外，还需适用数量及其庞大的不同等级的地方性法规、行政规章，这些地方性法规与行政规章的内容异同并存，分别调整不同主体在不同领域所实施的不同内容的政府采购行为。

（六）论述答案（本题共 2 小题）

1. 答：采购法的法律渊源包括如下六种：

（1）宪法。宪法是由国家最高权力机关即全国人民代表大会经特殊程序制定和修改的，综合性地规定了我国各项基本性制度的法，在法律体系中居于最高的地位。宪法中并没有关于采购的具体规定，只是对包括采购在内的各项活动作了原则性的规定，对其他各种形式的法律的制定提供了指导与依据。

（2）法律。法律是由全国人民代表大会及其常务委员会制定和修改的，规定和调整国家、社会和公民生活中某一方面的基本问题的法。我国现行的多项法律均不同程度地涉及了采购法的内容，如《合同法》是调整民事采购活动的主要法律规范，《政府采购法》与《招标投标法》是调整政府采购活动的主要法律规范，《民事诉讼法》与《仲裁法》

是对民事采购中发生的纠纷通过法律途径进行解决的主要法律规范，《行政复议法》与《行政诉讼法》是对政府采购中发生的纠纷通过法律途径进行解决的主要法律规范。

（3）行政法规。行政法规是由国家最高行政机关即国务院制定和修改的，规定和调整为执行法律规定事项以及宪法规定的国务院行政管理职权的事项的法。我国现行的采购法律制度中不存在以行政法规的形式存在的制度，因为我国现行采购法律制度中的主要事项如民事采购、行政采购以及采购活动中的纠纷等均已经制定了法律，所以相应的行政法规便不再生效。

（4）地方性法规。地方性法规指由特定的地方权力机关制定与修改的，在一定范围内发生效力的法。根据立法法的规定，我国有权制定地方性法规的地方权力机关包括省、自治区、直辖市以及较大的市的人民代表大会及其常务委员会。地方性法规的效力等级比宪法、法律、行政法规都要低，而且只在制定机关的权力管辖范围内发生效力。

（5）行政规章。行政规章包括部门规章与政府规章。部门规章，指国务院所属部委根据法律、行政法规、国务院的决定与命令，在本部门的权限内，制定与发布的各种规范性法律文件。如《中华人民共和国财政部政府采购管理暂行办法》、《国家广播电影电视总局政府采购管理办法》、《中华人民共和国财政部政府采购管理暂行办法》等。

政府规章，指由特定的地方行政机关制定与修改的，在一定范围内发生效力的法。根据立法法的规定，我国有权制定政府规章的地方行政机关包括省、自治区、直辖市以及较大的市的人民政府。政府规章的效力低于宪法、法律、行政法规，而且只在制定机关的权力管辖范围内发生效力。部门规章与政府规章的区别在于制定主体的不同以及效力范围的不同，部门规章与地方政府规章之间具有同等效力，在各自的权限范围内施行并发生效力。

（6）司法解释。司法解释指国家最高司法机关根据法律赋予的职权对具体应用法律问题所制定的具有普遍司法效力的规范性文件。司法解释是一种介于立法与司法之间的准立法行为，司法解释的效力也往往与其所解释的法律具有同等的效力。如《最高人民法院关于适用〈中华人民共和国合同法〉若干问题的解释（一）》、《最高人民法院关于适用〈中华人民共和国民事诉讼法〉若干问题的意见》、《最高人民法院关于执行〈中华人民共和国行政诉讼法〉若干问题的解释》便是最高人民法院分别对《合同法》、《民事诉讼法》、《行政诉讼法》所作的司法解释，均属于司法解释。司法解释是对法律具体应用的解释，弥补了法律规定不明确的缺陷，具有非常重要的地位，在司法实践中发挥着非常重要的作用。

2. 答：采购法的调整对象主要是与采购活动密切相关的一系列社会关系，具体包括采购活动当事人之间的采购关系、采购活动当事人与采购活动监管者之间的监督管理关系、采购活动当事人与采购纠纷解决者之间的裁判关系。

（1）采购活动当事人之间的采购关系。采购活动当事人之间的采购关系指采购活动当事人在采购活动中因实施采购行为所产生的各种关系的总称。采购活动当事人之间的采购关系是采购活动中最为基本的社会关系，是采购活动当事人与采购活动监管者之间的监督管理关系、采购活动当事人与采购纠纷解决者之间的审判关系得以产生的基础。采购活动当事人之间的采购关系主要包括民事采购关系与政府采购关系，前者是一般的平等主体之间进行采购时所产生的关系，后者是政府向一般主体进行政府采购时所产生的关系。两者的区别在于适用法律规范的不同，前者主要适用民法加以调整，具体主要包括《民法通则》与《合同法》，后者主要适用行政法和经济法加以调整，具体主要包括《政府采购法》和《招标投标法》。

（2）采购活动当事人与采购活动监管者之间的监督管理关系。采购活动当事人与采购活动监管者之间的监督管理关系，指对采购活动负有监督管理职责的有关机关在对采购活动当事人的采购活动进行监督管理时所产生的各种关系的总称。这种监督管理关系主要发生在政府采购活动中。采购主要分为民事采购与政府采购，民事采购是平等主体的当事人之间进行的采购，出于市场经济自由竞争的考虑，国家对于民事采购的监管采取相对宽松的态度，只要采购当事人在法律允许的范围内进行合法的采购活动，国家并不对具体的采购活动作出具体的规定，允许当事人根据自身情况选择合适的采购方式与程序。政府采购是政府所实施的采购行为，由于政府自身地位的特殊性以及采购资金的特殊性等原因，国家对于政府采购的监管相对于民事采购而言要严格得多，关于政府采购的法律法规的数量每年更是以惊人的速度增加。采购活动当事人与采购活动监管者之间的监督管理关系也是采购活动中的基本社会关系，特别是在政府采购领域，采购活动监管者对采购活动当事人的监督管理是政府采购公平、公正、公开地合法实施的重要保证。采购活动中的监督管理关系主要通过适用《政府采购法》和《招标投标法》加以调整。

（3）采购活动当事人与采购纠纷解决者之间的裁判关系。采购活动当事人与采购纠纷解决者之间的裁判关系，指采购活动当事人将采购中的发生的采购当事人之间的纠纷或者采购当事人与采购活动监督管理者之间的纠纷提交某个中立机构进行裁判所产生的各种关系的总称，这种裁判关系主要包括法院与各个采购当事人之间的诉讼关系，法院与采购当事人以及采购监管者之间的诉讼关系，以及仲裁机构与采购当事人之间的仲裁关系。采购活动中的裁判关系主要通过适用《民事诉讼法》、《行政复议法》、《行政诉讼法》、《仲裁法》等法律加以调整。

第二章 采购合同的产生与法律

一、知识概述

通过本章的学习，了解采购合同包含的条款，熟悉采购合同成立的具体过程，即要约和承诺两个阶段的特点，以及这两个阶段中分别涉及的法律效力问题，掌握采购合同效力的概念以及合同的生效条件。

二、基本概念

1. 概念1——采购合同

【说明】采购双方在交易时将双方在交易中发生的各种关系通过一定形式确定下来作为交易双方的依据的协议，属于合同的一种。

2. 概念2——要约

【说明】采购合同的报价在《合同法》上被称为要约，是希望和他人签订合同的意思表示，又称发盘、出盘、发价或报价。要约是合同成立的必经阶段，所有合同的签订都是从一方发出要约开始的。一方通过发出要约将自己内心的意思表达出来，收到要约的一方可以对该要约作出回应，双方一旦达成合意，合同便可以成立。

3. 概念3——格式条款

【说明】当事人为了重复使用而预先拟订，并在签订合同时未与对方协商的条款。

4. 概念4——程序性条款

【说明】不对合同双方的实体性权利作出规定，而只是规定双方当事人的程序性权利的条款。其中，实体性权利指的是当事人可以据此获得一些实体的利益的权利，而程序性权利，指的是当事人可以据此主张一定程序的运行的权利。

5. 概念5——免责条款

【说明】指双方当事人在合同中事先约定的免除或限制其未来的责任的条款。根据合同自由原则，双方当事人可以在法律规定的范围内自由地对合同的内容作出约定，当然也包括双方当事人可以对今后在合同履行过程中有可能承担的责任作出一定的分配与约定，这也可以看做是双方当事人对自己未来权利的一种处分。免责条款的设置，通过双方当事人的相互让步，可以使双方当事人对交易过程中可能出现的风险加以一定的控制，从而有利于交易的顺利进行与交易效率的提升。

6. 概念6——要约的撤回

【说明】要约人在要约生效之前取消其发出的要约。在通常情况下，从要约人发出到受要约人收到要约之间会有一段要约的在途时间，在这段时间内，要约人是有权利对自己发出的要约反悔的，前提是其反悔的意思表示要在要约到达受要约人之前，最少也应当与要约同时到达，此时的撤回才是有效的。

7. 概念7——要约的撤销

【说明】要约人在要约生效之后取消其发出的要约。撤销要约的通知应当在受要约人发出承诺通知之前到达受要约人。

8. 概念8——缔约过失责任

【说明】缔约双方在缔结合同的过程中因一方违反先合同义务导致对方受到损害所应当承担的赔偿责任。需要注意的是，缔约过失并不必然导致合同不能成立，不论合同已经成立，还是合同成立后无法生效或者又被撤销，只要一方在缔约过程中存在过失并使另一方的信赖利益遭受损失的，均应承担缔约过失责任。

9. 概念9——采购合同的成立（承诺）

【说明】当事人对合同的内容经过协商并达成一致，这个过程通常称为缔约，缔约成功的结果就是合同的成立。

10. 概念10——采购合同生效

【说明】双方当事人缔约成功后所成立的合同在法律上生效，使合同在双方当事人之间产生一种法律上的约束力，这种法律上的约束力可以保证双方当事人的权利义务得到法律的保障。

11. 概念11——附条件的采购合同

【说明】双方当事人约定将一定条件作为合同效力的发生或终止的依据的合同。合同的当事人在合同中约定了一定的条件，合同在成立时并不马上生效或者一直生效，而是在该条件成立时将发生合同生效或者合同失效的合同。

12. 概念12——附期限的采购合同

【说明】指当事人在合同中约定了一定的期限，以该期限的到来作为合同生效或失效的依据的合同。

13. 概念13——效力待定的采购合同

【说明】合同成立后不确定是否生效，还需要其他行为来确定其效力的合同。在效力待定合同被追认或者撤销之前，合同的效力处于不确定的状态，所以被称为效力待定合同。效力待定的采购合同主要有两种，即表见代理以外的代理人签订的合同，以及无权处分的合同。

14. 概念14——代理

【说明】一人代另一人实施法律行为，该法律行为所产生的法律效果归属于另一人。代理他人实施法律行为的人称作代理人，也称受委托人。被代理实施法律行为并承受法律效果的人称作被代理人，也称本人、授权人、委托人。

15. 概念15——表见代理

【说明】表见代理指代理人虽无代理权，但因存在某种事实使得代理人与被代理人之间存在的关系具有授予代理权的表面特征，使第三人相信代理人享有代理权进而与之实施民事法律行为发生法律关系，法律确认代理人所为的法律行为有效并且其法律效果归于被代理人。

16. 概念16——无权处分合同

【说明】无权处分合同指以处分他人财产为内容而签订的合同。无权处分人"冒充"权利人实施法律行为。

17. 概念17——无效采购合同

【说明】在合同成立后无法生效的合同。合同作为双方当事人缔约过程的结果，大多数合同在成立之后是可以生效的。但在某些情况下，由于该合同的成立违反了法律的规定，使法律所保护的某种利益受到了损害，这时法律便不允许这种合同发生效力。

18. 概念18——禁止性规则

【说明】法律禁止人们从事一定行为的规定，一项禁止性规则意味着人们承担一项不作为的义务。

19. 概念19——强制性规则

【说明】法律强制人们实施一定行为或者在实施一定的行为时具备一定条件的规定，一项强制性规则意味着人们承担了一项作为义务。

20. 概念20——可撤销的采购合同

【说明】当事人在签订合同时，因意思表示不真实而有权通过行使撤销权撤销已经生效的合同，或者不要求撤销而仅要求变更合同。

三、重点内容

1. 采购合同一般条款

（1）当事人的名称或者姓名和住所。

（2）标的。

（3）数量。

（4）质量。

（5）价款或者报酬。

（6）履行期限、地点和方式。

（7）违约责任。

（8）解决争议的方法。

其中，当事人、标的与数量是采购合同的必备条款，除此之外的其他条款可以通过当事人之间的补充或者其他途径加以确认。

2. 采购合同的成立过程

采购合同的成立过程包括两个阶段，即要约和承诺。

（1）要约的成立条件。

（2）要约的效力。

（3）要约的撤回与撤销。

（4）要约的失效。

（5）承诺的成立条件。

（6）承诺的迟延。

（7）承诺的撤回。

（8）缔约过失责任的成立条件。

（9）缔约过失责任的类型。

3. 采购合同的效力

（1）采购合同生效的条件。

（2）附条件的采购合同。

（3）附期限的采购合同。

（4）效力待定的采购合同的特征。

（5）无效的采购合同的特征。

（6）无效的采购合同产生的原因。

（7）可撤销的采购合同产生的原因。

（8）可撤销合同的主要特征。

（9）采购合同被确认无效或者撤销后合同当事人承担责任的方式。

四、习题与案例

（一）单选（本题共 20 小题）

在每小题列出的四个备选项中只有一个是符合题目要求的，请将其代码填写在题后的括号内。错选、多选或未选均无分。

1. 某日，甲公司负责人致电乙公司负责人，问乙公司是否愿意以 30000 元购买其一套设备，乙公司负责人未作答复。次日，乙公司负责人打电话给甲公司表示同意以 30000 元的价格购买，此时甲公司负责人告知该套设备已以相同价钱卖于丙公司。问次日乙公司负责人在电话中表示愿意以 30000 元的价格购买该设备的意思表示为（　　）。

A. 承诺
B. 要约
C. 要约邀请
D. 确认买卖合同

2. 当事人采用合同书形式订立合同的，自（　　）。

A. 双方当事人制作合同书时合同成立

B. 双方当事人表示受合同约束时合同成立

C. 双方当事人签字或者盖章时合同成立

D. 双方当事人达成一致意见时合同成立

3. 效力待定合同不同于其他合同的最大特点在于(　　)。

A. 合同尚未成立

B. 合同存在瑕疵尚待当事人进行补正

C. 此类合同须经权利人的追认才能生效

D. 合同违反了法律的禁止性规定

4. 某商店橱窗内展示的衣服上标明"正在出售"，并且标示了价格，则"正在出售"的标示视为(　　)。

A. 要约　　　　　　　　　　B. 承诺

C. 要约邀请　　　　　　　　D. 既是要约又是承诺

5. 应合同当事人的请求，由人民法院予以撤销的合同(　　)。

A. 自人民法院决定撤销之日起不发生法律效力

B. 自合同订立时起不发生法律效力

C. 自人民法院受理请求之日起不发生法律效力

D. 自合同规定的生效日起不发生法律效力

6. 上海某工厂向广州某公司购买一批物品，合同对付款地点和交货期限没有约定，发生争议时，依据《合同法》规定(　　)。

A. 上海某工厂付款给广州某公司应在上海履行

B. 上海某工厂可以随时请求广州某公司交货，而且可以不给该公司必要的准备时间

C. 上海某工厂付款给广州某公司应在广州履行

D. 广州某公司可以随时交货给上海某工厂，而且可以不给该厂必要的准备时间

7. 凡发生下列情况之一的，允许解除合同(　　)。

A. 法定代表人变更

B. 当事人一方发生合并、分立

C. 由于不可抗力致使合同不能履行

D. 作为当事人一方的公民死亡或作为当事人一方的法人终止

8. 合同权利义务的终止是指(　　)。

A. 合同的变更　　　　　　　B. 合同的消灭

C. 合同效力的中止　　　　　D. 合同的解释

9. 合同终止以后当事人应当遵循保密和忠实等义务，此种义务在学术上称为后契约义务。此种义务的依据是(　　)。

A. 自愿原则　　　　　　　　B. 合法原则

C. 诚实信用原则　　　　　　D. 协商原则

10. 禁止性规则指的是(　　)。

A. 法律强制要求人们实施一定行为或者在实施一定的行为时具备一定条件的规定

B. 禁止人们违反法律的规定

C. 强制人们承担一项作为义务的规定

D. 禁止人们从事一定行为的规定

11. 无效合同的当然绝对无效特征指的是(　　)。

A. 无效合同成立后始终无效

B. 无效合同的无效是一种客观事实

C. 无效合同自始无效的命运在合同成立之时就已经确定

D. 无效合同因为违法，所以无效

12. 一方以欺诈、胁迫的手段签订的合同，该合同(　　)。

A. 是无效合同　　　　　　　　　　B. 是可变更合同

C. 是可撤销合同　　　　　　　　　D. 当损害国家利益时，为无效合同

13. 表见代理中签订的合同(　　)。

A. 是无效合同　　　　　　　　　　B. 是效力待定合同

C. 是有效合同　　　　　　　　　　D. 是可撤销合同

14. 效力待定合同与附条件合同之间的区别是(　　)。

A. 效力待定合同是否生效取决于有权利的当事人的行为

B. 附条件合同是否生效取决于有权利的当事人的行为

C. 附条件合同中当事人的主观意志可以让合同生效条件成立或者不成立，从而决定合同是否生效

D. 效力待定合同在满足一定条件的情况下生效

15. 与狭义无权代理人签订的合同是(　　)。

A. 无效合同　　　　　　　　　　　B. 附条件合同

C. 效力待定合同　　　　　　　　　D. 可撤销合同

16. 甲公司于2月5日以普通信件向乙公司发出要约，要约中表示以2000元1吨的价格卖给乙公司某种型号钢材100吨，甲公司随即又发了一封快件给乙公司，表示原要约中的价格作废，现改为2100元1吨，其他条件不变。普通信件于2月8日到达，快件于2月7日到达，乙公司均已收到两封信，但秘书忘了把第二封信交给董事长，乙公司董事长回信对普通信件发出的要约予以承诺。那么，甲、乙之间(　　)。

A. 合同未成立，原要约被撤销　　　B. 合同未成立，原要约被新要约撤回

C. 合同成立，快件的意思表示未生效　D. 合同成立，要约与承诺取得了一致

17. A公司于10月20日向B公司发出一项要约，欲向其购买材料一批，第二天A公司因为发生安全事故停产，便想反悔，10月23日发出撤回通知。要约于10月26日到达B公司。27日，B公司正在组织讨论是否应该接受这个要约的时候，撤回通知到达。则(　　)。

A. 要约有效，撤回通知后于要约到达，未被撤回

B. 要约有效，要约未被撤销

C. 要约无效，要约已被撤回

D. 要约无效，要约已被撤销

18. 甲公司欲将一批服装售予乙公司。10 月 14 日，甲公司以信件的方式向乙公司发出要约，信的落款日期是 10 月 14 日，该信件于 10 月 16 日发出，邮戳日期是 10 月 16 日。要约中规定承诺的期限为 10 日，该信于 10 月 20 日到达乙公司。则该要约的生效日期和承诺的起算时间分别是(　　)。

  A. 10 月 20 日和 10 月 16 日　　　　　B. 10 月 16 日和 10 月 16 日

  C. 10 月 20 日和 10 月 14 日　　　　　D. 10 月 16 日和 10 月 20 日

19. 某手表厂为纪念千禧年特制纪念手表 2000 块，每块售价 2 万元。其广告主要内容为：①纪念表为金表；②纪念表镶有进口钻石。后经证实，该纪念表为镀金表；进口钻石为进口人造钻石，每粒价格为 1 元。手表成本约 1000 元。为此，购买者与该手表厂发生纠纷。该纠纷应(　　)。

  A. 按无效合同处理，理由为欺诈

  B. 按可撤销合同处理，理由为欺诈

  C. 按可撤销合同处理，理由为重大误解

  D. 按有效合同处理

20. 乙公司向甲公司发出要约，旋即又发出一份"要约作废"的函件。甲公司的董事长助理收到乙公司"要约作废"的函件后，忘记交给董事长。第三天，甲公司董事长发函给乙公司，提出只要将交货日期推迟两个星期，其他条件都可以接受。后甲、乙公司未能缔约，双方缔约没能成功的原因是(　　)。

  A. 要约已被撤回　　　　　　　　　B. 要约已被撤销

  C. 甲公司对要约作了实质性改变　　　D. 甲公司承诺超过了有效期间

（二）多选（本题共 21 小题）

请把正确答案的序号填写在题中的括号内，多选、漏选、错选不给分。如果全部答案的序号完全相同，例如全选 ABCDE，则本大题不得分。

1. 下列合同中，属于无效合同的有 (　　)。

  A. 一方以欺诈、胁迫手段订立的合同

  B. 恶意串通，损害国家、集体或者第三人利益的合同

  C. 以合法形式掩盖非法目的的合同

  D. 损害社会公共利益的合同

  E. 违反法律、行政法规规定的合同

2. 在下列哪些情形下，要约失效(　　)。

  A. 拒绝要约的通知到达要约人　　　B. 要约人依法撤销要约

  C. 承诺期限届满，受要约人未作出承诺　D. 要约人对要约的内容作出变更

  E. 要约被要约人撤回

3. 下列合同关于履行地点的说法正确的是(　　)。

  A. 合同中规定履行地点的，按照合同规定履行

B. 在履行地点不明确时，给付货币的合同，应在接受货币一方所在地履行

C. 不动产权的转移，应在不动产权利登记机关所在地履行

D. 在履行地点不明确时，除货币、不动产外的其他标的，在履行义务一方所在地履行

4. 不影响合同成立的原因有(　　　)。

A. 对合同的主要条款意思表示不一致

B. 虽经协议却未达成合意

C. 当事人对合同的次要条款未达成协议

D. 当事人对合同的非必要条款未达成协议

E. 当事人对主要条款已作出一致的意思表示

5. 可以撤销合同的机构有(　　　)。

A. 工商管理机关　　　　　　　　　　B. 合同审批机关

C. 人民法院　　　　　　　　　　　　D. 合同仲裁机关

E. 上级主管机关

6. 要约的时间条件指的是以下哪几种情况(　　　)。

A. 要约中没有规定承诺存续期的，承诺可以随便什么时候作出

B. 要约中规定了存续期的，承诺按存续期作出

C. 要约中没有规定存续期的，且要约以口头形式作出，承诺必须在对话结束前作出

D. 要约中没有规定存续期，且要约以书面形式作出，则承诺在传递方式、交易习惯、行业习惯等允许的时间范围内作出

7. 无权处分的合同在(　　　)情形下有效。

A. 合同经权利人追认　　　　　　　　B. 无权处分人事后取得处分权

C. 合同经代理人追认　　　　　　　　D. 合同由狭义无权代理的代理人签订

8. 导致可撤销合同的原因有(　　　)。

A. 因重大误解签订的合同　　　　　　B. 损害社会公共利益

C. 以合法形式掩盖非法目的的签订的合同　D. 在签订合同时显失公平

E. 一方以欺诈、胁迫的手段或者乘人之危，使对方在违背真实意思的情况下签订的合同

9. 当采购合同被确认无效后，对合同当事人的救济方式有(　　　)。

A. 合同取得的财产，应当予以返还，如果不能返还或者没有必要返还的，或者返还费用过高的，可以采用折价补偿的方式

B. 合同无效或者被撤销后，如果有一方因此受到了损失，那么有过错的一方应当赔偿对方因此所受到的损失，双方都存在过错的，应当各自承担相应的责任

C. 合同无效或者可撤销的情况下，如果存在当事人恶意串通，损害国家、集体或者第三人利益的情况的，其取得的财产收归国家所有或者返还集体、第三人

D. 必要时追究违约责任

10. 要约发出以后，遇有(　　)情况之一时，即不发生效力，或消灭其效力。

    A. 要约被撤回　　　　　　　　　　　B. 要约被拒绝

    C. 要约的有效期限届满　　　　　　　D. 要约人丧失民事行为能力

11. 甲学校向乙公司发出要约，要订做一批桌椅，要约中表明了桌椅的样式，甲要约中提出："双方发生争议，提交北京市仲裁委员会仲裁。"乙公司回信接受甲学校的一切条件，但在回信中指出，双方发生争议，任何一方有权向法院起诉，根据已知条件，判断下列选项正确的是(　　)。

    A. 甲、乙之间的合同成立，因为已经达成了合意

    B. 甲、乙之间的合同成立，因为乙的变更是非实质性变更

    C. 甲、乙之间的合同不成立，因为乙的变更是实质性变更

    D. 甲、乙之间的合同不成立，乙的回信是新要约

12. 合同的数据电文形式有(　　)。

    A. 电报、电传　　　　　　　　　　　B. 传真

    C. 电子数据交换　　　　　　　　　　D. 电子邮件

13. 合同的形式是合意的表现方式，有(　　)。

    A. 书面形式、口头形式和其他形式　　B. 明示形式和默示形式

    C. 批准形式和登记形式　　　　　　　D. 公证形式和鉴证形式

14. 甲向乙发出要约，乙的(　　)行为不发生承诺的效力。

    A. 附条件地接受要约

    B. 撤回承诺的通知与承诺同时到达要约人

    C. 撤回承诺的通知因晚于承诺到达，要约人未及时将该情况通知承诺人

    D. 承诺被依法撤销

15. 要约邀请是希望他人向自己发出要约的意思表示。(　　)为要约邀请。

    A. 寄送的价目表　　　　　　　　　　B. 拍卖公告、招标公告、招股说明书

    C. 投标邀请书　　　　　　　　　　　D. 悬赏广告

16. 下列关于电子合同中的要约，表述正确的是(　　)。

    A. 乙公司有多套数据电文系统并指定 A 系统接收数据电文，甲公司以数据电文形式向乙公司发出要约，但该数据电文进入乙公司的 B 系统中，要约不生效

    B. 甲公司向乙公司发出要约，但随即后悔，其撤回要约的通知应当在要约到达乙公司之前或与要约同时到达乙公司，要约撤回方有效

    C. 甲公司要撤回发给乙公司的要约，只要撤回通知到达乙公司时，乙公司尚未发出承诺通知即可

    D. 乙公司未明确规定其多套系统中由哪一个系统接收数据电文，则甲公司以数据电文形式发出的要约进入乙公司任何系统的首次时间，就是该要约的生效时间

17. 下列情形中，合同已经成立的有(　　)。

    A. 甲对乙说："我的那本《中国民法》8 块钱卖给你，要不要？"，乙说："好，一言

9. 代理

10. 表见代理

11. 缔约过失责任

12. 可撤销的采购合同

（四）判断（本题共 20 小题）

对的在括号内画"√"，错误的画"×"。

1. 合同如果有格式条款和非格式条款，在两者不一致的情况下，应当采用格式条款。（   ）

2. 效力待定合同就是可撤销合同。（   ）

3. 表见代理中，代理人没有代理权。（   ）

4. 表见代理中的代理人因为没有代理权，所以其为被代理人签订的合同是无效合同。（   ）

5. 狭义的无权代理的代理人为被代理人签订的合同对于被代理人而言是无效合同。（   ）

6. 无效合同的当然绝对无效特征指的是无效合同的无效是一种客观事实，不以当事人的意志为转移。（   ）

7. 所有的欺诈行为都将导致合同无效。（   ）

8. 欺诈行为只有损害了国家利益才会导致合同无效。（   ）

9. 欺诈行为如果损害了除国家利益以外的其他利益，则合同为可变更、可撤销合同。（   ）

10. 以合法形式掩盖非法目的的采购合同形式上合法，内容与目的却是非法的。（   ）

11. 法条竞合处理上，一般法优于特殊法。（   ）

12. 在可撤销的合同中，合同的每一方都享有撤销权。（　　　）

13. 狭义无权代理所签订的合同为效力待定合同，被代理人可以行使追认权而使合同生效。（　　　）

14. 采购合同被确认无效后，当事人对另一方造成损失的，应承担赔偿责任。（　　　）

15. 存在重大误解的合同，双方当事人都享有合同的撤销权。（　　　）

16. 恶意串通，损害国家、集体或者第三人利益的采购合同，为可撤销合同。（　　　）

17. 显失公平的合同为无效合同。（　　　）

18. 无效处分合同，如果合同经权利人追认，合同有效。（　　　）

19. 与表见代理中的无权代理人签订的合同是效力待定合同。（　　　）

20. 与狭义无权代理中的无权代理人签订的合同是无效合同。（　　　）

（五）简答（本题共 17 小题）

将答案要点写出并作简要叙述，必要时可以画出流程图或示意图进行阐述。

1. 简述采购合同的特征。

2. 简述采购合同相对性的含义。

3. 采购合同一般包括哪些条款？

4. 免责条款应当符合哪些条件？

5. 要约应当符合哪些规定？

6. 要约在哪些情形下失效？

7. 采购合同成立地点的确定有何意义？如何确定采购合同的成立地点？

8. 采购合同的一般生效条件有哪些？

9. 附条件的采购合同中的"条件"应符合哪些特征？

10. 效力待定采购合同具有哪些特征？

11. 表见代理的构成要件有哪些？

12. 采购合同被确认无效或被撤销后各方应当承担哪些责任？

13. 缔约过失责任成立的条件有哪些？

14. 简述表见代理与狭义的无权代理之间的相同点和不同点。

15. 简述无权处分合同与无权代理合同的相同点和不同点。

16. 如何理解无效合同的违法性特征？

17. 简述要约的撤销与撤回的区别和联系。

（六）论述（本题共 10 小题）

要求阐述过程中理论联系实际、结构严谨、分析透彻，必要时可以画出流程图或示意图进行阐述。

1. 论述采购合同条款的确定规则。

2. 论述采购合同格式条款、程序性条款与一般条款的区别。

3. 论述要约与要约邀请的不同之处及两者的区别办法。

4. 论述承诺的成立条件。

5. 论述采购合同生效与采购合同成立的关系。

6. 论述效力待定合同与附期限合同、附条件合同的相同点和不同点。

7. 论述导致合同无效的原因。

8. 导致采购合同可撤销的原因有哪些？

9. 论述无效合同与可撤销合同的区别。

10. 论述无效合同的特征。

（七）案例分析（本题共 5 小题）

案例一：蔬菜采购合同

甲公司与乙公司订立一份合同，约定由乙公司在 10 天内向甲公司提供新鲜蔬菜 6000 千克，每千克蔬菜的单价为 1 元。乙公司在规定的期间内向甲公司提供了小白菜 6000 千克，甲公司拒绝接收这批小白菜，认为不是职工食堂所消费的蔬菜，炊事员有限，不可能有那么多人力用于洗小白菜，小白菜不是合同所要的蔬菜。双方为此发生争议，争议的焦点不在价格，也不涉及合同的其他条款，唯有对合同的标的双方各执一词，甲公司认为自己的食堂从来没有买过小白菜，与乙公司是长期合作关系，经常向其购买蔬菜，每次买的不是大白菜就是萝卜等容易清洗的蔬菜，乙公司应该知道这种情况，但是其仍然送来了甲公司不需要的小白菜，这是曲解了合同标的。乙公司称合同的标的是蔬菜，小白菜也是蔬菜，甲公司并没有说清楚要什么样的蔬菜，合同的标的规定是新鲜蔬菜，而小白菜最新鲜，所以我公司就送了小白菜过去，这没有违反合同的规定，认为甲公司称蔬菜就是大白菜或萝卜的说法太过牵强附会，既没有合同依据也没有法律依据，不足为凭。

结合案例，请回答以下问题：

1. 什么是合同的标的？

2. 如何解释案例中合同的标的？

案例二：毛巾采购案例

2006 年 4 月 3 号，华丰超市想要购进一批毛巾，向几家毛巾厂发出电报，称"本超市欲购进毛巾，如果有全棉新款，请附图样与说明，我商场将派人前往洽谈购买事宜"。有几家毛巾厂回电，称自己生产的毛巾符合要求，并附上了图样与说明。其中，丽星毛巾厂寄送了图样与说明后，又送了 100 条毛巾到该超市，超市看货后不满意，决定不购买该厂产品。丽星毛巾厂认为商场发出的是要约，自己送毛巾的行为是承诺，合同因为承诺而生效，超市拒绝购买是违法行为，应承担违约责任。而超市方认为他们发出的是要约邀请而非要约，超市方不受该行为约束。

结合该案例，请回答如下问题：

1. 什么是要约和要约邀请，两者的区别是什么？

2. 该案例中超市的行为属于何种行为？本案应当如何处理？

案例三：办公楼买卖合同案例

原告于 2005 年 3 月 25 日通过其代理人向被告发出一个书面要约，请求以 500 万元的价格购买被告位于甲市长河路 34 号的一幢两层楼房作办公室用。3 月 29 日，被告通过其代理人向原告发出一个书面的反要约，要约中声称被告愿意以 650 万元的价格将其同一楼房出售给原告，并要求原告在 4 月 3 日之前作出答复。反要约文件中有一供原告予以承诺的栏目，说明只要在此处签名，则视为承诺。原告于 4 月 2 日在该承诺栏目中签署，并向被告的代理人发出。被告的代理人于 4 月 3 日上午收到该承诺时，告诉原告其已经决定不再出售其楼房了。

结合该案例，回答如下问题：

原告与被告之间的合同是否成立？为什么？

案例四：浙江新龙公司工程款追付案例

1997 年 5 月，浙江某建筑公司（以下简称原告）为浙江新龙公司承包施工二层楼的裙楼，工程造价为 250 万元。同年 9 月 8 日，工程通过竣工验收。原告单位负责人孙某与新龙公司基建科科长张某及业务员韩某对工程款进行核对，新龙公司尚有 110.7 万元工程款未付。双方在决算书上确认并签字。1998 年，由于新龙公司经营不善并资不抵债，市政府主管部门决定对其资产重组，由 HD 集团公司承继新龙公司的债权债务，新龙公司的经营场地投入到 HD 集团下属的 HD 有限公司（两企业字号相同）。资产兼并基准日为 1998 年 7 月 1 日。兼并后，新龙公司员工大多数进入 HD 有限公司，张某及韩某也于同年 7 月与 HD 有限公司签订劳动合同。当地媒体对兼并活动以"HD 有限公司兼并新龙公司"为标题作了大量宣传。HD 集团公司从未发布过兼并公告，也无其他通知债权人办理债权登记的公告。并且，新龙公司一直未办理注销登记。1999 年 9 月，原告再次找到张某，要求新龙公司还款，张某再次表示将尽快解决，并签字确认。同年 10 月，张某与韩某均离开 HD 有限公司。同年 11 月，原告再次找到张某与韩某，两人又一次签字确认。其后一直未归还欠款。2000 年 12 月，原告以新龙公司、HD 有限公司及 HD 集团公司为被告到法院起诉。

经过审理，一审法院以原告起诉已过诉讼时效为由，驳回诉讼请求。原告不服上诉，二审法院认为，原告主张并未过诉讼时效，撤销原判，判决被告归还工程欠款，并承担相应利息。

结合该案例，请回答如下问题：

张某与韩某在工程决算书上的签字行为是否构成表见代理？为什么？

案例五：原油买卖合同案例

2005 年 6 月，甲公司与乙公司订立了 1000 吨原油买卖合同，合同约定，乙公司先向甲公司预付 80% 的货款，甲公司在收到预付款后的 10 日内向乙公司交付原油。在履行合同时，甲公司向乙公司交付原油的过程中，被警方拦截，原因是甲公司向乙公司交付的原油是走私原油。甲乙两公司均受查处，走私原油被没收。最后警方查明乙公司是不知情的。乙公司起诉甲公司要求退款，并支付违约金。甲公司以合同无效抗辩，拒绝支付违约金。

结合上述案例，请回答如下问题：

1. 甲公司的抗辩理由是否成立？为什么？

2. 本案如何处理？根据是什么？

五、参考答案

（一）单选答案（本题共 20 小题）

1	2	3	4	5	6	7	8	9	10
B	C	C	C	B	C	C	B	C	D
11	12	13	14	15	16	17	18	19	20
B	D	C	A	C	B	D	C	B	A

（二）多选答案（本题共 21 小题）

1	2	3	4	5	6	7	8	9	10
BCD	ABC	ABCD	CDE	CD	BCD	AB	ADE	ABC	ABC
11	12	13	14	15	16	17	18	19	20
CD	ABCD	AB	AB	ABC	ABD	AB	BCD	AD	AC
21									
ABCDE									

（三）名词解释答案（本题共 12 小题）

1. 答：要约，指希望和他人订立合同的意思表示，该意思表示应当符合下列规定：
（1）内容具体确定。
（2）表明经受要约人承诺，要约人即受该意思表示约束。

2. 答：要约邀请，指希望他人向自己发出要约的意思表示。寄送的价目表、拍卖公告、招标公告、招股说明书、商业广告等为要约邀请。

3. 答：要约的撤回，指要约人在要约生效之前有权取消其发出的要约。

4. 答：要约的撤销，指要约人在要约生效之后取消其发出的要约。

5. 答：采购合同生效，指经双方当事人缔约成功后所成立的合同在法律上生效，使合同在双方当事人之间产生了一种法律上的约束力，这种法律上的约束力可以保证双方当事人的权利义务得到法律上的保证。

6. 答：附条件的采购合同，指双方当事人约定将一定条件作为合同效力的发生或终止的依据的采购合同。

7. 答：附期限的采购合同，指当事人在合同中约定了一定的期限，以该期限的到来作为合同生效或者失效的依据的合同。

8. 答：效力待定合同，指合同成立后尚未确定是否生效，还需要其他行为来确定其效力的合同。

9. 答：代理，指一人代另一人实施法律行为，该法律行为所产生的法律效果归属于另一人。

10. 答：表见代理，指代理人无代理权，但因存在某种事实使得代理人与被代理人之间存在的关系具有授予代理权的表面特征，使第三人相信代理人享有代理权进而与之实施民事法律行为发生法律关系，法律确认代理人所为的法律行为有效并且其法律效果归于被代理人。

11. 答：缔约过失责任，指缔约双方在缔结合同过程中因一方违反先合同义务导致对方损害应当承担赔偿责任，赔偿范围以信赖利益的直接损失为限。

12. 答：可撤销的采购合同，指当事人在签订合同时，因意思表示不真实而有权通过行使撤销权撤销已经生效的合同。

（四）判断答案（本题共20小题）

1	2	3	4	5	6	7	8	9	10
×	×	√	×	×	√	×	√	√	√
11	12	13	14	15	16	17	18	19	20
×	×	√	×	√	√	×	√	×	×

（五）简答答案（本题共17小题）

1. 答：采购合同主要有以下特征：

（1）主体特征

采购合同是平等主体的自然人、法人和其他组织所实施的一种行为，也就是说，非平等主体之间所签订的采购合同并不能适用《合同法》的规定。

（2）行为特征

采购合同是平等主体的自然人、法人和其他组织所实施的一种民事法律行为，民事法律行为作为一种最重要的民事法律事实，必须是合法的行为。

（3）意思特征

采购合同作为民事主体所实施的民事法律行为，合同双方必须具有签订合同的意思，而且合同是签订双方协商一致并自愿达成的。

2. 答：采购合同相对性的含义如下：

（1）合同主体的相对性。合同关系只能发生在特定的主体即签订采购合同的当事人之间，而且在通常情况下合同关系以外的主体并不能介入到合同关系中来。

（2）合同内容的相对性。合同的内容只在合同主体之间发生作用，而合同关系以外的主体并不享有合同权利，也无须承担合同义务。

（3）合同责任的相对性。合同责任只能在合同主体之间发生，合同关系以外的主体无须承担合同责任。

3. 答：采购合同一般包括如下条款：

（1）当事人名称或者姓名和住所。

（2）标的。

（3）数量。

（4）质量。

（5）价款或报酬。

（6）履行期限、地点和方式。

（7）违约责任。

（8）解决争议的办法。

以上是合同一般应具备的条款，但不一定是必备条款，其中，当事人、标的与标的物数量是必备条款，其他条款可以通过当事人之间的补充或者其他途径加以确定。

4. 答：免责条款，指双方当事人在合同中事先约定的免除或限制其未来的责任的条款。根据合同自由原则，双方当事人可以在法律规定的范围内自由地对合同的内容作出约定，当然也包括双方当事人可以对今后在合同履行过程中有可能承担的责任作出一定的分配与约定，这也可以看做是双方当事人对自己未来权利的一种处分。但合同自由不是没有限制的自由，而是在法律规定的范围内享受的自由，所以免责条款应当符合一定的条件：

（1）明示约定。免责条款只能以明示而不得以默示的形式存在。

（2）事先约定。免责条款是双方事先约定的，如果双方在争议发生后再达成一个免责协议的，这个协议就是一个事后关于责任承担的单独的协议，并不属于原合同的一部分。

（3）不得违反法律、行政法规的强制性规定。

（4）不得免除造成对方人身伤害的责任。

（5）不得免除因故意或重大过失造成对方财产损失的责任。与人身伤害的免责条款相类似的处理还包括对因故意或重大过失造成的财产损失的处理，这一责任也是不得事先设置免责条款的。

5. 答：要约是希望和他人签订合同的意思表示，是合同成立的必经阶段，所有合同的签订都是从一方发出要约开始的。要约应当符合下列规定：

（1）具有签订合同的意思表示。签订合同的意思表示是合同的重要特征，所以在签订合同的重要阶段之一的要约阶段，当然也要求要约须具有签订合同的意思表示。

（2）内容具体确定。"具体"指的是要约应当具备使合同成立的主要条款，而合同的主要条款则会因合同的性质的不同而存在差异。一般来说，标的与数量是必不可少的。至于其他的条款，可以在合同签订过程中进行补充，也可以在合同成立后直至履行时进行补充。价格也是一项非常重要的条款，即使是非常简洁的要约中一般也会包含价格条款。

（3）表明经受要约人承诺，要约人即受该意思表示约束。如果发出的要约声明要约人并不受该意思表示的约束，那么这就不是真正的要约，而有可能是一项要约邀请。

6. 答：有如下情形之一的，要约失效：

（1）拒绝要约的通知到达要约人，需要注意的是受要约人可以像要约人撤回要约那样撤回拒绝的通知，这时要约仍然继续有效。但若撤回拒绝的通知迟于拒绝的通知到达要约人的，此时要约已经因拒绝的通知到达要约人而失效，该项通知并不产生法律上的效力。另外该项撤回拒绝的通知也并不构成一项新的要约，因为受要约人此时并没有签订合同的意思。

（2）要约人依法撤销要约。

（3）承诺期限届满，受要约人未作出承诺。

（4）受要约人对要约的内容作出实质性变更。如果受要约人对要约的内容作出了实质性的修改，那么将视为对先前要约的拒绝，因为经修改后的要约已经不能体现要约人所要表达的意了。但如果仅仅对要约的非实质性内容作出变更，而且要约人既没有表示要约不可变更也没有及时对非实质性变更表示反对的话，则不视为对先前要约的拒绝。

7. 答：确定合同成立的地点具有非常重要的意义。合同成立的地点将决定在合同履行过程中赋税的缴纳、交易习惯的确定、合同的补充以及将来诉讼程序中的法院管辖问题、法律适用问题等一系列重要问题。

合同成立地点的确定有以下方式：

（1）一般情况下，承诺生效的地点就是合同成立的地点。

（2）在一方以行为方式作出承诺的情况下，合同成立的地点应当是双方当事人意思实现的地点。

（3）合同签订地。若当事人约定采用合同书形式签订合同的，合同成立的地点就是合同签订地，合同签订地其实就是最后一方签字盖章地。

8. 答：采购合同的一般生效条件如下：

（1）行为人具有相应的民事行为能力。民事行为能力是实施民事行为的前提，没有民事行为能力的民事主体并不具有独立、正确明白地表达自己的意思的能力，当然也不具备签订合同的能力。

（2）意思表示真实。只有意思表示真实的合同才可以被法律确认为有效的合同。在意思表示不真实的情况下，将有可能导致合同无法生效。

（3）不违反法律或社会公共利益。合同生效所产生的效果便是双方当事人的权益可以受到法律的保护，所以合同本身不得违反法律或社会公共利益。

9. 答：合同所附的条件将直接关系到合同的效力，所以所附条件应当符合一定的特征：

（1）条件必须是将来发生的事实。

（2）条件是否发生是不确定的。条件是当事人对未来可能发生的事实的一种假设，这种事实是否能够发生还处在不确定的情况。

（3）条件的设定是当事人约定而不是法律的规定。虽然两者的效力是相同的，都与合同的效力直接相联系，但仍然有必要对两者作出区分，附条件合同中条件的设置是当事人意思表示的体现，目的是为了尊重当事人的意思自治，使合同的履行更好地满足当事人的需要，只适用于该项合同。法律规定的条件，更加侧重对合同交易行为的规制与保护，适用于所有法律规定应当适用的合同。

（4）条件本身必须合法。如果合同中规定了不合法的条件，那么该项条件显然应当是无效的，因为其设置使合同失去了合法性的特征。

（5）条件不得与合同的主要内容相矛盾。合同是当事人意思的表示，而条件也是当事人意思的表示，同样作为当事人的意思表示，条件的设置当然不可以与合同的主要内容相矛盾。

10. 答：效力待定采购合同主要有以下特征：

（1）合同成立时并不生效。

（2）合同是否生效并不确定，效力待定合同是否生效要取决于其他的行为，这种行为并不能根据合同确定。

（3）合同成立后可以通过一定的行为使其生效。

（4）合同是否生效取决于有权利的当事人的行为。

11. 答：表见代理的构成要件包括：

（1）代理人没有代理权。没有代理权的情形包括行为人没有代理权、代理人超越代理权、代理人在代理权终止后以被代理人名义签订合同三种情况。

（2）代理人与被代理人之间有表面授权的特征。具体而言，应当存在某种事实使得相对人有理由相信代理人享有代理权，比如代理人出示其所持有被代理人的介绍信、合同专用章或者盖有公章的空白合同书，或者代理人与被代理人之间存在代理关系、委托关系等。

（3）相对人为善意。善意就是无过错，既无故意，又无过失。而与善意相对的便是恶意，恶意便是有过错，过错包括了故意与过失。表见代理要求相对人主观为善意，即要求相对人在签订合同时并不知道代理人不具有代理权，如果相对人在签订合同时已经知道代理人没有代理权，比如已经得知代理人没有代理权或者发现代理人提供的证明文件有假等，那么即使有表面授权的特征也不构成表见代理。

12. 答：采购合同被确认无效或被撤销以后，合同成立之后所发生的有关事项都应当尽量恢复到合同成立之时的状态。《合同法》规定了以下三种方式对合同当事人进行救济和惩戒。

（1）返还财产或折价补偿。合同当事人在合同被确认为无效或者被撤销以后，对已经交付给对方的财产，享有返还财产的请求权，对方当事人对于已经接受的财产负有返还财产的义务，当因无效合同所取得的对方当事人的财产不能返还或者没有必要返还时，按照所取得的财产的价值进行折算，以金钱的方式对对方当事人进行补偿。

（2）收归国有。当合同当事人恶意串通，损害国家、集体或者第三人利益的，发生追缴财产的法律后果，即将当事人恶意串通损害国家、集体或者第三人利益所取得的财产追缴回来，收归国家或返还给受损失的集体、第三人。

（3）赔偿损失。当合同被确认为无效后，有过错的一方应当赔偿对方因此所受到的损失，双方都有过错的，应当各自承担相应的责任。

13. 答：缔约双方在缔结合同的过程中因一方违反先合同义务导致对方受到损害应当承担缔约过失责任。缔约过失责任成立的条件有：

（1）缔约过失一般发生在合同签订之前的缔约过程之中。

（2）一方违反先合同义务。在缔约过程中，合同双方依据诚实信用原则而应当承担一定的先合同义务，比如说明、注意、通知、协助和保护义务等，如果一方在能力所及的范围内没有履行上述义务，将有可能承担缔约过失责任。

（3）另一方的信赖利益受到损失。在缔约过程中，一方出于对对方的信任以及对缔结合同的需要会作出一定的行为来实现签订合同的目的，所以其对于这种行为在将来获得一定的收益将拥有一种期待的利益，即信赖利益。如果一方在缔约过程中存在过失并使另一方的信赖利益遭受损失的，应承担缔约过失责任。

14. 答：表见代理与狭义的无权代理之间的相同点在于两者都是代理人没有代理权的代理。表见代理与狭义的无权代理之间的不同点：第一，表见代理比狭义的无权代理多了表面授权的特征，使第三人相信代理人有代理权而与之发生民事法律关系，所以将产生代理的效果。该项制度的设置旨在保障善意第三人的利益。而狭义的无权代理并不当然产生代理的效果。第二，在采购合同法领域，表见代理的代理人为被代理人签订的合同是有效合同，而狭义的无权代理的代理人为被代理人签订的合同对于被代理人而言是效力待定合同。

15. 答：无权处分合同与无权代理合同相同之处在于，两种合同在签订时都没有体现真正权利人的意愿，但并非绝对违背了权利人的意愿或者对权利人绝对不利，在权利人知晓合同内容之后，完全可以根据具体的情形来决定合同是否生效。如果合同的内容符合自己的意愿或者对自己有利，那么权利人完全可以选择对合同进行追认而使其生效。如果合同的内容并不符合自己的意愿或者损害了自己的利益，那么权利人可以选择拒绝追认，从而使合同归于无效，以此来保障自己的合法权益。

无权处分合同与无权代理合同不同之处在于无权代理合同的无权代理人是"擅自代替"被代理人实施法律行为，而无权处分合同的无权处分人则是"冒充"权利人实施法律行为。

16. 答：无效合同具有违法性，这是无效合同最基本的特征，合同违法分两种情况，一种是违反了法律的禁止性规则，一种是违反了法律的强制性规则。

所谓禁止性规则，指的是法律上禁止从事一定行为的规定，也就是说，法律规定人们对某些行为具有不作为的义务。

所谓强制性规则，指的是法律强制要求人们实施一定行为或者在实施一定行为时具备一定条件的规定，即法律规定人们在一定条件下必须承担一定作为的义务。

禁止性规则与强制性规则都属于一定要承担的义务。

17. 答：要约的撤销与撤回的相同点是都旨在使要约作废，或取消要约，并且都只能在承诺作出之前实施。

两者存在一定的区别，撤回要约发生在要约生效之前，而撤销要约则发生在要约已经生效但受要约人尚未作出承诺的期限内；由于撤销要约时要约已经生效，因此对要约的撤销有严格的限定，如果因为撤销要约而给受要约人造成损害，要约人应负赔偿责任。而对要约的撤回并没有这些限制。

（六）论述答案（本题共 10 小题）

1. 答：采购合同条款的确定规则如下：

（1）依据合同有关条款或者交易习惯确定合同条款。合同生效后，当事人就质量、价款或者报酬、履行地点等内容没有约定或者约定不明确的，可以协议补充；不能达成补充协议的，按照合同有关条款或者交易习惯确定。

（2）依据法律规定确定有关条款。当事人就有关合同内容约定不明确，依照前述（1）中的规定仍不能确定的，适用下列规定：

①质量要求不明确的，按照国家标准、行业标准履行；没有国家标准、行业标准的，按照通常标准或者符合合同目的的特定标准履行。

②价款或者报酬不明确的，按照签订合同时履行地的市场价格履行；依法应当执行政府定价或者政府指导价的，按照规定履行。

③履行地点不明确，给付货币的，在接受货币一方所在地履行；交付不动产的，在不动产所在地履行；其他标的，在履行义务一方所在地履行。

④履行期限不明确的，债务人可以随时履行，债权人也可以随时要求履行，但应当给对方必要的准备时间。

⑤履行方式不明确的，按照有利于实现合同目的的方式履行。

⑥履行费用的负担不明确的，由履行义务一方负担。

需要注意的是，上述（2）中的⑥项确定合同的条款的方式均是在合同没有约定该项条款的时候才适用。如果合同中已经明确约定了该项条款，那么就无须适用（2）中的规定。

2. 答：合同中的特殊合同是相对于合同中的一般条款而言的，合同中的一般条款具有两个特点：一是合同中的一般条款基本上是建立在双方协商的基础之上的；二是合同中的一般条款基本上与合同的标的存在直接的联系。而合同中的特殊条款却在条款的产生、目的、内容方面与合同中的一般条款存在区别。通常而言，合同中的特殊条款主要包括格式条款、程序性条款、免责条款。

（1）格式条款与一般条款的区别

①格式条款，是在签订合同时未与对方协商的条款，而一般条款需要当事人反复进行协商才能确定。

②格式条款的内容具有定型化的特点，而一般条款在要约与反要约的过程中经常需要

修改，这是格式条款与一般条款的最大区别。

③格式条款具有反复使用性。格式条款的出现主要是以反复使用为目的而实现制定的，制定格式条款的一方通常为公共事业单位，比如邮政、通信、银行、保险、公共交通等行业都普遍存在格式条款。这些上述行业制定格式条款的原因在于交易发生的普遍性与频繁性，使用格式条款不仅可以大量地节约交易时间与交易费用，符合市场经济运行的要求，而且相关部门可以通过对格式条款的审查实现对上述公共事业单位的监管，进而保障公众的合法权益。而一般条款由于相对人不同，条款内容往往会发生变化。

④格式条款相对方具有不特定性。格式条款相对方的不特定性也是由公共事业单位的性质决定的，因为提供公共服务的对象本来就是不特定的。正因为这种对象的不特定性的特点加上公共服务的普遍性要求，使得格式条款应运而生。而一般条款，相对方是具体的、特定的。

（2）程序性条款与一般条款的区别

程序性条款指并不对合同双方当事人的实体性权利作出规定，而只是规定了双方当事人的程序性权利的条款。

合同中的程序性条款与一般合同条款的区别主要在于，程序性条款主要指解决争议条款，而合同一般条款的内容往往是与合同标的相关联的，而解决争议条款与合同标的之间没有直接的联系，只是规定双方在对与合同有关的事项发生争议时双方可以采取的救济方式以及与之相关的权利。《合同法》第五十七条规定，合同无效、被撤销或者终止的，不影响合同中独立存在的有关解决争议方法的条款的效力。在合同无效的情况下，合同是不具有可履行性的，所以合同中一般条款当然就是无效的，当事人也不能依据合同一般条款的内容要求行使合同权利或者要求对方承担合同义务。但是由于解决争议条款具有独立性，所以这些关于合同争议如何解决的条款仍然是有效的，当事人可以根据这些条款的约定来解决争议。这就是程序性条款与一般性条款的相对独立性。程序性条款一般包括仲裁条款、协议管辖条款、法律适用条款三种方式。

3. 答：要区别要约与要约邀请，首先必须明确要约与要约邀请的不同，主要包括以下几点：

（1）两者含义不同。要约人发出要约的目的在于与他人签订合同，所以要约是以订立合同为目的的确定的意思表示；而要约邀请是希望对方向自己发出要约的意思表示，不会表明一经受邀请人作出某种承诺就受该邀请内容约束的意思。

（2）两者效力不同。要约具有法律约束力，而要约邀请不具有法律约束力。要约邀请只是邀请对方向自己发出要约，再视要约的内容而决定作出拒绝、反要约或承诺。收到要约邀请的一方即使对该要约邀请作出承诺，合同也没有成立。

（3）要约的内容是确定的，而要约邀请并不一定具有内容具体明确的特征。要约的内容中应当包含合同的主要条款，这样才能使承诺人作出承诺而使合同成立。发出要约邀请的目的有很多种，因此其内容也会随着目的的不同而不同，有的要约邀请会内容明确具体，而有的则比较笼统宽泛。

区别要约和要约邀请有如下办法：

（1）按照法律的规定作出区分。我国《合同法》明文规定：寄送的价目表、拍卖广告、招标公告、招股说明书、商业广告等为要约邀请。

（2）根据当事人是否愿意在法律上受到约束作出区分。

（3）根据订约提议的内容是否包含合同的主要条款予以确定。要约的内容中应当包含合同的主要条款，而要约邀请不必包含合同的主要条款。

（4）根据交易的习惯即当事人历来的交易方式进行区分。例如询问商品的价格，根据交易习惯，一般认为是要约邀请而不是要约。

（5）要约邀请一定，这也是由要约邀请的目的决定的，也是要约与要约邀请最大的区别所在。

4. 答：采购合同的成交在《合同法》上被称为承诺。承诺必须具备下列条件才能成立：

（1）主体条件，承诺必须由受要约人向要约人作出。这里包含了两层含义：承诺必须由受要约人作出；承诺必须向要约人作出。

（2）时间条件，承诺必须在规定的期限到达要约人。这一条件是与要约的存续期相联系的，有以下三种情况：

①要约中规定了存续期，那么承诺就必须在存续期内作出。

②要约中并没有规定存续期，且要约以口头方式作出，这个时候要约的存续时间非常短暂，有时候将随着口头对话的终结而失效，因此承诺必须在对话结束前作出。

③要约中并没有规定存续期，且要约以书面方式作出，这个时候只要是在传递方式、交易习惯、行业习惯等允许的时间范围内作出的承诺都可以产生法律效力。

（3）内容条件，承诺的内容必须与要约的内容一致。这里的一致并不是说承诺的内容必须与要约的内容完全一致，而是要求承诺不得对要约的内容作出实质性的变更。受要约人对要约的内容作出实质性变更的，为新要约。有关合同标的、数量、质量、价款或者报酬、履行期限、履行地点和方式、违约责任和解决争议方法等的变更，是对要约内容的实质性变更。所以对除上述条款以外的其他合同条款进行修改并不影响承诺的生效。当然，若对上述合同的主要条款进行非常细微的修改也不认为是对要约的实质性修改。

对合同的非实质性修改通常是有效的，但有两个例外：

①要约人及时表示反对。

②要约表明承诺不得对要约的内容作出任何改变。承诺对要约的内容作出非实质性变更的，合同的内容以承诺的内容为准。

（4）方式条件，承诺的方式必须符合要约的要求。要约一般并不会对承诺的方式作出限定，可一旦作出限定，受要约人就必须接受。如要约要求承诺以电报方式作出，那么以信函发出的承诺便不能生效。

（5）意思条件，承诺必须表明受要约人决定与要约人签订合同。具有签订合同的意思表示是合同成立的最重要的因素，如果一项承诺中并不包含签订合同的意思表示，那么即使符合了前四项条件也是枉然。如甲公司向乙公司发出要约，声称欲出售一批笔记本电脑，价格为 800 美元/台。乙公司回函称，贵公司产品质量过硬，本公司将予以认真考虑，原则上同意你方报价。乙公司的回函便属于并没有包含签订合同的意思表示，因此并不能将其视为承诺。

5. 答：合同成立与合同生效既有区别，又有联系。

合同成立是双方当事人缔约成功的结果，而合同的生效是法律对这种缔约结果的认可。合同成立是合同生效的前提条件，但合同的成立与生效不是一一对应的关系，不是所有成立的合同都能够生效，也不是所有有效的合同在成立后马上生效。只有符合了法律规定的生效条件，合同才可以生效，所以合同的成立与生效存在这样的关系：

（1）合同于成立时生效。这是最普遍的情形，只要合同符合了法律关于民事法律行为的规定，合同的成立即生效，也就是发生了法律效力。

（2）合同在成立一段时期后生效，具体有以下情形：

①经批准、登记后生效。

②附生效条件的，在条件成就时生效。

③附生效期限的，在期限到来时生效。

④效力待定的合同得到追认的。

（3）合同在成立后不能生效，具体有以下情形：

①合同是无效合同。

②合同是效力待定合同，不能得到追认。

③未通过批准、登记的合同。

④附生效条件，生效条件不能成就的。

（4）合同在成立并生效后又失效：

①合同是可撤销合同，被依法撤销。

②合同附失效条件，失效条件成立。

③合同附失效期限，失效期限到来。

上述合同成立与生效存在的各种关系，反映出各种合同在不同的情况下基于不同的原因而呈现出了不同的种类与特征，包括一般的合同、附条件合同、附期限合同、效力待定合同、无效合同、可撤销合同，这些不同种类的合同在合同成立与生效以及效力持续方面都存在不同的特征，而且各种合同的产生也都出于不同的原因。

6. 答：效力待定合同与附期限合同的相同点在于两者都是在合同成立后的效力并不是确定的，效力待定合同与附生效期限的合同在成立之初都不是马上生效的。两者的不同点在于，不论是附生效期限的合同还是附解除期限的附期限合同，与合同效力相联系的期限都是可以根据合同确定的，也就是说，合同规定的期限一到，附期限的合同就立刻生效；而效力待定合同是否生效还要取决于其他的行为，这种行为并不能根据合同确定，也即合同是否生效并不确定。

效力待定合同与附条件的合同的相同点在于在合同成立后是否生效或者是否失效都是

不确定的，效力待定合同与附生效条件的合同在合同成立后能否成立不确定，附解除条件的合同在合同成立后何时失效也不确定。两者的区别在于，与附条件合同的效力相联系的条件是一种客观的事实，当事人的主观意志并不能改变该项事实的发生进而影响到与之相联系的合同的效力，如果当事人采取不正当的手段妄图促成条件的成就或者阻止条件的成就，那么将视为条件不成就或者条件成就；而与效力待定合同的效力相联系的行为是一种主观的行为，该种行为的做出正是出于当事人的主观意志，合同是否生效取决于有权利的当事人的行为，也就是说，效力待定合同是否生效，需要由权利人或者有效代理人来决定。

7. 答：无效合同指在成立后无法生效的合同。合同作为双方当事人缔约过程的结果，大多数合同在成立之后是可以生效的。但在某些情况下，由于合同的成立违反了法律的规定，使法律所保护的某种利益受到了损害，这时法律便不允许这种合同发生效力。导致合同无效的原因主要有：

①一方以欺诈、胁迫的手段签订合同，损害国家利益。

②恶意串通，损害国家、集体或者第三人利益。

③以合法形式掩盖非法目的。

④损害社会公共利益。

⑤违反法律、行政法规的强制性规定。

下面对上述各种原因作较为详细的说明：

（1）一方以欺诈、胁迫的手段签订损害国家利益的采购合同

合同有三大特征，即主体特征、行为特征和意思特征。而一方以欺诈、胁迫的手段签订的合同并不具有合同所应当具有的两大特征。从欺诈、胁迫实施者的角度来说，其行为属于事实行为而非法律行为，其后果并不能产生法律意义上的合同，即该合同不符合合同的行为特征。从受欺诈、胁迫者的角度来说，其因受欺诈、胁迫而作出的意思表示并不属于反映其真实意愿的意思表示，因此该合同也不符合合同的意思特征。不符合合同三大特征的合同并不会导致合同不能成立，因为合同的成立只需要具备要约与承诺两个阶段即可，但是却会影响合同的效力。一方以欺诈、胁迫的手段与另一方签订的合同，如果损害了国家利益的，该合同为无效合同，如果损害了除国家利益以外的其他利益的，该合同为可变更、可撤销合同。

（2）恶意串通，损害国家、集体或者第三人利益的采购合同

恶意串通行为因为损害国家、集体或第三人的利益而不具有合法性，因此该行为签订的合同属于无效合同。该种合同主要有以下特点：当事人出于恶意；当事人之间相互串通；当事人的行为损害了国家、集体或者第三人的利益。这种行为的后果并没有像欺诈、胁迫行为那样区分行为损害的利益类型，只要损害了国家、集体或者第三人中任意一种利益，合同都是无效的。

（3）以合法形式掩盖非法目的的采购合同

以合法形式掩盖非法目的的合同，指当事人签订的合同在表面上是合法的，但是在内

容上与目的上却是非法的，又被称作隐匿行为。这种合同的特征在于合同表面上合法，但是在实质上却是违法的，因此属于违法行为而不具有合法性，故认定合同无效。

（4）损害社会公共利益的采购合同

社会公共利益所包含的内容比较广泛，其概念界定的界限也比较模糊，一般认为，损害社会公共利益的行为主要包括危害社会公共秩序、危害社会公共安全、违反社会公共道德的行为等。在实践中比较常见的损害社会公共利益的合同主要是进口"洋垃圾"的行为。

（5）违反法律、行政法规的强制性规定的采购合同

合同的效力乃是法律对双方当事人缔约行为的承认，若合同违反了法律的规定，当然无法取得在法律上的效力，既无法生效，也无法受到法律的保护。这类无效合同主要有以下特征，即违反的是法律、行政法规；违反的是强制性规定。

8. 答：可撤销合同，指当事人在签订合同时，因意思表示不真实而有权通过行使撤销权撤销已经生效的合同，或者不要求撤销而仅要求变更合同。导致合同可撤销的原因主要有：

（1）因重大误解签订的合同

行为人因对行为的性质、对方当事人、标的物的品种、质量、规格和数量等的错误认识，使行为的后果与自己的意思相悖，并造成较大损失的，可以认定为重大误解。在此情况下签订的采购合同可以撤销。

（2）一方以欺诈、胁迫的手段，使对方在违背真实意思的情况下签订的采购合同

这种以欺诈、胁迫手段签订的合同，如果损害了国家利益，那么合同就是绝对无效的。如果损害了除国家利益以外的其他利益，那么合同就是相对无效，也就是可撤销的。法律对于一种行为的法律后果作出不同规定的理由在于损害国家利益的欺诈、胁迫行为危害性比较大，范围可能比较广，而且没有具体的利益受害者，把这种合同规定为无效合同，使法院或仲裁机构在发现当事人有欺诈、胁迫等违法行为时有权主动宣告合同无效，以保护国家利益不受损害。而损害除国家利益以外其他利益的欺诈、胁迫等违法行为往往有具体的利益受害者，为了突出民事法律中当事人意思自治的原则，法律将撤销权赋予被欺诈、胁迫的当事人，使他们在结合自身情况，权衡利弊之后作出对自己最为有利的选择，这样的做法比绝对地宣告合同无效更能反映当事人的意愿。

（3）一方乘人之危，使对方在违背真实意思的情况下签订的采购合同

一方当事人乘对方处于危难之际，为牟取不正当利益，迫使对方作出不真实的意思表示，严重损害对方利益，这样的合同是可撤销合同。乘人之危的合同主要有以下特征：一方处于危难之际，并且这种危难不是合同的相对方造成的；一方迫于危难才作出了不真实的意思表示；处于危难一方的利益受到了严重的损害。

（4）显失公平的采购合同

一方当事人利用优势或者利用对方没有经验，致使双方的权利义务明显违反公平、等价、有偿原则的，可以认定为显失公平，这种合同也是可撤销合同。这种显失公平的合同

主要有以下特征：

①一方在签订合同时处于劣势或者缺乏经验；合同签订时双方当事人明显不公平。公平的合同主要体现在双方当事人的权利与义务相互对应，如果一方承担的义务很多而享有的权利却很少或者根本不享有权利，另一方则享有很多的权利却只需要承担很少的义务或者根本不需要承担义务，这样的合同便有可能属于显失公平的合同。

②一方获利超过了法律允许的限度。法律允许的限度可以看做是对合同显失公平的一个评价或者适用标准。当双方获利的不平等超出了法律允许的范围，导致一方获得暴利，一方受到严重损失的后果，法律会对受损方给予一定的救济。

9. 答：无效合同是指合同无效，是自始确定、当然无效。可撤销合同主要是意思表示不真实的合同。两者存在以下不同之处：

（1）两者的性质不同。无效合同从性质上说虽然合同存在，但是任何一方在没有请求人民法院或仲裁机构仲裁之前，都是无效的。它是损害国家和人民利益、损害公共利益、损害第三人利益，违反法律、行政法规的强制性规定；是以欺诈、胁迫和恶意串通，以合法的形式掩盖非法目的的。因此它始终没有转变为有效合同的可能，是一种绝对无效的合同。可撤销合同是在合同被撤销前，保持着法律效力，只是法律赋予一方当事人享有撤销权。它的构成原因是一方的欺诈、胁迫订立的合同；乘人之危订立的合同；因重大误解而订立的合同；因显失公平而订立的合同。在可撤销的合同中，具有撤销权的当事人有权撤销合同，但是当事人的这种权力并非没有任何限制，相反撤销权人必须在规定的撤销期间行使撤销权，《合同法》规定的撤销权的行使时间为一年，在此期间，撤销权人必须行使其撤销权，否则，就失去了撤销合同的权力。如果一方当事人撤销权消灭，可撤销的合同就是有效的合同。

（2）两者的法律后果各有所不同。无效合同因为从开始就不产生任何法律效力，因此也就不能发生当事人所预期的法律后果。也就是说其合同尚未履行的，不得履行；已经开始履行的，应立即终止履行；如果合同已履行完毕的，也必须恢复到合同履行前的状况。无效合同所引起的法律后果：一是一方当事人应该将其已从对方获取的财产返还给对方当事人，并恢复合同签订前的财产关系状况。二是按照《合同法》所规定的双方当事人按照各自的错误状况和程度承担所需承担的责任。如果一方当事人给另一方当事人造成损失的，有过错的当事人应承担赔偿另一方当事人损失的责任。三是收缴一方或双方当事人在无效合同中的非法收入。应当指出的是，无效合同除承担相应的经济责任之外，如果违法还要承担相应的刑事责任。可撤销合同，如果享有撤销权的当事人不愿意撤销合同和放弃对合同的撤销权，那么人民法院则依照法律规定对其合同予以承认和保护，其合同就要按照其条文和规定予以履行；如果有撤销权的当事人在法律规定的期限内请求人民法院拟用其合同或有关合同条文，人民法院或仲裁机构则依法对其予以撤销。很显然被撤销的合同也就随之失去自始的法律效力，即产生和无效合同相同的救济手段和补救措施。所以，无效合同不但自始至终不能产生法律效力，而且有关当事人还要对其行为负有不可推卸的法律责任，而可撤销合同是根据享有撤销权一方当事人的主观意愿而决定其法律义务和责任的。

（3）两者体现的原则也不同。因为无效合同是危害国家、公共和第三人的利益，并且是违反国家法律法规，所以无效合同即使是当事人愿意履行其合同义务，国家法律也是坚决不能允许的。这体现了国家利益、人民利益需要用国家法律的强制力量来保证有效的合同的正当履行。可撤销合同是有撤销权一方当事人有权自主决定对其合同在法定期限内是否向人民法院或仲裁机构申请合同的撤销。体现了当事人意思自治原则。

10. 答：合同无效就是指违反了法律法规的强制性规定。对于无效合同的特征可以用"自始、当然、确定、永久"这八个字来概括：

第一个特点就是无效合同是自始无效。所谓自始无效就是无效合同从合同订立时候起就是无效的。一旦无效合同被宣告无效，它的效力就要溯及合同成立之时，因为合同是自始无效的，所以无效合同不能通过当事人的实际的履行行为而使它有效。

第二个特点就是无效合同是当然无效。所谓当然无效就是指在无效合同不经过诉讼程序来解决时，因为它已经明显违反法律法规的强制性规定，所以它也应当是无效的。进入诉讼程序（或者仲裁程序）之后，由于无效合同是当然无效的，即使当事人没有主张无效，那么法院和仲裁机关也可以代表国家或者依职权对无效合同进行干预，而不受不告不理原则的影响。

第三个特点就是无效合同的效力是确定的，也就是说无效的状态是明显的，如果对违法的事实没有争议，则这个无效的状态是明确的、肯定。在这一点上它和未生效、效力待定、可撤销这些合同都不同。我们讲未生效主要是讲附条件的合同。附条件的合同在条件没有成就以前，这个合同的效力是不确定的，没有实际的生效。但是无效合同，合同已经成立了，因为它内容违法，不能产生法律应该赋予的效力。所谓效力待定，比如说像无权代理、无权处分这些行为，在本人真正的权利人没有确认之前，它处于一种既可能是有效又可能是无效的状态，如果真正权利人拒绝追认的话，它就是无效的，如果真正的权利人承认了，那它就是有效的。所以效力待定的行为，它的效力是不确定的，它和无效合同的当然无效是不一样的。所谓可撤销的合同就是指欺诈、胁迫这样的合同，就是意思表示不真实的合同。这些合同在没有被撤销以前，法律上认为它的效力是有效的，当事人还要继续履行，这和无效的、当然无效的也是不一样的。

第四个特点就是无效的状态是永久的。也就是说，无效不能因为时间的经过而使无效合同转为有效。无效合同有一个重要规则就是不得履行性。所谓无效合同的不得履行性就是说当事人在缔结无效合同之后，不能够根据合同来继续履行，也不得承担违反合同的责任。一个无效的合同不能因为当事人的实际履行而使它有效。

判断合同无效的标准首先必须是全国人大及其常委会制定的法律和国务院制定的行政法规。只有法律和行政法规才能用来判断合同无效。法官在宣告一个合同无效的时候，只能在判决书里援引法律和行政法规的规定，而不能直接援引规章包括地方性法规作为判断合同无效的依据。

此外，无效合同必须是违反了法律和行政法规的强制性规定，也就是说，无效合同具有违法性。违法性是无效合同最基本的特点，正是因为具有违法性才导致合同成立后不能生效，而这也是无效合同区别于可撤销的合同的最重要的特征。合同违法性的原因大致有二：第一是违反法律的禁止性规则，第二是违反了法律的强制性规则。

（七）案例分析答案（本题共5小题）

案例一：

1. 答：合同约定的权利义务所指向的目标即是合同的标的。合同标的是合同法律关系的客体，是合同当事人权利和义务共同指向的对象。标的是合同成立的必要条件，没有标的，合同不能成立。

2. 答：（1）根据我国《合同法》规定，当事人对合同条款发生争议的，协商解决，订立补充协议，不能达成补充协议的，按照合同的条款的意思或者订立合同的目的解释，本合同双方当事人的争议在于对合同的标的不能达成一致意见。应当根据《合同法》的规定对此作出解释。本合同的标的物是合同中约定的蔬菜。按照推理三段论，小白菜也是蔬菜，因此乙公司提供小白菜没有违反合同的文字约定。

（2）本案例中，甲公司认为乙公司提供小白菜违反合同约定，双方当事人对合同标的不能达成一致。虽然按照合同的条款乙公司并无严格过错，但是乙公司对合同作出的解释有点过于按照自己的意思解释合同，乙公司的行为与《合同法》中规定的诚实信用原则不太符合，按照诚实信用原则的精神，当事人对合同条款不清楚之处应当本着协商的精神履行合同，而不应该自己单方面解释合同，给对方造成被动。

（3）甲公司的主张也缺少法律依据和合同依据，只是强调自己的炊事员少并不能成为自己单方面指定合同标的的理由。但是根据甲公司与乙公司长期合作的事实，乙公司应当考虑到甲公司的具体情况，在提供蔬菜前征求甲公司的意见，如果不能达成一致意见的，就按照《合同法》规定的解释原则解决双方的争议。在此不能适用合同文字含义解释，不能适用合同的条款原则解释，也不能适用合同上下文的意思解释，只能适用交易习惯原则解释，按照交易习惯原则，甲公司与乙公司有经常提供蔬菜的合作关系，平常是如何供应蔬菜的，在本合同争议中也应当参照平时的交易习惯确定合同的标的。

案例二：

1. 答：要约是特定人希望和他人订立合同的意思表示。该意思表示应符合下列规定：内容具体，具备合同的主要条款；表明受要约人承诺，要约人即受该意思表示约束。

要约邀请是希望他人向自己发出要约的意思表示，不产生任何法律效果。

由此可知两者的区别，首先，要约的目的是与他人订立合同，要约邀请的目的是要对方想跟自己订立合同；其次，要约一经发出，要约人即受法律约束，而要约邀请发出后，对要约邀请人是没有法律意义的。

2. 答：该案例中，电报由超市发出，是特定人发出的，但是电报的内容中没有具备合同的主要条款，没有表示受到约束的意思，所以属于要约邀请而非要约。因此，超市和丽星厂之间没有法律约束关系，丽星厂的损失应该由自己承担。

案例三：

答：原告与被告间的合同成立，理由如下：

被告所发出的反要约，已经到达受要约人，所以该要约已经生效，被告不可能撤回要约。如果被告不愿意与原告订立合同，只能撤销要约。

被告的反要约中明确规定，受要约人应当在 4 月 3 日前作出答复，也就是说该要约规定了明确的承诺期限。在承诺期限届满之前，也就是在 4 月 3 日前，原告已经在反要约上承诺栏中签名，并发给被告的代理人。被告在承诺到达之后通知撤销要约，而《合同法》明确规定，要约的撤销"撤销要约的通知应当在受要约人发出承诺通知之前到达受要约人"，《合同法》同时规定，"有承诺期限的要约不得撤销"。所以本案中，被告没有撤销其要约的权利。被告的代理人收到原告的承诺通知时，合同成立。被告拒绝出卖其楼房的，依照最高人民法院对《合同法》的解释，被告已经构成违约，应当对原告承担违约责任。

案例四：

答：张某与韩某在工程决算书上的签字行为构成表见代理。理由如下：

《合同法》规定：行为人没有代理权、超越代理权或者代理权终止后以被代理人名义订立合同，相对人有理由相信行为人有代理权的，该代理行为有效。这就是我国的表见代理制度。

表见代理包括以下几项要件：

（1）代理人无代理权

这是表见代理的实质特征。若代理人有代理权，则被代理人直接按照一般代理规则承担法律后果。本案新龙公司基建科科长张某与业务人员韩某于 1998 年 10 月离开原来单位，因而未经新龙公司及债务承接单位授权，无权以该两单位的名义确认公司债务。张某及韩某在工程决算书上落款新龙公司基建科并签名的行为属于无权代理行为。

（2）无权代理人实施的行为符合法律行为的一般有效要件和代理行为的表面特征

表见代理除了无权以外，其他有效要件均具备。即当事人有相应的民事行为能力；无权代理人以被代理人的名义作意思表示；民事行为合法有效；民事行为在表面上符合有权代理的要求。从本案看，无权代理人张某不仅是适格主体，而且用了新龙公司的名义签字。加之，其从事的工作一直是公司基建的负责人，确认公司债权债务并不存在违法现象。因此，张某与韩某的行为具备了有权代理的表象。

（3）有使相对人确信无权代理人有代理权的客观状况

这是表见代理的客观构成要件。例如，无权代理人持有被代理人的介绍信、盖章的合同或为单位业务经办人等，即可视为存在有代理权的客观情况。本案中，张某是新龙公司的基建科科长，韩某是业务人员，而且是该债务核对的签字人。在新龙公司被兼并后，他们不仅没有告知原告兼并事实，也未告知自己已经离开原单位。相反，仍以新龙公司基建科署名。就新龙公司与兼并公司而言，其未履行法定公告义务导致债权人无法知道自己的债权变动。而且，新龙公司资产全部被兼并属于公司消灭的兼并，应依法办理注销登记。

这些都使相对人确信张某与韩某有代理权。

（4）相对人为善意且无过失

这是构成表见代理的主观要件。表见代理的立法宗旨就是要保护善意的相对人，如果相对人主观上有恶意或过失，法律则不予保护其利益。在本案中，由于上述原因，原告虽然可以从报道上知道新龙公司被兼并，但并不知道是 HD 集团公司兼并。由于兼并单位并未发布公告，因而不能推定原告已经知道兼并事宜。况且，媒体对兼并主体的报道是错误的。而且，被告也无法证明原告事实上已知张某与韩某离开新龙而导致原有权限逾期。因此，原告在 1999 年 7 月以后找到张某并让他签字足以表明并不存在主观上的过失，更不存在恶意。

综上所述，张某与韩某在工程决算书上的签字行为构成表见代理，该代理行为有效。HD 集团应归还工程欠款，并承担相应利息。

案例五：

1. 答：这一抗辩理由显然不能成立。合同的生效应具备三个条件：①行为人具有相应的民事行为能力；②意思表示真实；③不违反法律或者社会公共利益。从该案例得知，前两个条件毫无疑问是成立的。第三个条件，合同本身的内容就是一般的买卖合同，本身并没有违法的内容。订立合同的行为并不违法，更谈不上违反效力性强制性规范。违法的是在履行合同的交货义务时，甲公司交付的是强制性规范不准交易的原油，甲公司履行义务时选择的违法行为不构成合同无效。所以甲公司以合同无效抗辩的理由是不成立的。

2. 答：从上述分析得知，甲公司与乙公司订立的合同是有效的。《合同法》规定，法定解除合同有四种情形：因不可抗力导致合同不能实现合同目的；一方当事人的实际违约行为导致合同目的不能实现；一方预期违约；一方实际违约，经催告后仍不履行。显然，本案例中，甲公司实际违约，所以乙公司可以向法院起诉解除合同。《合同法》规定，合同解除后，尚未履行的，中止履行；已经履行的，根据履行情况和合同性质，当事人可以要求恢复原状、采取补救措施，并有权要求赔偿损失。合同解除不免除违约方的违约责任。所以，本案例中，甲公司违约，乙公司可以选择解除合同，要求甲公司退款，并支付违约金。

第三章 采购合同的管理

一、知识概述

通过对本章的学习，了解采购合同的履行原则，掌握双务采购合同的履行抗辩权的适用条件，熟悉采购合同的保全、变更、转让及终止的概念、适用条件及其各自产生的法律后果。

二、基本概念

1. 概念1——履行抗辩权

【说明】履行抗辩权是指在双务合同中，当事人一方在某种情况下有暂时拒绝履行合同义务的权利，包括同时履行抗辩权、不安抗辩权和先履行抗辩权。这三种抗辩权分别适用于不同的情形。

2. 概念2——同时履行抗辩权

【说明】同时履行抗辩权，是指双务合同的当事人在没有约定先后给付顺序时，一方在对方履行之前有权拒绝其履行要求，一方在对方履行义务不符合约定时有权拒绝其相应的履行要求。

3. 概念3——先履行抗辩权

【说明】先履行抗辩权，是指当事人互负债务，有先后给付顺序的，先给付一方未履行之前，后给付一方有权拒绝其履行请求。先给付一方履行债务不符合债的本旨的，后给付一方有权拒绝其相应的履行要求。

4. 概念4——不安抗辩权

【说明】不安抗辩权，是指先履行债务的当事人，有确切证据证明对方有丧失或者可能丧失履行债务能力情形的，可以终止履行。

5. 概念5——合同保全

【说明】合同保全，指为了防止债务人财产的不当减少与不当增加而对债权人的债权造成损害，而允许债权人行使一定的权利来实现其债权或者对其债权进行救济的法律制度。合同保全的方式主要包括代位权与撤销权。

6. 概念6——代位权

【说明】代位权，因债务人怠于行使其到期债权，对债权人造成损害的，债权人可以向人民法院请求以自己的名义代为行使债务人的债权。

7. 概念7——撤销权

【说明】撤销权，指债务人实施一定的行为使其财产不当减少或者不当增加，对债权人造成损害的，债权人可以请求人民法院撤销债务人的行为。

8. 概念8——财产保全

【说明】财产保全，指人民法院对于可能因当事人一方的行为或者其他原因，使判决不能执行或者难以执行的案件，可以根据对方当事人的申请，作出财产保全的裁定；当事人没有提出申请的，人民法院在必要时也可以裁定采取财产保全措施。财产保全是法院实施的保证法院判决的顺利执行而采取的措施。

9. 概念9——合同的转让

【说明】合同的转让，指合同主体的变更，也就是合同采购双方将合同的权利义务部分或者全部转让给第三人，根据合同转让内容的不同，可以分为合同的权利的转让、合同的义务的转让，以及合同权利义务一同转让三种。

10. 概念10——债权让与

【说明】债权让与，指债权人将其享有的合同债权部分或者全部转让给第三人，债权的主体发生变化，内容不变。债权人在债权转让中又称让与人，第三人又称受让人。

11. 概念11——债务承担

【说明】债务承担，指债权人、债务人与第三人协商一致，由债务人将其所负担的债务部分或者全部转让给第三人承担，债务的主体发生变化，内容不变。

12. 概念12——合同权利义务的概括承受

【说明】合同权利义务的概括承受，指原第三人一并承受合同中享有的权利和义务。

13. 概念13——采购合同的终止

【说明】采购合同的终止，指采购合同关系在客观上不复存在，也即不再发生法律上的效力。采购双方的权利义务消灭，债权人不再享有债权，债务人不再承担债务，而与合同有关其他权利义务如合同担保也随之消灭。

14. 概念14——清偿

【说明】清偿，指债务人按照合同约定向债权人履行合同，实现债权目的的行为，是最为普遍的合同关系消灭的原因。

15. 概念15——提存

【说明】提存，指债务人于债务已届履行期时，将无法给付的标的物交给特定机关，以消灭合同债务的行为。

16. 概念16——合同解除

【说明】合同解除，指在合同成立后至完全履行前，双方当事人协商或者一方当事人单方决定使合同关系消灭的行为。

17. 概念17——抵消

【说明】抵消，指采购双方互享债权互负债务的，将双方的债权债务在对等的额度内相互冲抵。

18. 概念18——免除

【说明】免除，指债权人免除债务人部分或者全部的债务，使合同的权利义务部分或者全部终止。

19. 概念19——混同

【说明】混同，指债权和债务同归于一人的，合同的权利义务终止。

三、重点内容

1. 采购合同的履行

（1）采购合同的履行原则。

（2）采购合同的履行规则。

（3）双务采购合同的履行抗辩权，主要包括同时履行抗辩权、先履行抗辩权、不安抗辩权的概念及它们的适用条件。

2. 采购合同的保全

（1）采购合同保全的概念。

（2）采购合同的代位权的概念、行使与行使的法律效力。

（3）采购合同的撤销权的概念、行使条件、行使程序与行使的法律效力。

3. 采购合同的变更与转让

（1）采购合同变更的概念。

（2）采购合同的债权让与的概念、条件与实施后的法律效力。

（3）采购合同的债务承担的概念、条件与实施后的法律效力。

（4）采购合同中权利义务的概括承受。

4. 采购合同的终止

（1）采购合同中，清偿的概念。

（2）采购合同中，清偿的基本要求。

（3）采购合同中，清偿抵充的成立条件。

（4）采购合同的提存的概念。

（5）采购合同提存的基本要求。

（6）采购合同提存的效力。

（7）采购合同解除的种类。

（8）采购合同一般法定解除的条件。

（9）采购合同解除的条件。

（10）采购合同解除的效力。

（11）抵消、免除与混同各自的概念、条件及法律效力。

5. 采购合同的违约责任

（1）违约责任的概念。

（2）违约责任的构成要件。

（3）违约责任的免责条件。

（4）违约行为的主要形式。

（5）违约责任的主要形式。

四、习题与案例

（一）单选（本题共26小题）

在每小题列出的四个备选项中只有一个是符合题目要求的，请将其代码填写在题后的括号内。错选、多选或未选均无分。

1．不属于采购合同的履行原则的是（　　）。

A．公平原则　　　　　　　　　B．有约必守原则

C．协作履行原则　　　　　　　D．经济合理原则

2．采购合同的履行主体指的是（　　）。

A．合同履行的内容　　　　　　B．履行合同义务和接受履行的人

C．合同的当事人　　　　　　　D．订立合同的人

3．下面哪种说法是正确的（　　）。

A．双务合同指的是一方负有给付义务的合同

B．双务合同指的是采购双方互负对等给付义务

C．无偿借用合同是双务合同

D．租赁合同是单务合同

4．甲方难以向乙方履行，即将债的标的物（一枚钻戒）提存，在提存期间提存物被盗，其后果由（　　）。

A．债权人承担　　　　　　　　B．债务人承担

C．提存人承担　　　　　　　　D．提存机关承担

5．对于合同解除，下列表述错误的是（　　）。

A．不影响合同仲裁条款的效力　　B．不影响合同结算条款的效力

C．不影响合同清理条款的效力　　D．不影响当事人要求强制执行的效力

6．甲欠乙10万元，乙欠丙20万元，均已到期，由于乙迟迟不行使债权，现在丙向法院提起对甲的代位权诉讼，而丙曾欠甲5万元也已到期未还。则下面关于他们之间权利义务关系说法正确的是（　　）。

A．甲可向丙主张抵消权，并可附条件

B．甲可以在乙提出代位权诉讼时在诉讼中向丙主张抵消权

C．甲只能在代位权胜诉之后才能向丙主张抵消权

D．丙对乙的债权不成立的抗辩只能由乙对丙行使，而不能由甲行使

7．甲、乙双方约定，由丙每月代乙向甲偿还债务500元，期限2年。丙履行5个月后，以自己并不对甲负有债务为由拒绝继续履行。甲遂向法院起诉，要求乙、丙承担违约

责任。法院应作( )的处理。

A. 判决乙承担违约责任

B. 判决丙承担违约责任

C. 判决乙、丙承担连带违约责任

D. 判决乙、丙分担违约责任

8. 甲与乙订立了一份苹果购销合同，约定甲向乙交付 20 万千克苹果，货款为 40 万元，乙向甲支付定金 4 万元；如任何一方不履行合同应支付违约金 6 万元。甲因将苹果卖给丙而无法向乙交付苹果，在乙提出的如下诉讼请求中，既能最大限度保护自己的利益，又能获得法院支持的诉讼请求是( )。

A. 请求甲双倍返还定金 8 万元

B. 请求甲双倍返还定金 8 万元，同时请求甲支付违约金 6 万元

C. 请求甲支付违约金 6 万元，同时请求返还支付的定金 4 万元

D. 请求甲支付违约金 6 万元

9. 甲乙签订一项采购合同，约定违约金为 2 万元，甲向乙交付定金 1.5 万元。后乙不履行合同，此时甲可以作何种选择以最大限度保护自己的利益( )。

A. 要求乙赔偿违约金 2 万元，并返还甲向其支付的 1.5 万元定金

B. 要求乙双倍返还定金 3 万元

C. 要求乙支付违约金 2 万元，同时双倍返还甲向其支付的定金 3 万元

D. 请求甲支付违约金 2 万元

10. 第三人代为履行或者代为受领的情况下，说法正确的是( )。

A. 当在代为履行过程中发生违约行为，受领一方应当要求代为履行人承担责任

B. 当在代为履行过程中发生违约行为，受领一方应当要求合同的对方当事人承担责任

C. 当在代为履行过程中发生违约行为，受领一方应当要求合同的对方当事人与对方当事人的代为履行人共同承担责任

D. 代为履行人不只是代为履行债务，同时还要承担履行的所有法律后果

11. 以下( )不属于先履行抗辩权的行使条件。

A. 采购双方在双务合同中互负债务

B. 采购双方所负债务履行存在先后顺序

C. 后履行一方没有对等给付或未能提供担保

D. 先履行一方到期未履行债务或未适当履行债务

12. 下面( )不属于代位权行使的效力。

A. 诉讼时效中断

B. 债务人行使债权的权利受到限制

C. 债权人的债权与债务人的债务消灭

D. 债权人在债权清偿期届满后可以再次向债务人提出清偿的要求

13. 应合同当事人的请求，由人民法院予以撤销的合同（   ）。

A. 自人民法院决定撤销之日起不发生法律效力

B. 自合同订立时起不发生法律效力

C. 自人民法院受理请求之日起不发生法律效力

D. 自合同规定的生效日起不发生法律效力

14. 甲公司欠乙公司 100 万元债务，已届清偿期，且甲公司本身无力偿还。但是甲公司享有对丙公司的 500 万元到期债权，甲公司迟迟不向丙公司要求履行 500 万元债务，此时，为保全合同，乙公司可以行使（   ）。

A. 撤销权　　　　　　　　　B. 混同权

C. 解除权　　　　　　　　　D. 代位权

15. 甲公司欠乙公司 500 万元债务，且甲公司本身无力偿还。但是甲公司享有对丙公司的 200 万元到期债权，甲公司与丙公司签订长期的合作协议，但两者目前经营都暂时比较艰难，为了共赢，甲公司宣布放弃对丙公司的 200 万元债权。这种情况下，乙公司可以行使（   ）来保护自己的权利。

A. 撤销权　　　　　　　　　B. 混同权

C. 解除权　　　　　　　　　D. 代位权

16. 甲公司与乙公司签订买卖合同。合同约定甲公司先交货。交货前夕，甲公司派人调查乙公司的偿债能力，有确切材料证明乙公司负债累累，根本不能按时支付货款。甲公司遂暂时不向乙公司交货。甲公司的行为是（   ）。

A. 违约行为　　　　　　　　B. 行使同时履行抗辩权

C. 行使先诉抗辩权　　　　　D. 行使不安抗辩权

17. 关于代位权行使的要件，不正确的表述是（   ）。

A. 债权人与债务人之间有合法的债权债务存在

B. 债务人对第三人享有到期债权

C. 债务人怠于行使其权力，并且债务人怠于行使权力的行为有害于债权人的债权

D. 债权人代位行使的范围是债务人的全部债权

18. 根据《合同法》的规定，抵消（   ）。

A. 可以附条件　　　　　　　B. 可以附期限

C. 可以附条件和期限　　　　D. 不得附条件或者期限

19. 合同权利义务的终止是指（   ）。

A. 合同的变更　　　　　　　B. 合同的消灭

C. 合同效力的中止　　　　　D. 合同的解释

20. 债权人吴某下落不明，债务人王某难以履行债务，遂将标的物提存，王某将标的物提存后，该标的物如果意外毁损灭失，其损失应由（   ）。

A. 吴某承担　　　　　　　　B. 王某承担

C. 吴某和王某共同承担　　　D. 提存机关承担

21. 凡发生下列情况之一的，允许解除合同( )。

A. 法定代表人变更

B. 当事人一方发生合并、分立

C. 由于不可抗力致使合同不能履行

D. 作为当事人一方的公民死亡或作为当事人一方的法人终止

22. 合同权利和义务的概括转移( )。

A. 是合同当事人一方将其合同权利和义务一并转移给第三人，由该第三人概括地继受之

B. 只能转移全部合同权利和义务

C. 只能基于当事人之间的合同行为发生

D. 不包括企业合并的情形

23. 债务人欲将合同的义务全部或者部分转移给第三人，则( )。

A. 应当通知债权人   B. 应当经债权人同意

C. 不必经债权人同意   D. 不必通知债权人

24. 在合同因重大误解而订立的情况下，对合同文义应采取( )。

A. 客观主义的解释原则

B. 主观主义的解释原则

C. 折中主义的解释原则

D. 主观主义与客观主义相结合，以客观主义为主的解释原则

25. 根据《合同法》第五十五条的明确规定，撤销权人行使撤销权的期限为一年，此一年为( )。

A. 不变期间，不适用诉讼时效中止、中断或者延长的规定

B. 不变期间，不适用诉讼时效中止、中断的规定，但适用诉讼时效延长的规定

C. 不变期间，适用诉讼时效中止、中断的规定，但不适用诉讼时效延长的规定

D. 不变期间，适用诉讼时效中止、中断或延长的规定

26. 某甲的儿子患重病住院，急需用钱又借贷无门，某乙趁机表示愿意借给 2000 元，但半年后须加倍偿还，否则以甲的房子代偿，甲表示同意。根据《合同法》规定，甲、乙之间的借款合同( )。

A. 因显失公平而无效   B. 因显失公平而可撤销

C. 因乘人之危而无效   D. 因乘人之危而可撤销

(二) 多选 (本题共 10 小题)

请把正确答案的序号填写在题中的括号内，多选、漏选、错选不给分。如果全部答案的序号完全相同，例如全选 ABCDE，则本大题不得分。

1. 以下哪些项可以使合同之债消灭( )。

A. 清偿   B. 免除

C. 抵消

D. 违约

E. 提存

2. 依据《合同法》，出现了(　　)情况，一方当事人有权解除合同。

A. 一方当事人的实际违约行为导致合同目的不能实现

B. 发生不可抗力事件，致使合同不能履行

C. 一方实际违约，经催告仍未履行

D. 预期非根本性违约

E. 履行期限到来之前一方没有正当理由而明确表示自己将不会履行债务

3. 法定抵消必须满足下面的(　　)条件。

A. 双方互享债权，互负债务

B. 双方债的内容种类、品质相同

C. 主动债权已届清偿

D. 预期非根本性违约

E. 双方的债务均为可抵消的债务

4. 下面(　　)属于采购合同的履行原则。

A. 公正原则

B. 有约必守原则

C. 协作履行原则

D. 经济合理原则

5. 下面(　　)属于履行抗辩权的主要类型。

A. 责任履行抗辩权

B. 先履行抗辩权

C. 同时履行抗辩权

D. 不安抗辩权

6. 合同保全发生在合同有效期间，这里的合同有效包括(　　)。

A. 合同成立并生效的情形

B. 合同成立后被撤销的情形

C. 合同成立后被确认无效的情形

D. 合同成立后没有立即生效，但是具备了可能生效的条件的情形

7. 关于合同保全中的撤销权，以下说法正确的是(　　)。

A. 可撤销合同中的撤销权指的是因为该合同或行为严重损害了债权人的债权，所以债权人有权撤销

B. 可撤销合同的撤销权指的是因为采购合同中双方意思表示不真实，所有当事人有权撤销

C. 可撤销合同中的撤销权撤销的是已经成立的合同，撤销权的行使只影响到合同的采购双方

D. 合同保全中的撤销权撤销的是已经成立的合同，撤销权的行使只影响到合同的采购双方

E. 合同保全中的撤销权将影响到债权人、债务人以及第三人

F. 可撤销合同中的撤销权将影响到债权人、债务人以及第三人

8. 关于变更，下列哪些观点正确的是（　　　　）。

A. 标的物失去同一性，不是变更，而是更新

B. 无效合同不存在变更的问题

C. 当事人可以协商一致变更合同，一方也可以依据法律的规定通知对方变更合同

D. 合同主体的变更属于合同转让

9. 实际履行的构成条件包括（　　　　）。

A. 必须有违约行为存在

B. 必须由非违约方在合理的期限内提出继续履行的请求

C. 可以由违约方在合理的期限内提出继续履行的请求

D. 实际履行在事实上是可能的和在经济上是合理的

E. 必须依据法律和合同的性质能够履行

10. 下列有关双务合同抗辩权的陈述，正确的是（　　　　）。

A. 双务合同抗辩权包括同时履行抗辩权、先履行抗辩权和不安抗辩权

B. 双务合同抗辩权的行使，将导致合同的消灭

C. 双务合同抗辩权可以适用于赠与合同

D. 有确切证据证明对方有丧失或者可能丧失履行债务能力情形的，可以行使不安抗辩权

E. 如一方当事人负有先履行义务而未先履行的，后履行一方可以行使先履行抗辩权

（三）名词解释（本题共 13 小题）

1. 同时履行抗辩权

2. 先履行抗辩权

3. 不安抗辩权

4. 代位权

5. 撤销权

6. 清偿

7. 提存

8. 混同

9. 预期违约

10. 双务合同

11. 合同保全

12. 采购合同的终止

13. 合同解除

（四）判断（本题共 20 小题）

对的在括号内画"√"，错误的画"×"。

1. 债权债务关系因混同消灭后，与合同有关的从权利也随之消灭。（   ）

2. 履行主体就是合同的当事人。（   ）

3. 合同保全实际就是财产保全。（   ）

4. 债权人行使代位权时可以直接向次债务人提出清偿债务的请求。（   ）

5. 在代位诉讼中，债权人是原告，次债务人是被告。（   ）

6. 合同担保是一种救济，在债务人实施对合同不利的行为时由债权人采取的挽救或者实现自身利益的行为。（   ）

7. 如果债权人对债务人债权是专属于债权人的情况下，债权人可以通过行使代位权来实现债权。（   ）

8. 债权人的代位诉讼胜诉后，由次债务人最终承担代位诉讼中所产生的所有费用。（   ）

9. 合同保全的方式主要包括代位权与撤销权。（   ）

10. 合同保全中的撤销权与可撤销合同中的撤销权类似，都是撤销合同中具有撤销权的人与对方签订的合同。（   ）

11. 代位权行使的范围应当以债权人享有的债权为限，并且不得超过债务人对次债务人享有的债权。（   ）

12. 债权人转让债权必须经过债务人同意方可转让。（   ）

13. 转让债权时，债权的从权利（如合同的担保权）可以不随之转让。（   ）

14. 采购合同的债务承担，指债权人、债务人与第三人协商一致，由债务人将其所负担的债务部分或者全部转让给第三人承担。（   ）

15. 在实行债务承担后，新债务人可以援用原债务人的抗辩权对抗债权人。（   ）

16. 关于采购合同解除种类的描述中，协议解除和约定解除是同一概念。（   ）

17. 债权人免除债务人的债务，须征得债务人的同意。（   ）

18. 债权人免除债务的，债权债务关系虽然消灭，但是与之有关的从权利视情况决定是否要消灭。（   ）

19. 违约责任产生的原因是当事人违反合同义务，发生在合同成立后的履行阶段。（   ）

20. 实际违约中，履行不能与拒绝履行的区别在于履行期限到来时是否具备履行能力。（   ）

（五）简答（本题共 20 小题）

将答案要点写出并作简要叙述，必要时可以画出流程图或示意图进行阐述。

1. 简述行使同时履行抗辩权的条件。

2. 简述行使先履行抗辩权的条件。

3. 简述不安抗辩权的行使条件。

4. 简述合同保全中代位权的行使条件。

5. 简述代位权胜诉产生的法律效力。

6. 行使合同保全中的撤销权应满足什么条件？

7. 合同变更应该符合哪些条件？

8. 简述实现债权让与的条件。

9. 简述实现采购合同的债务承担的条件。

10. 简述合同保全中行使撤销权胜诉后的法律效力。

11. 简述采购合同中的债权让与产生的法律效力。

12. 导致合同终止的原因有哪些？

13. 简述合同中清偿抵充的成立条件。

14. 提存的条件有哪些？

15. 简述提存的法律效力。

16. 合同适用一般法定解除的情形有哪些？

17. 简述法定抵消和约定抵消的区别。

18. 简述行使法定抵消的条件。

19. 债权人免除债务人全部或者部分债务应满足哪些条件？

20. 简述违约责任与侵权责任的区别。

（六）论述（**本题共 8 小题**）

1. 合同保全中的撤销权与可撤销合同中的撤销权的区别有哪些？

2. 详述定金与违约金的区别。

3. 论述合同保全与合同担保的区别。

4. 分析合同保全的性质及其与财产保全的区别。

5. 论述承担违约责任的主要形式。

6. 分析在违约责任中，违约方承担实际履行合同责任所需要的条件。

7. 论述《合同法》的免责条件。

8. 论述违约行为主要形式。

（七）案例分析（本题共 6 小题）

案例一：撤销权案例

毛某为与他人合伙经营地板生意，向王某借款 2.1 万元，约定借期 6 个月，月息为银行利息的 1.5 倍，到期本息一起付清。毛某为王某出具了欠条。毛某用此款与他人合伙倒卖劣质地板，被相关部门查获，将劣质地板全部没收，并每人罚款 1 万元。毛某为翻本，竭尽所有财产再次经营地板生意，又亏损，至还款期届满，已无支付能力。王某多次催要，毛某无法清偿欠款。某日，王某又向毛某催债，恰有方某找毛某还款，毛某将话题扯开，进行掩饰。王某经了解，原来毛某数年前曾借给方某 1.5 万元作经营资金，现本息已达 2 万余元。毛某认为收回这 2 万余元也还不清债，故欲放弃这一债权，给方某作经营资金，日后自己入股共同经营，王某向法院起诉，请求毛某以此款清偿债务。毛某辩称该债权已经放弃，无法清偿债务，但没有证据。

结合案例，请回答以下问题：

1. 本案例中毛某的抗辩是否有效？为什么？

2. 王某可以行使哪些权利以维护自己的债权？

案例二：代位权案例

甲、乙公司于 2001 年 4 月 1 日签订买卖合同，合同标的额为 100 万元。根据合同约定，甲公司应于 4 月 10 日前交付 20 万元的定金，以此作为买卖合同的生效要件。4 月 15

日，乙公司在甲公司未交付定金的情况下发出全部货物，甲公司接收了该批货物。4月20日，乙公司要求甲公司支付100万元的货款，遭到拒绝。经查明：甲公司怠于行使对丙公司的到期债权100万元，此外甲公司欠丁银行贷款本息100万元。4月30日，乙公司向丙公司提起代位权诉讼，向人民法院请求以自己的名义代位行使甲公司对丙公司的到期债权。人民法院经审理后，认定乙公司的代位权成立，由丙公司向乙公司履行清偿义务，诉讼费用2万元由债务人甲公司负担。丁银行得知后，向乙公司主张平均分配丙公司偿还的100万元，遭到乙公司的拒绝。

结合案例，请回答以下问题：

1. 甲、乙公司签订的买卖合同是否生效？并说明理由。

2. 简述乙公司向丙公司提起代位权诉讼时应当符合的条件。

3. 丁银行的主张是否成立？并说明理由。

4. 人民法院判定诉讼费用由甲公司负担是否符合法律规定？并说明理由。

案例三：精铝锭买卖合同案例

甲公司与乙公司签订一个供货合同，约定由乙公司在一个月内向甲公司提供一级精铝锭100吨，价值130万元，双方约定如果乙公司不能按期供货，每逾期一天须向甲公司支付货款价值0.1%的违约金。由于组织货源的原因，乙公司在两个月后才给甲公司交付了100吨精铝锭，甲公司验货时发现不是一级精铝锭，而是二级精铝锭，就以对方违约为由拒绝付款，要求乙公司支付一个月的违约金39000元，并且要求乙公司重新提供100吨一级精铝锭。但是乙公司称逾期供货不是自己的过错，而是国家的产业政策调整使然，不应该支付违约金，而且所提供的精铝锭是经过质量检验机构检验合格的产品，甲公司不应当小题大做，现在精铝锭供应比较紧张，根本不可能重新提供精铝锭。甲公司坚持乙公司应当支付违约金和按照合同约定的质量标准履行合同。双方为此发生争议，甲公司起诉至法院，要求乙公司支付违约金和重新履行合同。乙公司在答辩状中称，逾期供货不是自己的本意，也不是自己所能控制得了的，不应当支付违约金，即使支付违约金，也不应当支付

39000 元之多，这个请求不公平。

结合案例，请回答以下问题：

1. 甲公司与乙公司之间签订的合同是否有效？

2. 乙公司辩解没有在约定的时间内交付货物是客观原因，因此可以不支付违约金的主张是否有效？

3. 甲公司要求乙公司支付违约金和重新提供一级品标准铝锭的说法有无依据？

4. 乙公司主张违约金的数额太高了，自己不应当承担这么多的违约金的说法有无依据？

案例四：传真订货案例

甲企业（本题下称"甲"）向乙企业（本题下称"乙"）发出传真订货，该传真列明了货物的种类、数量、质量、供货时间、交货方式等，并要求乙在 10 日内报价。乙接受甲发出传真列明的条件并按期报价，亦要求甲在 10 日内回复；甲按期复电同意其价格，并要求签订书面合同。乙在未签订书面合同的情况下按甲提出的条件发货，甲收货后未提出异议，亦未付货款。后因市场发生变化，该货物价格下降。甲遂向乙提出，由于双方未签订书面合同，买卖关系不能成立，故乙应尽快取回货物。乙不同意甲的意见，要求其偿付货款。随后，乙发现甲放弃其对关联企业的到期债权，并向其关联企业无偿转让财产，可能使自己的货款无法得到清偿，遂向人民法院提起诉讼。

结合案例，请回答以下问题：

1. 试述甲传真订货、乙报价、甲回复报价行为的法律性质。

2. 买卖合同是否成立？并说明理由。

3. 对甲放弃到期债权、无偿转让财产的行为，乙可向人民法院提出何种权利请求，以保护其利益不受侵害？对乙行使该权利的期限，法律有何规定？

案例五：精密仪器买卖案例

甲、乙两公司采用合同书形式订立了一份买卖合同，双方约定由甲公司向乙公司提供100台精密仪器，甲公司于8月31日前交货，并负责将货物运至乙公司，乙公司在收到货物后10日内付清货款。合同订立后双方均未签字盖章。7月28日，甲公司与丙运输公司订立货物运输合同，双方约定由丙公司将100台精密仪器运至乙公司。8月1日，丙公司先运了70台精密仪器至乙公司，乙公司全部收到，并于8月8日将70台精密仪器的货款付清。8月20日，甲公司掌握了乙公司转移财产、逃避债务的确切证据，随即通知丙公司暂停运输其余30台精密仪器，并通知乙公司中止交货，要求乙公司提供担保；乙公司及时提供了担保。8月26日，甲公司通知丙公司将其余30台精密仪器运往乙公司，丙公司在运输途中发生交通事故，30台精密仪器全部毁损，致使甲公司8月31日前不能按时全部交货。9月5日，乙公司要求甲公司承担违约责任。

结合案例，请回答以下问题：

1. 甲、乙两公司订立的买卖合同是否成立？并说明理由。

2. 甲公司8月20日中止履行合同的行为是否合法？并说明理由。

3. 乙公司9月5日要求甲公司承担违约责任的行为是否合法？并说明理由。

4. 丙公司对货物毁损应承担什么责任？并说明理由。

案例六：后履行抗辩权案例

原告：广州某电梯有限公司。

被告：武汉某贸易有限公司。

原告诉称：原告与被告于 1995 年 4 月 6 日签订《设备合同》和《设备安装合同》各一份。约定被告向原告购买 13 台进口电梯，共需支付设备款美金 3042200 元；由原告负责安装，并负责设备的调试及产品交付使用 12 个月的全套免费保养服务，被告需支付安装费美金 667800 元。之后，双方又于 1997 年 2 月 4 日签订补充合同，调整了购买电梯的型号，原合同设备价格调整为美金 2700000 元和人民币 1341520 元，安装价格调整为美金 600000 元和人民币 294480 元。合同签订后，原告如期供货及安装调试并验收合格，但被告未能如期支付设备款及安装费。请求判令被告支付设备欠款人民币 40245.60 元和美金 81000 元，电梯安装款美金 600000 元；赔偿欠款相应的银行利息人民币 390161.49 元。

被告辩称：由于原告提供的电梯中有 5 台主机非美国原产，不符合合同要求，而其又不按约定予以更换，故我公司行使后履行抗辩权，拒付余下的设备费用。

经审理查明：1995 年 4 月 6 日，原告与被告签订《设备合同》及《设备安装合同》各一份。《设备合同》约定，被告向原告购买美国原厂生产电梯 13 台，总价款 3042200 美元；质量要求为全部设备材料是在美国原厂由一流技术人员生产，以及原告负责对全部设备免费保用一年等。被告在原告发货前预付 97% 的货款，余下 3% 货款在保用期满后支付。《设备安装合同》约定，原告负责《设备合同》中 13 台电梯全套设备的安装及 12 个月之内的全套免费保养服务，安装费为 667800 美元。1997 年 2 月 4 日，原、被告双方再次签订电梯供货及安装补充合同，约定将原 13 台进口电梯中的 2 台电梯变更为原告生产的电梯，原合同设备总价款变更为 2700000 美元和人民币 1341520 元，安装价格变更为 600000 美元和人民币 294480 元。1998 年 5 月 15 日，原、被告进行电梯设备的验收移交，并签署了移交备忘录。至 1999 年 10 月 11 日，13 台电梯全部安装调试完毕，被告就 13 台电梯分别向原告出具了自检报告或完工证明，武汉市劳动安全卫生检验站经检验，也签发了电梯质量和安全监督检验报告书，电梯全部交付使用。

另查明，原告交付的 11 台进口电梯均有原产地证书，证明整机为美国原厂生产。但其中有 5 台电梯所使用的曳引机铭牌上标明产地为西班牙，被告于 1998 年 6 月以曳引机产地与合同约定不符向原告提出了书面异议，但双方对更换未能协商一致。被告遂对尚欠原告的设备款 81000 美元和人民币 40245.60 元，以及安装费 600000 美元拒绝支付。

结合案例，请回答以下问题，并说明理由：

1. 原告交付的电梯整机为美国原产，但电梯所使用的部分部件并非美国原产，原告的行为是否构成违约？

2. 如果认定原告违约，被告能否行使后履行抗辩权，拒绝支付全部设备余款及安装费？

五、参考答案

（一）单选答案（本题共 26 小题）

1	2	3	4	5	6	7	8	9
A	B	B	A	D	C	A	C	A
10	11	12	13	14	15	16	17	18
B	C	D	B	D	A	D	D	D
19	20	21	22	23	24	25	26	
B	A	C	A	B	B	A	B	

（二）多选答案（本题共 10 小题）

1	2	3	4	5	6	7	8	9	10
ABCE	ABCE	ABCE	BCD	BCD	AD	BCE	ABCD	ABDE	ADE

（三）名词解释答案（本题共 13 小题）

1. 答：同时履行抗辩权，指当事人互负债务且没有约定先后给付顺序的，一方在对方履行之前有权拒绝其履行要求，一方在对方履行义务不符合约定时有权拒绝其相应的履行要求。

2. 答：先履行抗辩权，指当事人互负债务且有先后给付顺序，先给付一方未履行的后给付一方有权拒绝其履行要求，先给付一方履行债务不符合约定的后给付一方有权拒绝其相应的履行要求。

3. 答：不安抗辩权，先履行债务的当事人，有确切证据证明对方有丧失或者可能丧失履行债务能力情形的，可以中止履行。

4. 答：代位权指因债务人怠于行使其到期债权，对债权人造成损害的，债权人可以向人民法院请求以自己的名义代位行使债务人的债权。

5. 答：撤销权指债务人实施一定的行为使其财产不当减少或者不当增加，对债权人造成损害的，债权人可以请求人民法院撤销债务人的行为。

6. 答：清偿，又称履行，指债务人按照合同约定向债权人履行合同，实现债权目的的行为，是最为普遍的合同关系消灭的原因。

7. 答：提存，指债务人于债务已届履行期时，将无法给付的标的物提交给特定机关，以消灭合同债务的行为。

8. 答：混同，指债权和债务同归于一人的，合同的权利义务终止。混同不是当事人所实施的法律行为，而是一种因当事人实施某种行为后所发生的事实，这种事实的发生使债权债务都归于同一个人，于是有可能使债权债务发生抵消。

9. 答：预期违约，指履行期限到来之前当事人一方没有正当理由而明确表示自己将不会履行债务。

10. 答：双务合同，指采购双方均根据合同约定而享有一定的权利并承担一定的义务，而且这种权利义务关系是一种相互对应的关系。一方的权利对应的是另一方的义务，一方的义务对应的是另一方的权利。一方权利的实现要求另一方履行一定的义务，而一方义务的履行则意味着另一方权利的实现。

11. 答：合同保全，指为了防止债务人财产的不当减少与不当增加而对债权人的债权造成损害，而允许债权人行使一定的权利来实现其债权或者对其债权进行救济的法律制度。合同保全的方式主要包括代位权与撤销权。

12. 答：采购合同的终止，指采购合同关系在客观上不复存在，也即不再发生法律上的效力。合同终止的效力在于使采购双方的权利义务消灭，债权人不再享有债权，债务人不再承担债务，而与合同有关其他权利义务如合同担保也随之消灭。

13. 答：合同解除，指在合同成立后至完全履行以前，双方当事人协商或者一方当事人单方决定使合同关系消灭的行为。

（四）判断答案（本题共20小题）

1	2	3	4	5	6	7	8	9	10
√	×	×	×	√	×	√	×	√	×
11	12	13	14	15	16	17	18	19	20
√	×	×	√	√	×	×	×	√	√

（五）简答答案（本题共20小题）

1. 答：同时履行抗辩权，指当事人互负债务且没有约定先后给付顺序的，一方在对方履行之前有权拒绝其履行要求，一方在对方履行义务不符合约定时有权拒绝其相应的履行要求。行使同时履行抗辩权应符合以下条件：

（1）存在于双务合同中。

（2）采购双方没有约定先后给付顺序，且已届履行期，这是同时履行抗辩权区别于先履行抗辩权的重要条件。还需要注意的是，义务的履行可能是有期限的。履行是否约定了期限将会对同时履行抗辩权产生影响。

（3）对方当事人未履行义务或者履行义务不符合约定。未履行指的是一方事实上未履行，即使是口头答应履行而事实上还没有履行的也属于未履行，这时另一方可以主张同时履行抗辩权，拒绝履行义务。履行义务不符合约定的，另一方也可以主张同时履行抗辩权，拒绝履行相应的义务。

（4）对方当事人履行义务是可能的。只有对方的履行是有可能的，那么己方行使同时履行抗辩权才是有意义的。因为同时履行抗辩权的效力是暂时的，即暂时阻却对方请求权的行使，待对方履行了义务之后，本方仍然还是要履行义务的。

2. 答：先履行抗辩权，指当事人互负债务且有先后给付顺序，先给付一方未履行的后给付一方有权拒绝其履行要求，先给付一方履行债务不符合约定的后给付一方有权拒绝其相应的履行要求。先履行抗辩权的行使应符合下列条件：

（1）采购双方在双务合同中互负债务。

（2）一方当事人负有先履行的义务，这种义务的先履行既可以是双方事先约定的，也可以是根据合同的内容结合常理作出的判断。

（3）先履行一方到期未履行债务或者未适当履行债务。

3. 答：不安抗辩权，先履行债务的当事人，有确切证据证明对方有丧失或者可能丧失履行债务能力情形的，可以中止履行。当事人没有确切证据中止履行的，应当承担违约责任。行使不安抗辩权应符合如下条件：

（1）采购双方在双务合同中互负债务。

（2）一方当事人负有先履行的义务且已届清偿期。

（3）后履行一方有丧失或者可能丧失履行债务能力的情形。

（4）后履行一方没有对等给付或未提供担保。

4. 答：代位权指因债务人怠于行使其到期债权，对债权人造成损害的，债权人可以向人民法院请求以自己的名义代位行使债务人的债权。行使代位权应具备如下条件：

（1）债权人对债务人享有合法债权，债务人对次债务人享有合法债权。债权人对债务人享有合法的债权是债权人行使代位权的法律基础，债务人对次债务人享有合法债权是债权人行使代位权的可能性基础。

（2）债权人对债务人的债权已届清偿期。债权已届清偿期是债权行使的一个基本要求，清偿期对于债务人来说相当于一个保护期，清偿期未到，债务人就无须履行债务。如果清偿期未到，债权人就行使代位权，相当于债务人的缓冲器被间接地取消了，一定程度上损害了债务人的利益。

（3）债务人怠于行使其对第三人享有的到期债权，对债权人造成损害。本来债权的行使属于债权人的权利，债权人可以自由地对债权作出处分，但是，如果债权人对自己债权的处分影响到了对其享有债权的债权人的债权，那么其对债权的处分就要受到限制。如果债务人怠于行使债权，债权人有权行使代位权。如果债务人放弃债权，债权人有权行使撤销权。

（4）债务人的债权不是专属于债务人自身的债权。专属于债务人自身的债权，指基于扶养关系、抚养关系、赡养关系、继承关系产生的给付请求权和劳动报酬、退休金、养老金、抚恤金、安置费、人寿保险、人身伤害赔偿请求权等权利。需要注意的是，如果债权人对债务人债权是专属于债权人的情况下，债权人是可以通过行使代位权来实现债权的。

5. 答：代位权胜诉产生的法律效力如下：

（1）诉讼时效中断。诉讼时效，指当事人在法定期限内不行使权力的，便丧失了请求法院依法保护其权利的权利。设置诉讼时效的目的是为了防止权利人过分迟延地行使权力，只要权利人实施一定的行为表明自己在积极地行使权力，那么诉讼时效便可以重新计算，这就是诉讼时效的中断。代位权的行使必须通过向法院提起代位诉讼，所以代位权的行使可以使诉讼时效发生中断的效果。

（2）债务人债权处分权受到限制。债务人行使自身对次债务人的债权的权利受到了限制，债权人则有权直接要求次债务人向其履行债务。

（3）债权人的债权与债务人的债务消灭，即债权人与债务人之间的债权债务关系消灭；债务人与次债务人之间的债权债务关系消灭或者部分消灭。债权人提起的代位诉讼胜诉后，次债务人便向债权人直接履行了原本属于债务人的债权，这时会引起两个债权关系的消灭。一是债权人与债务人之间的债权债务关系消灭了，因为债权人的债务已经从次债务人那里得到了清偿。二是债务人与次债务人之间的债权债务关系消灭或者部分消灭了，因为债务人的债权的一部分已经被用来清偿其对债权人的债务了。如果债务人享有的债权与其所负的债务相等的话，那么在代位诉讼结束后，其债权就全部消灭了。

（4）债务人还要承担代位诉讼所产生的所有费用。

6. 答：行使合同保全中的撤销权应满足以下条件：

（1）客观条件，指债务人实施的生效的财产处分行为严重损害或将要严重损害债权人的债权。这一客观条件包含了三层含义：

①债务人实施了处分财产的行为。处分财产的行为包括放弃其到期债权、无偿转让财产，及以明显不合理的低价转让财产三种行为。

②债务人处分财产的行为已经发生了法律效力。

③债务人处分财产的行为已经或者将要严重损害债权。

（2）主观条件。主观条件包括两个方面：

①债务人的主观恶意。债务人主观是否恶意是评判是否有必要对债务人行为进行撤销的重要标准。

②第三人恶意。这个条件只在债务人以明显不合理的低价转让财产时才作为债权人是否有权行使撤销权的考虑因素，这里的恶意指第三人知道债务人是以明显不合理的低价转让财产。

7. 答：合同的变更是采购双方对签订合同时所作的意思表示的变更，会对采购双方权利义务产生一定的影响，所以合同的变更应当符合一定的条件：

（1）存在一个有效的合同关系。

（2）采购双方协商一致。合同是采购双方意思表示一致的产物，所以对于合同的变更也应当由采购双方协商一致。

（3）遵循法定的程序和方式。法律、行政法规规定变更合同应当办理批准、登记等手续的，依照其规定。因为法律、行政法规要求一些合同只有经过批准、登记才可以生效，若不对合同的变更也作相同的规定，有可能会出现当事人将已经批准、登记的合同私下进行变更，以达到规避法律的目的。

（4）改变合同的内容而不改变合同的性质。合同的变更应当仅仅改变合同的内容而不改变合同的性质，比如将合同标的的规格或质量改变、合同标的的数量和价款增加或减少、合同的履行期限提前或延后、履行地点或履行方式的改变、违约责任的改变等。

8. 答：债权让与，指债权人将其享有的合同债权部分或者全部转让给第三人，债权的主体发生变化，内容不变。债权让与应满足如下条件：

（1）存在有效债权。有效债权的存在是债权让与的前提和基础。合法有效的债权不仅包括现实的确定的债权，也可以包括将来的甚至不确定的债权。比如附条件合同的债权、附期限合同的债权、效力待定合同的债权、可撤销合同的债权都是可以让与的，只要让与人可能从合同中获得利益的债权，都可以成为债权让与的对象。

（2）转让双方协商一致。

（3）转让的债权具有可让与性。并不是所有合同都是可以转让的，导致合同不得转让的原因有根据合同性质不得转让、按照当事人约定不得转让、依照法律规定不得转让等，这些原因都需要结合具体的合同内容进行分析与适用。

（4）债权让与后要及时通知债务人。债权人要实现债权转让的目的，就要将债权已经转让的事实通知债务人，债务人收到通知以后就可以向受让人履行债务。

（5）遵循法定的程序和方式。

9. 答：债务承担，指债权人、债务人与第三人协商一致，由债务人将其所负担的债务部分或者全部转让给第三人承担，债务的主体发生变化，内容不变。实现债务承担应满足如下条件：

（1）有效的债务存在。

（2）三方协商一致。债务的转让应当由三方协商一致，特别是应当取得债权人的同意。债务的转让应当以更有利于债权的实现为原则，否则债权人可以拒绝债务的转让。

（3）转让的债权具有可让与性。

（4）遵循法定的程序和方式。

10. 答：合同保全中行使撤销权胜诉后的法律效力如下：

（1）债务人与第三人之间的效力。第三人返还原物或折价补偿，债务人还应承担对第三人造成的损害赔偿责任。

（2）债务人与债权人之间的效力。债权人不能向代位权的效力那样直接从第三人返还的财物中进行清偿，而只能在债权清偿期届满后再次向债务人提出清偿的要求，债务人不同意清偿债务的，债权人有权向法院或仲裁机构请求实现债权。

11. 答：采购合同中的债权让与产生的法律效力如下：

（1）债权人对受让人承担权利担保义务和瑕疵担保义务，同时，债权转让时此债权的从权利随之转让，受让人在受让债权后，就取代出让人成为新的债权人。

（2）债务人应当向受让人履行债务。

（3）债务人可以援用对原债务人的抗辩权对抗新的债权人。

（4）如果债务人对新债权人享有债权，并且先于转让的债权到期或者两者同时到期，债务人可以主张两项债权的抵消。

12. 答：合同终止的原因包括三类：

一是基于当事人的意志，如免除、抵消、合同的解除。

二是基于债的目的已经达到，如清偿、提存、混同。

三是基于法律的直接规定，如当事人死亡、法人的终止等。

13. 答：清偿的抵充，指债务人对同一债权人负担数宗相同给付种类的债务，在其给付不足以清偿全部债务时，决定其清偿抵充何宗债务的制度。清偿抵充的成立条件如下：

（1）债务人对同一债权人负担数宗债务。如果债务人对债权人只负担一宗债务，其给付又不足以清偿全部债务时，应当适用部分履行的有关规定。

（2）债务人负担的数宗债务的种类相同。如果数宗债务的种类不同，那么可以根据给付的内容确定清偿的对象。

（3）债务人提出的给付不足以清偿全部债权。

14. 答：提存，指债务人于债务已届履行期时，将无法给付的标的物提交给特定机关，以消灭合同债务的行为。提存是一种特殊的清偿方式。实施提存应满足如下条件：

（1）提存主体。提存的主体有三个，债务人又被称为提存人，特定的机关被称为提存机关，债权人则被称为提存领取人。提存机关则包括法院、公证处、公安机关、银行等具有公信力的机关。

（2）提存合同之债有效且已届清偿期。债务已届清偿期后，债务人若再不提存便将承担违约责任，这时才有权在法定条件下提存。

（3）提存原因合法。提存必须有法定的正当理由。提存的原因包括：债权人迟延受领或者无正当理由拒绝受领标的物；债权人下落不明或者债权人死亡未确定继承人或者丧失民事行为能力未确定监护人。

（4）提存客体。提存的客体即合同标的物应当适于提存，如货币、有价证券、票据、提单、权利证书、贵重物品、担保物以及其他物品。如果标的物不适于提存或者提存费用过高的，债务人依法可以拍卖或者变卖标的物，提存所得的价款。

15. 答：提存产生如下法律效力：

（1）债务人将债务标的提存之后，采购双方之间的债权债务关系即告消灭，不再负债务履行责任。标的物提存后，除债权人下落不明的以外，债务人应当及时通知债权人或者债权人的继承人、监护人。标的物提存后，毁损、灭失的风险由债权人承担。提存期间，标的物的孳息归债权人所有。提存费用由债权人负担。

（2）提存机关与债权人之间是一个保管者与所有者的关系，债权人可以随时领取提存物，但债权人对债务人负有到期债务的，在债权人未履行债务或者提供担保之前，提存部门根据债务人的要求应当拒绝其领取提存物。债权人领取提存物的权利，自提存之日起五年内不行使而消灭，提存物扣除提存费用后归国家所有。

16. 答：一般法定解除，指适用于一般合同的解除情形，一般的合同只要出现了法定的情形当事人便有权解除合同。有下列情形之一的，当事人可以解除合同：

（1）因不可抗力致使不能实现合同目的。

（2）在履行期限届满之前，当事人一方明确表示或者以自己的行为表明不履行主要债务。

（3）当事人一方迟延履行主要债务，经催告后在合理期限内仍未履行。

（4）当事人一方迟延履行债务或者有其他违约行为致使不能实现合同目的。

（5）法律规定的其他情形。

只要合同符合了上述情形之一的，当事人便可以解除合同，且上述的情形是适用于所有的合同的。

17. 答：法定抵消和约定抵消的区别如下：

（1）抵消的根据不同。法定抵消依据的是法律的规定，约定抵消依据的是双方一致的意思表示。

（2）债的内容要求不同。法定抵消要求债的内容应当是相同种类并且相同品质，约定抵消对债的内容没有要求。

（3）债的清偿期要求不同。由于法定抵消是一方当事人的意思表示，所以要求主动债权已届清偿期，而约定抵消已经反映了采购双方的意志，所以对债的清偿期没有要求。

（4）抵消的程序不同。法定抵消应当由主张抵消的一方当事人通知另一方当事人；而约定抵消只要双方达成合意即可，无须再通知。

18. 答：法定抵消，指当事人互负到期债务，该债务的标的物种类、品质相同的，任何一方可以将自己的债务与对方的债务抵消。法定抵消属于单方行为，任何一方只要具备了法定的抵消条件，不论对方是否同意，均可以行使抵消权。为了平衡采购双方的利益，防止一方当事人滥用抵消权损害对方利益，需要对法定抵消加以一定的限制即设置一定的行使条件。行使法定抵消需满足如下条件：

（1）双方互享债权、互负债务。法定抵消还要求双方互享的债权应当都是具有完全效力的合法债权，如果一方的债权是非法债权，不受法律保护，不得抵消。如果一方享有的债权诉讼时效已经消灭，不受法律保护，不得抵消，当然若债务人自愿履行债务的则可以抵消。附条件、附期限的债权在有效期内可以抵消。债务人享有合同履行抗辩权的，不得抵消，否则便剥夺了债务人行使履行抗辩权的权利。

（2）双方的债的内容种类、品质相同。如果双方债属于不同的种类或者属于不同品质的同种类债，那么就很难有一个固定的标准对两者的价值作出衡量，因为法定抵消是一个单方面的机械的抵消，必须要求双方债的标的物是相同品质的同种类物，否则法定抵消的操作就非常困难。

（3）主动债权已届清偿期。《合同法》第九十九条要求法定抵消的当事人互负到期债务，其实只要主动债权一方的债权已届清偿期即可。

（4）双方的债务均为可抵消的债务。不得抵消的债务包括：法律规定不得抵消、债务依性质不得抵消、当事人约定不得抵消。例如法律规定，禁止强制执行的债务、违约金债务、赔偿金债务不得与一般合同债务发生抵消，侵权债务不得与合同债务发生抵消。

19. 答：免除，指债权人免除债务人部分或者全部债务的，使合同的权利义务部分或者全部终止。债权人免除债务人全部或者部分债务应满足如下条件：

（1）债权人具有处分能力。债务的免除属于债权人对债权的放弃，是一种法律行为，因此要求作出免除行为的当事人必须具备相应的民事行为能力，而且对免除的债务享有完全的处分权利。

（2）免除的意思表示应当向债务人作出。债务免除属于一种单方的法律行为，虽然债务免除无须征得债务人的同意，但是债务免除的意思表示必须直接向债务人作出，并在到达债务人时发生效力。如果债权人免除债务的意思表示仅向第三人作出是不能生效的，债务人仍然应当承担债务履行。

（3）免除不得损害第三人的利益。如债权人已经将其债权为第三人设定了担保，那么债权人就不得随意免除该债务，除非取得了第三人的同意。如果债务的免除会危害到债权人的上一级债权人的债权的，上一级的债权人有权撤销债权人的免除行为。

20. 答：违约责任与侵权责任主要有以下区别：

（1）归责原则与举证责任不同。违约责任主要是以无过错原则为主的，因此非违约方要承担的举证责任比较轻，无须证明违约方的主观存在过错。侵权责任主要是以过错原则为主的，受害方通常需要证明侵权方的主观存在过错，举证责任相对较重。这是两者主要的差异之一。

（2）赔偿范围不同。违约责任的赔偿范围包括实际损失和直接的将来利益损失，一般与因违约对合同产生的损害相当。侵权责任的赔偿范围包括直接损失和间接损失。可见，责任选择的不同对受害方的影响是很大的。

（3）诉讼时效不同。违约责任的诉讼时效一般是两年，但是出售质量不合格的商品不声明的，诉讼时效为一年。侵权责任的诉讼时效一般也是两年，但是因身体受到伤害而产生的赔偿损失的，诉讼时效是一年。

（4）承担的责任方式不同。违约责任的承担方式包括实际履行、损害赔偿、支付违约金或定金。侵权责任的承担方式则包括停止侵害、排除妨碍、消除危险、返还财产、恢复原状、赔偿损失、消除影响、恢复名誉、赔礼道歉。

（六）论述答案（本题共 8 小题）

1. 答：保全撤销权是指债权人"因债务人放弃其到期债权或者无偿转让财产，对债权人造成损害的，债权人可以请求人民法院撤销债务人的行为。债务人以明显不合理的低价转让财产，对债权人造成损害，并且受让人知道该情形的，债权人也可以请求法院撤销债务人的行为"。

保全撤销权与合同撤销权在名称、权利属性、撤销后果上具有很多相似之处，但两者仍存在质的区别，主要表现在以下几点：

（1）法理依据不同。保全撤销权属传统意义上的撤销权，它使特定当事人之间的合同效力延伸至其他合同当事人，从而形成了权利人为了保全自己的利益便可有条件地干涉他人之间的法律关系，使债权的法定权能得到有力补充，体现了债的对外效力，增加了权利人的选择性权利从而有利于维护交易的安全，反映了司法诚实信用与公平的原则。而合同的撤销权，是指当事人在签订合同时显失公平，一方受欺诈、胁迫、乘人之危或有重大误解，无过错方可以行使撤销权撤销已经生效的合同。

（2）权利设立的体系目的不同。合同撤销权和保全撤销权分属于合同的效力制度与债的保全制度。合同撤销权的设立是为了贯彻意思自治原则，使撤销权人针对意思表示不真实、不准确的行为请求撤销，从而实现撤销权人的意志和利益，目的是为了消弭当事人意思表示有瑕疵造成的危害。而保全撤销权制度是法律为了保障合同债务的履行，防止债务人的责任财产不当减少所设立的一种措施，目的是为了维护债务清偿债权的资力，保持其清偿力。

（3）权利的行使主体及原因事由不同。合同撤销权的权利人是合同的一方当事人，其中又有不同：一般情况下，在欺诈、胁迫、乘人之危合同中只有受损当事人一方，在重大误解、显失公平合同中，双方当事人均享有撤销权，撤销事由为上述五种情形。而行使保全撤销权的权利人则是在债务人实施放弃其到期债权，或无偿、低价转让、处分其财产的有害于债权的行为时，可以对合同以外的第三人行使撤销权，撤销事由仅为上述三种情形。

（4）申请撤销的裁决机关不同。合同撤销权既可以向法院申请撤销，也可向仲裁机构申请撤销，而保全撤销权则只能向人民法院申请撤销。

（5）行使权力的效力扩张不同。可撤销合同制度是从合同受害人角度设立的，撤销权人请求撤销的是他与另一方当事人之间的合同，也就是说撤销的是自己的行为，撤销只是在合同当事人之间发生，撤销权的行使只是在合同当事人之间发生效力。合同保全的撤销权是从债权人角度设立，主要是针对债务人与第三人（受赠人、受益人、买受人等）之间实施的有害于债权人权利的行为而为的，债权人行使撤销权，旨在撤销债务人与第三人之间的民事行为，撤销的是他人的行为，撤销权的行使将突破债的相对性原则，债的效力扩张至第三人，对第三人产生效力。

2. 答：定金与违约金都是当事人一方应向另一方交付的款项，并且都有担保合同履行的作用。但定金与违约金是不同的。其主要区别有以下几项：

（1）根本目的不同。定金是以确保债权的实现为根本目的，因此定金属于担保的一种形式，带有一定的惩罚性，当事人如果约定了违约定金的，交付定金的当事人若不履行债务，接受定金的当事人有权没收定金；接受定金的当事人若不履行债务，应当双倍返还定金。而违约金根本目的是制裁违约行为，是民事责任的承担方式，是补偿性的，约定的违约金低于造成的损失的，当事人可以请求予以增加；约定的违约金高于造成的损失的，当事人可以请求予以适当减少。

（2）适用条件不同。定金只适用于一方不履行债务的情形，在一方履行债务不符合约定的情况下不能适用定金条款，而违约金适用于所有的违约行为。

（3）交付的时间不同。定金只能在合同履行之前交付，而违约金只能在当事人一方违约后交付。所以，定金具有预先给付和征约的作用，而违约金不具有这些作用。

（4）发生的根据不同。定金是由当事人双方在定金合同中约定的，而违约金一般是当事人自己约定的。

（5）确定的标准不同。定金的数额不能超过法律规定的数额，根据《担保法》的规定，定金最高不能超过合同标的额的20%，超过部分无效。而违约金因具有预定赔偿金的性质，是根据违约可能造成的损失额来确定。

在同时约定违约金和定金的情况下，如果约定了违约金和定金分别适用不同的情况，则应当根据不同情况选择适用不同的违约责任；如果同时约定了违约金和定金，但是没有对违约金和定金的使用情况作出区别，则当事人可以选择对自己比较有利的方式进行救济。

3. 答：合同的保全，是指法律为防止债务人的财产不当减少而给债权人的债权带来危害，允许债权人对债务人或者第三人的行为行使撤销权或者代位权，是合同债权人实施的保证合同利益的实现而采取的措施，法院不得依职权启动。

合同担保，是指以保证、质押、抵押、定金等形式，确保债权实现和债务人履行债务，目的和合同保全一样，但是也有以下区别：

（1）合同的担保没有超出合同对内效力的范畴。担保中的担保人对债权人所承担的责任，是根据担保合同所产生的义务，担保人也是从合同当事人，他所承担的担保责任是由法律规定的或者合同约定产生的义务。而合同保全则是债对外效力的体现，债权人采取保全措施将涉及合同关系以外的第三人，而不仅仅是合同当事人。

（2）合同的担保主要是由当事人双方约定，随之产生约束力，是任意性规范；而合同保全是完全由法律规定产生，属强制性规范。

（3）合同担保比合同保全的作用更为优越，往往使债权获得优先受清偿的权利，安全系数更大。尤其是在物权担保时，债权人能够掌握、控制实现债权的财产，使债权实现更安全、稳定；而合同保全则无此优越性。

（4）担保一般在合同订立时或者履行前设立，对债权的保障具有积极性、主动性；保全措施因债务人的不当行为给债权实现带来危害时才行使，具有消极性、防卫性。

（5）担保权的行使以债务人期限届满，不履行债务为前提；保全权的行使以债务人的财产不当减少给债权人带来危害为条件，与债务履行期限无直接关系。

4. 答：（1）合同保全的性质

合同的保全，是指法律为防止债务人的财产不当减少而给债权人的债权带来危害，允许债权人对债务人或者第三人的行为行使撤销权或者代位权，是合同债权人实施的保证合同利益的实现而采取的措施，法院不得依职权启动。合同保全具有如下特征：

①合同的保全是合同相对性规则的例外。根据相对性规则，合同之债主要在合同当事人之间产生法律效力，然而在特殊情况下，因债务人怠于行使到期债权，或与第三人实施一定的行为致使债务人用于承担责任的财产减少或不增加，从而使债权人的债权难以实现时，法律为保护债权人的债权，允许债权人享有并行使代位权或撤销权，这两种权利的行使都会对第三人产生效力，此种现象可以看做是合同相对性规则的例外。

②合同的保全主要发生在合同有效成立期间。也就是说，在合同生效后至履行完毕前，都可以采取保全措施，但合同根本没有成立生效，或已被解除或被宣告无效、被撤销，则不能采取保全措施。

③合同的保全的基本方法是，确认债权人享有代位权或撤销权。

（2）合同保全与财产保全的区别

合同保全与民事诉讼中的财产保全是不同的。所谓民事诉讼中的财产保全，是指人民法院在案件受理前或诉讼过程中，为了保证判决的执行或避免财产遭受损失，而对当事人的财产和争议的标的物采取查封、扣押、冻结等措施，它是程序法所规定的措施，一般都需要由当事人提出申请。而合同的保全，只是实体法中的制度，它是通过债权人行使代位权、撤销权而实现的。

财产保全与合同保全在防止责任财产的不当减少上，有着同样的功能和目的，但两者还是有区别的：

①财产保全是程序法所规定的措施；合同保全是实体法所规定的制度。

②财产保全通常采用查封、扣押、冻结款项等强制措施由法院行使；合同保全是通过债权人行使撤销权、代位权来实现。

③财产保全既可以由当事人提出申请，也可以由法院以职权主动采取保全措施；合同保全则必须由债权人申请，然后由法院决定是否采取保全措施。

5. 答：非违约方在对方违约时可以从两个方面来保护自己的利益，一是己方对合同的处理，二是要求对方承担违约责任。对合同的处理方法包括中止合同履行和解除合同，而对方违约责任的承担包括如下几种形式：

（1）强制履行。《合同法》第一百一十条规定："当事人一方不履行非金钱债务或者履行非金钱债务不符合约定的，对方可以要求履行。"如果对方仍不履行的，守约方可以经仲裁或诉讼确认后，申请法院强制对方履行。

（2）赔偿损失。《合同法》规定："当事人一方不履行合同义务或者履行合同义务不符合约定的，在履行义务或者采取补救措施后，对方还有其他损失的，应当赔偿损失。同时规定，当事人一方不履行合同义务或者履行合同义务不符合约定，给对方造成损失的，损失赔偿额应当相当于因违约所造成的损失，包括合同履行后可以获得的利益，但不得超过违反合同一方订立合同时预见到或者应当预见到的因违反合同可能造成的损失。"

（3）支付违约金。《合同法》规定："当事人可以约定一方违约时应当根据违约情况向对方支付一定数额的违约金。也可以约定因违约产生的损失赔偿额的计算方法。约定的违约金低于造成的损失的，当事人可以请求人民法院或者仲裁机构予以增加；约定的违约金过分高于造成的损失的，当事人可以请求人民法院或者仲裁机构予以适当减少。"

（4）修理、更换、重做、退货、减少价格或者报酬。《合同法》规定："质量不符合约定的应当按照当事人的约定承担责任。对违约责任没有约定或者约定不明确的，依照本法第六十一条（当事人就质量、价款或者报酬、履行地点等内容没有约定或者约定不明确的，可以协议补充；不能达成补充协议的，按照合同有关条款或者交易习惯确定）的规定仍不能确定的，受损害方根据标的的性质以及损失的大小，可以合理选择要求对方承担修理、更换、重做、退货、减少价格或者报酬等违约责任。"

（5）担保责任。依照担保法规定，为合同履行提供保证、定金、抵押、质押或者留置等方式担保的合同当事人或者第三人，在被保证的合同当事人违约的情况下，要按照担保合同的规定，承担违约责任。

（6）当事人约定的其他违约责任方式。在不违背法律原则及有关规定的情况下，合同当事人可以约定其他违约责任。

6. 答：在违约责任中，违约方实际履行合同需要具备如下条件：

（1）一方违约。违约方的行为主要是拒绝履行、部分履行和迟延履行后未履行完毕，在拒绝履行和迟延履行后未履行完毕的情况下，可以要求违约方实际履行全部债务。在部分履行的情况下，可以要求违约方实际履行剩余的债务。而在迟延履行后已经履行完毕、不适当履行的情况下，违约方实际上已经做出了一定的履行行为，只是履行不符合约定期限或者约定内容。因此在迟延履行后已经履行完毕的情况下是无法要求违约方实际履行的，只能要求违约方赔偿损失、支付违约金、定金。在不适当履行的情况下，只能要求违约方承担修理、更换、重做、退货、减少价款或者报酬、赔偿损失、支付违约金或者定金。

（2）非违约方在合理期限内提出实际履行的要求。实际履行作为一种违约责任，必须由非违约方提出要求违约方才有义务承担，因为非违约方在一方违约之后可能面临两个选择，一是解除合同，二是要求违约方实际履行。如果非违约选择解除合同，那么违约方就无须实际履行了。但是如果一方超过合理期限后才要求违约方继续履行的，那么也就丧失了要求违约方实际履行的权利，而只能要求其赔偿损失、支付违约金、定金。合理期限的确定要根据具体案件的情况具体分析。

（3）违约方具备履行能力。如果一方已经不具备实际履行的能力，那么就属于履行不能的情形，未违约方只得要求违约方赔偿损失、支付违约金、定金。

（4）依据合同的性质可以实际履行。债务根据给付内容的不同可以分为金钱债务与非金钱债务。金钱债务一般是可以实际履行的，而非金钱债务中有些债务的标的是不适于实际履行的或者履行费用过高的。债务标的不适于实际履行是因为实际履行是有国家强制力保证的，一旦债务人拒绝实际履行，会遭到国家的强制履行，而一些债务诸如涉及人身自由或者人格权的债务是不适宜强制执行的。如一个明星签订演出合同后拒绝履行合同，该明星的演出义务便属于涉及人身自由的债务标的，国家不可能把该明星强行绑到舞台上强制其开口唱歌或者跳舞。另外一些债务由于继续履行的费用过高不符合经济合理原则，但是又可以通过其他方法使当事人得到差不多的补偿，那么就没有必要采取实际履行的方式。所以在依据合同的性质不宜实际履行的情况下，当事人可以要求违约方赔偿损失、支付违约金、定金。

7. 答：虽然违约责任一般适用无过错责任，但是并不意味着只要符合了前面所介绍的三项构成要件违约方就必须承担违约责任，在一定的条件下，违约方还可以以一定的理由来免除自己的责任，这就是所谓的免责条件。《合同法》上的免责条件主要包括不可抗力、债权人自己过错、货物自身属性和免责条款。下面分别分析。

（1）不可抗力，指不能预见、不能避免并不能克服的客观情况。不可抗力是导致合同解除的原因之一，其实不可抗力适用的范围非常广泛，只不过不可抗力发生后的处理比较一致，像不可抗力这种"天灾人祸"所导致的违约，违约一方一般可以免于承担责任。

但是如果一方在不可抗力发生以前就已经违约的，那么违约方不能因为不可抗力的发生而免责。《合同法》同时规定，因不可抗力不能履行合同的，根据不可抗力的影响，部分或者全部免除责任，但法律另有规定的除外。当事人迟延履行后发生不可抗力的，不能免除责任。

（2）债权人自己过错。如果是债权人自己的过错导致自己受到损害，那么违约方就不必承担因债权人自己过错所造成的损失。

（3）货物自身属性。如果由于货物自身属性导致一方受到损害，而且相对方不存在过错的，无须承担责任。

（4）合同中有免责条款。免责条款，指采购双方在合同中事先约定的免除或限制其未来的责任的条款。

8. 答：违约行为是违约责任构成要件中最重要的一个，没有违约行为的发生也就不会有违约责任的承担。一般的违约行为都是由违约方自身原因所导致的，这一类的违约行为根据发生时间的不同可以分为预期违约和实际违约。实际违约根据行为内容的不同，可以分为拒绝履行、迟延履行、不适当履行、部分履行和其他实际违约行为。

（1）预期违约，指履行期限到来之前当事人一方没有正当理由而明确表示自己将不会履行债务。预期违约包括明示预期违约和默示预期违约。明示预期违约指一方明确表示其将不履行债务，默示预期违约指一方以自己的行为表示其将不履行债务。预期违约由于使对方提前承担了违约责任，因此必须是对方的预期违约行为比较严重，使合同的目的不能达到。

（2）实际违约，指合同履行到来之后，一方当事人不履行合同义务或者履行合同义务不符合约定。不履行合同义务包括履行不能和拒绝履行，履行合同义务不符合约定包括迟延履行、不适当履行和部分履行以及其他不符合约定的履行行为。

①履行不能，指在履行期到来之后一方当事人无法履行合同义务。不能履行包括法律上不能履行和事实上不能履行。法律上不能履行，指合同的履行义务在合同签订后被法律规定为非法，如若履行将违反法律，所以不能履行。事实上不能履行，指一方当事人不具备履行合同义务的能力。在履行不能的情况下，债权人可以要求债务人赔偿损失、支付违约金或者定金。

②拒绝履行，指在履行期到来之后一方当事人可以履行但是拒不履行。履行不能与拒绝履行的区别在于一方当事人在履行期限到来时是否具备履行能力。区分履行不能与拒绝履行的意义在于两者的违约责任的形式是不一样的。在履行不能的情况下，由于一方当事人已经不具备履行能力，因此不能要求一方当事人实际履行债务，而只能要求其赔偿损失、支付违约金或者定金。在拒绝履行的情况下，一方当事人仍然具备履行能力，因此不仅可以要求其赔偿损失、支付违约金或者定金，也可以要求其实际履行债务。

③迟延履行，又称逾期履行，指一方当事人迟于合同约定的履行期限履行债务，包括履行期限过后履行完毕和履行期限过后仍未履行完毕。迟延履行的成立应当以履行期限为标准。如果债务的履行期限不确定的，债务人可以随时履行，债权人也可以随时要求履行，但应当给对方必要的准备时间。债务人的履行只有超过了必要的准备时间的，才构成迟延履行。债务人在履行期限过后履行完毕的，债权人可以要求债务人赔偿损失、支付违约金或者定金。债务人在履行期限过后仍未履行完毕的，债权人不仅可以要求其赔偿损失、支付违约金或者定金，也可以要求其实际履行债务。

迟延履行与拒绝履行的区别在于迟延履行的债务人主观上是愿意履行债务的，只是因为某些原因导致履行行为超过了履行期限，所以债权人不得轻易解除合同，除非债务人的迟延履行导致债权人的合同目的不能实现，或者债权人向债务人发出履行催告后的合理期限内债务人仍不履行。

④不适当履行，又称瑕疵履行，指在约定的履行期限届满时，一方当事人交付的标的物质量不符合合同的约定。在这种情况下，应当按照当事人的约定承担违约责任。对违约责任没有约定或者约定不明确，依照本法第六十一条的规定仍不能确定的，债权人根据标的的性质以及损失的大小，可以合理选择要求对方承担修理、更换、重做、退货、减少价款或者报酬、赔偿损失、支付违约金或者定金等违约责任。债务人采取修理、更换、重做等补救措施超过合理期限时，将构成迟延履行。如果债务人在不适当履行以后，无法采取修理、更换、重做等补救措施的，将构成履行不能。

⑤部分履行，指在约定的履行期限届满时，一方当事人交付的标的物数量不符合合同的约定。在这种情况下，债权人有权要求违约方依据合同规定的数量条款继续履行，交付尚未交付的货物、金钱，也可以要求对方赔偿损失、支付违约金或者定金。如果一方的部分履行行为导致债权人合同目的不能达到的，债权人有权解除合同并要求违约一方赔偿损失，对于已经履行的部分，双方可以协商如何处理，协商不成的，债权人应当向债务人返

还原物。

如果一方在部分履行后超过合理期限补齐合同约定数量的，将构成迟延履行。如果一方在部分履行后不能补齐合同约定数量的，将构成履行不能。

（七）案例分析答案（本题共 6 小题）

案例一：

1. 答：毛某的抗辩无效。理由如下：

王某与毛某之间的借款合同自双方达成合意时成立，并且从王某向毛某提供借款后生效，此有毛某出具的欠条为证。借款合同的主体、形式和内容都不违反法律的强制性规定，王某的债权应得到保护，毛某到期应偿还借款本息。

王某对毛某享有合法债权，且债权已到期，毛某履行义务已陷于迟延。毛某在还款期届满后，在王某多次催要情况下，未作清偿。毛某由于违法经营受罚及市场判断的失误导致其清偿能力受限，但此不能成为其不履行合同义务的抗辩事由。因此毛某行为构成违约，应承担相应责任。

要不要行使自己的权利，确实是债权人的权利，但是如果不行使这一债权是以逃避债务为目的，那么这种不行使也是不允许的。毛某在自身已陷于履行迟延的情况下，放弃对方某的到期债权，势必造成第三人方某与债权人王某的利益失衡，形成社会不公。如此不公正局面为法律所不容。法院可以依照债权人代位权，判决王某代位行使毛某的债权，用方某的应付欠款偿付王某的债务。

2. 答：王某可依法撤销毛某放弃对方某到期债权的行为，进而请求行使代位权，依法保护自己的债权。

本案中，依诚实信用原则，毛某应积极融通资金，以增强其履行能力，而行使对第三人方某的到期债权正合此目的。

依据《合同法》第七十四条规定，因债务人放弃其到期债权，对债权人造成损害的，债权人可以请求人民法院撤销债务人的行为。本案中，毛某放弃对方某的到期债权，使其履行义务的能力不能得到补充，使自己的债权人王某的债权有完全不能实现之实，从而损害王某的利益。王某依法有权撤销毛某放弃债权的行为。仅仅撤销毛某放弃到期债权的行为尚不足以平衡各方利益，毛某对方某债权的消极态度使三方的债权债务关系仍处于不稳定状态。

一方面，方某因对毛某债务的清偿不被接受而难以及时恢复信用；另一方面，王某的债权因毛某没有积极增强自身的偿债能力也不能得到保障。

依据《合同法》第七十三条规定，王某可向法院请求直接以自己的名义代位行使毛某对方某的债权。此方式正好可解除王某、毛某和方某之间的债权债务枷锁，亦不损害任何一方的合法利益。

案例二：

1. 答：买卖合同生效。根据法律规定，当事人约定以交付定金作为主合同成立或者生效要件的，给付定金的一方未支付定金，但主合同已经履行或者已经履行主要部分的，不影响主合同的成立或者生效。在本题中，甲公司虽未按照合同约定交付定金，但乙公司已经交付全部货物并且甲公司接收了货物，视为主合同已经履行。

2. 根据法律规定，债权人提起代位权诉讼时，应当符合下列条件：①债权人对债务人的债权合法；②债务人怠于行使其到期债权，对债权人造成损害；③债务人的债权已经到期；④债务人的债权不是专属于债务人自身的债权。

3. 丁银行的主张不成立。根据法律规定，债权人行使代位权，其债权就代位权行使的结果有优先受偿权利。在本题中，债权人乙公司就其代位权行使的结果享有优先受偿的权利，因此丁银行的主张不成立。

4. 人民法院判定诉讼费用由甲公司负担不符合法律规定。根据《合同法》规定，在代位权诉讼中，债权人胜诉的，诉讼费用由次债务人负担。在本题中，诉讼费用应当由次债务人丙公司负担。

案例三：

1. 答：甲公司与乙公司之间签订的合同是有效合同。合同的生效应具备三个条件：①行为人具有相应的民事行为能力；②意思表示真实；③不违反法律或者社会公共利益。本案例中的合同符合这三个条件，所以是有效合同。

2. 答：乙公司辩解没有在约定的时间内交付货物是客观原因，因此可以不支付违约金的主张无效。乙公司没有在约定的时间内交付货物是违反了合同的义务，属于迟延履行，应当承担相应的违约责任。乙公司主张不能按时供应货物是由于组织货源的原因造成的，不应当由自己负责的说法没有法律依据，也没有合同依据。因为不能组织货源是正常的市场风险，应当由当事人自己承担责任。

3. 答：甲公司要求乙公司支付违约金和重新提供一级品标准铝锭的说法是有合同依据的。法律规定，违约责任的承担包括实际履行、损害赔偿、支付违约金或定金。《合同法》规定："当事人就迟延履行约定违约金的，违约方支付违约金后，还应当履行债务。"本案例中，甲、乙双方就迟延履行约定了违约金。由于乙公司迟延履行义务，甲公司有权要求乙公司按照合同约定继续履行义务，重新提供一级品标准的铝锭，同时由于乙公司违约，还需按照合同约定付给甲公司违约金。

4. 答：乙公司主张违约金的数额太高了，自己不应当承担这么多的违约金的说法也是没有法律依据的，39000 元违约金相当于合同金额的 3%，并不是很高。根据《合同法》的规定，当事人对约定过高或者过低的违约金可以请求法院或者仲裁机构予以调整，但是本合同争议中的违约金金额仅占合同金额的 3%，不能适用前述《合同法》的规定。

案例四：

1. 答：甲传真订货行为的性质属于要约邀请。因该传真欠缺价格条款，邀请乙报价，故不具有要约性质。乙报价行为的性质属于要约。根据《合同法》的规定，要约要具备两个条件：第一，内容具体确定；第二，表明经受要约人承诺，要约人即受该意思表示约束。乙的报价因同意甲方传真中的其他条件，并通过报价使合同条款内容具体确定，约定回复日期则表明其将受报价的约束，已具备要约的全部要件。甲回复报价行为的性质属于承诺。因其内容与要约一致，且于承诺期限内作出。

2. 答：买卖合同成立。根据《合同法》的规定，当事人约定采用书面形式订立合同，当事人未采用书面形式但一方已经履行主要义务，对方接受的，该合同成立。本题中，虽双方未按约定签订书面合同，但乙已实际履行合同义务，甲亦接受，未及时提出异议，故合同成立。

3. 答：乙可向人民法院提出行使撤销权的请求，撤销甲的放弃到期债权、无偿转让财产的行为，以维护其权益，并进而请求行使代位权，提起代位之诉，要求甲的关联企业直接向其支付货款。对撤销权的时效，《合同法》规定，撤销权应自债权人知道或者应当知道撤销事由之日起 1 年内行使，自债务人的行为发生之日起 5 年内未行使撤销权的，该权利消灭。

案例五：

1. 答：甲、乙公司订立的买卖合同成立。根据《合同法》的规定，采用合同书形式订立合同，在签字或者盖章之前，当事人一方已经履行主要义务，对方接受的，该合同成立。虽然甲乙双方没有在合同书上签字盖章，但甲公司已将 70 台精密仪器交付了乙公司，乙公司也接收并付款，所以合同成立。

2. 答：甲公司 8 月 20 日中止履行合同的行为合法。根据《合同法》的规定，应当先履行债务的当事人，有确切证据证明对方有转移财产、逃避债务的情形，可以中止履行合同。通常情况下，一方在合同中承诺先履行的原因是为了更好地体现己方的诚意，使合同更加顺利地签订，即先履行一方是以一定的风险支出来换取一定的利益收入，但这些都是建立在对对方的经济实力和商业信誉的信任的基础上的。如果合同签订之后，发现对方有可能不能履行合同的约定，先履行一方可以行使不安抗辩权中止履行合同。本案例中，甲公司属于先履行一方，在履行债务的过程中发现了乙公司可能影响到实现合同目的实现的行为，所以可以行使不安抗辩权中止履行合同。

3. 答：乙公司 9 月 5 日要求甲公司承担违约责任的行为合法。根据《合同法》的规定，当事人一方因第三人的原因造成违约的，应当向对方承担违约责任。合同责任具有相对性，合同中的当事人必须为自己的违约行为承担责任。如果合同当事人一方是因第三人的原因造成违约的，违约的当事人一方和第三人之间的纠纷，依照法律规定或者按照约定解决，所以该当事人在前一合同中承担的违约责任可以通过以后与第三人之间的纠纷解决而得到应有的经济补偿。

4. 答：丙公司对货物毁损应向甲公司承担损害赔偿责任。根据《合同法》的规定，承运人对运输过程中货物的毁损、灭失承担损害赔偿责任。根据无过错责任原则，无论承运人是否具有违约的故意或过失，只要客观上造成了损害，除法定可以免责的事由以外，承运人均应承担损害赔偿责任。

案例六：

1. 答：原告与被告签订的《设备合同》、《设备安装合同》和两份补充合同是当事人的真实意思表示，且不违背法律规定，应认定有效。原告在履行合同中，提供的13台电梯其中5台曳引机产地与《设备合同》约定不符，已构成违约，属合同部分履行不适当。违约责任的归责原则都是采用的严格责任原则，即无论当事人是否有过错，只要交付的标的物不符合合同的约定就构成违约，就应承担违约责任。因此原告的行为已构成违约。

2. 答：被告可以根据《合同法》第四章的有关规定对原告履行合同不适当部分行使后履行抗辩权，但不能拒绝支付全部设备余款和安装费。

《合同法》规定："当事人互负债务，有先后履行顺序，先履行一方未履行的，后履行一方有权拒绝其履行要求。先履行一方履行债务不符合约定的，后履行一方有权拒绝其相应的履行要求。"行使后履行抗辩权的条件之一是"先履行一方未履行或履行不适当"。只有先履行义务的一方未能履行义务或者其履行义务不符合约定时，后履行一方才能行使后履行抗辩权。未履行是指没有履行债务，履行不符合约定是指履行不适当，即瑕疵履行，如交付的标的物有瑕疵。标的物瑕疵又分为部分瑕疵和全部瑕疵，前者如交付的货物质量都不合格，后者如交付的货物中部分质量不合格。一方履行债务全部有瑕疵与债务不履行的法律效果相同，都导致合同的目的无法实现，均可构成合同的根本违约，后履行一方有权就全部对应债务行使抗辩权；一方履行部分有瑕疵时，后履行一方可以对瑕疵部分行使抗辩权。

在本案中，原告的行为属合同部分履行不适当，被告只能对其履行不适当的部分相应行使抗辩权，被告拒付全部设备余款及安装费，已超出正当的后履行抗辩权范围。被告在1998年6月设备验收移交后，发现5台曳引机产地与合同约定不符并及时提出了书面异议，但其在双方未就更换或降价协商达成一致的情况下，同意原告进行安装，且全部电梯设备已经过质量和安全检验合格并交付使用，应视为被告已受领和同意采用该设备。对此，被告可就5台曳引机提出按实际品质减少价款的请求，而不能拒绝履行其全部设备余款和安装费的给付义务。

第四章　买卖合同

一、知识概述

通过本章的学习，了解买卖合同的特征，掌握买卖合同中的风险承担情形，熟悉买卖合同中出卖人和买受人应尽的义务。

二、基本概念

1. 概念1——买卖合同

【说明】买卖合同，指出卖人转移标的物的所有权与买受人，买受人支付价款的合同。

2. 概念2——现实交付

【说明】现实交付，指出卖人将合同标的物直接交付给买受人，合同标的物直接置于买受人的控制之下。

3. 概念3——拟制交付

【说明】拟制交付，指出卖人向买受人交付提取合同标的物的单证以完成交付。

4. 概念4——简易交付

【说明】简易交付，指合同标的物在买卖合同签订前已经为买受人所实际占有，买卖合同生效后，合同标的物将自动地交付给买受人。

5. 概念5——占有改变

【说明】占有改变，指买卖合同双方约定合同标的物在买卖合同生效后继续由出卖人占有。

6. 概念6——所有权保留制度

【说明】所有权保留制度，指约定标的物所有权在买受人付清全部款项后转移的，相当于当事人在买卖合同中约定未履行支付价款或者其他义务的，标的物的所有权属于出卖人。

7. 概念7——标的物质量瑕疵担保义务

【说明】质量瑕疵担保义务，指出卖人交付的标的物应当符合一定的质量要求，否则出卖人应当承担相应的违约责任。

8. 概念8——标的物权利瑕疵担保义务

【说明】权利瑕疵担保义务，指出卖人就交付的标的物，负有保证第三人不得向买受人主张任何权利的义务。

9. 概念9——交付主义

【说明】交付主义，指标的物损毁、灭失的风险，在标的物交付之前由出卖人承担，交付之后由买受人承担。

三、重点内容

1. 买卖合同的特征
（1）买卖合同转移标的物的所有权。

（2）买卖合同是有偿合同。

（3）买卖合同是双务合同。

（4）买卖合同是诺成合同。

（5）买卖合同是不要式合同。

2. 买卖合同中出卖人的义务
（1）交付合同标的物。

（2）转移标的物所有权。

（3）担保标的物质量瑕疵义务。

（4）担保标的物权利瑕疵义务。

3. 买卖合同中买受人的义务
（1）支付价款义务。

（2）受领标的物义务。

（3）约定时间内检验标的物义务。

（4）在对方违约后对标的物的保管与应急处理的义务。

4. 买卖合同的风险承担
（1）一般情况下，标的物损毁、灭失的风险，在标的物交付之前由出卖人承担，交付之后由买受人承担。

（2）拟制交付方式下，风险在合同成立时从出卖人转移至买受人。

（3）因买受人的原因致使标的物不能按照约定的期限交付的，买受人应当自违反约定之日起承担标的物损毁、灭失的风险。

（4）因标的物质量不符合质量要求，买受人拒绝受领的情况下，标的物风险由出卖人承担。

四、习题与案例

(一) 单选（本题共 22 小题）

在每小题列出的四个备选项中只有一个是符合题目要求的，请将其代码填写在题后的括号内。错选、多选或未选均无分。

1. 2006 年 8 月 10 日，甲公司与乙公司签订了一份货物买卖合同。合同约定，乙公司于 8 月 20 日到甲公司的库房提取所购全部货物。乙公司由于自身原因至 8 月 30 日才去提取该批货物，但 8 月 25 日甲公司的库房因发生火灾，致使乙公司应提取的部分货物毁损。根据合同法律制度的规定，乙公司承担该批货物毁损、灭失风险的起始时间是(   )。

A. 8 月 10 日   B. 8 月 20 日
C. 8 月 25 日   D. 8 月 30 日

2. 以下(   )不属于买卖合同的特征。

A. 买卖合同是双务合同   B. 买卖合同是有偿合同
C. 买卖合同是要式合同   D. 买卖合同是诺成合同

3. 以下关于买卖合同的交付方式，(   )的说法是错误的。

A. 现实交付指的是出卖人将合同标的物直接交付给买受人，合同标的物直接置于买受人的控制之下

B. 观念交付指出卖人并没有将合同标的物直接交付给买受人而是以其他方式作为替代

C. 观念交付包括拟制交付、简易交付和占有改变三种形式

D. 拟制交付是指合同标的物在买卖合同签订之前已经为买受人实际占有，买卖合同生效以后，合同标的物将自动交付给买受人

4. 甲和乙签订一项设备买卖合同，约定由甲将一批设备出卖给乙。但由于甲的一部分订单尚未完成，于是甲乙约定该批设备由甲继续使用。这种对合同标的物的交付方式属于(   )。

A. 拟制交付   B. 占有改变
C. 简易交付   D. 观念交付

5. 甲和乙签订一项租赁合同，甲将一批设备出租给乙。使用期届满后，甲乙又签订了一项设备买卖合同，由乙将先前租用的设备买下。这种对合同标的物的交付方式属于(   )。

A. 拟制交付   B. 占有改变
C. 简易交付   D. 观念交付

6. 标的物在订立合同之前已为买受人占有的，合同生效的时间为(   )。

A. 签订合同之时   B. 履行时间
C. 交付时间   D. 占有之时

7. 李某与王某签订买卖一台设备的合同，约定由买受人王某试用3天，根据已知的条件，下列观点正确的是(　　)。

A. 试用买卖合同的基本特征是附条件，而不是附期限

B. 试用买卖合同的基本特征是附期限，而不是附条件

C. 试用之后，王某拒绝购买，应当支付使用费

D. 试用之后，王某决定购买，但应当支付使用费

8. 下面有关标的物所有权转移的说法中，正确的是(　　)。

A. 不动产的所有权在交付时发生转移，简称"交付主义"

B. 动产的所有权在登记时发生转移，简称"登记主义"

C. 一般情况下，标的物的所有权自登记时转移

D. 动产的所有权在交付时发生转移，简称"登记主义"

9. 甲按采购合同在约定的时间向乙交付了10吨大米，乙对大米进行检验后发现质量并不符合采购合同约定的质量标准，当晚由于突降暴雨，10吨大米被水淹没，无法食用。次日，乙向甲要求承担履行义务不符合约定的违约责任，甲则辩解说反正大米合不合格都会被淹掉，所以不能承担违约责任。已交付的大米估值80万元，约定质量的10吨大米采购价是100万元。对于本案，正确的处理方式是(　　)。

A. 由甲向乙按约定重新交付10吨符合约定质量标准的大米

B. 10吨大米由暴雨产生的灭失风险应由乙承担，甲不承担任何违约责任

C. 10吨大米由暴雨产生的灭失风险应由乙承担，甲承担质量违约责任产生的20万元

D. 10吨大米因暴雨产生的灭失风险由甲承担

10. 甲有一台二手设备要卖，价格3000元，乙有意购买，却担心其质量有问题。于是，甲对乙说："你先拿回去试用一段时间，满意的话，再付钱。"说完即将其设备交付乙。下列表述不成立的是(　　)。

A. 甲和乙可以就试用期补充协议，达不成补充协议的，由甲来确定

B. 若甲将试用期确定为3个月，3个月后乙未作表示的，视为乙同意购买

C. 若乙在试用期届满后向甲作出明确的意思表示，拒绝购买的，应当支付试用期间的使用费

D. 若在乙试用期间，该设备因雷击出现故障，不可用，损失应由乙承担

11. 买卖合同中，出卖人知道或者应当知道提供的标的物不符合约定的，以下说法中正确的是(　　)。

A. 买受人必须在约定期限内，将发现标的物质量瑕疵通知出卖人

B. 买受人无须履行检验义务

C. 买受人无须履行通知质量瑕疵义务

D. 无论双方当事人是否约定了检验期限，买受人可以在发现标的物质量瑕疵的情况下随时通知出卖人

12. 在分期付款买卖合同中，在全部款项付清前，标的物的损毁、灭失风险由(　　)

承担。

A. 买受人 B. 出卖人

C. 视情况而定，如果标的物的所有权归买受人，则风险由买受人承担，如果所有权归出卖人，则风险由出卖人承担

D. 由违约方确定

13. 在买卖合同中，当事人对合同价款约定不明确，不能达成补充协议，也不能按合同有关条款或者交易习惯确定的，又没有政府定价或指导价可供参考时，合同价款的确定规则为（　　）。

A. 按照签订合同时履行地的市场价格确定

B. 按照履行合同时履行地的市场价格确定

C. 按照纠纷发生时履行地的市场价格确定

D. 按照签订合同所在地的市场价格确定

14. 在买卖合同中，当事人对合同价款支付地点不明确，不能达成补充协议，也不能按合同有关条款或者交易习惯确定的，价款支付地的确定规则为（　　）。

A. 应当在纠纷发生地履行 B. 应当在签订合同的所在地履行

C. 应当在买受人所在地履行 D. 应当在出卖人的营业地履行

15. 在买卖合同中，当事人对合同价款支付时间不明确，不能达成补充协议，也不能按合同有关条款或者交易习惯确定的，价款支付地时间的确定规则为（　　）。

A. 应当在纠纷发生时履行 B. 应当在收到标的物时同时履行

C. 由买方确定价款支付时间 D. 由卖方确定价款支付时间

16. 上海某工厂向广州某公司购买一批物品，合同对付款地点和交货期限没有约定，发生争议时，依据《合同法》规定（　　）。

A. 上海某工厂付款给广州某公司应在上海履行

B. 上海某工厂可以随时请求广州某公司交货，而且可以不给该厂必要的准备时间

C. 上海某工厂付款给广州某公司应在广州履行

D. 广州某公司可以随时交货给上海某工厂，而且可以不给该厂必要的准备时间

17. 甲收藏唐伯虎名画一幅，价值约10万元，甲的其他财产价值为10万元。甲因做生意失败欠外债60万元。一日，甲将唐伯虎的画作价1万元卖给表弟乙，则下列表述正确的是（　　）。

A. 若乙不知甲欠巨额外债，则甲的债权人只能行使代位权

B. 只有在乙明知此买卖有害于债权人的债权的情况下，债权人才可行使代位权

C. 不管乙是否知道此买卖有害于债权人的债权，债权人均可行使撤销权

D. 若乙明知此买卖有害于债权人的债权，则债权人可行使撤销权

18. A市的甲与B市的乙在A市签订一项设备采购合同，由于双方约定由乙自行承担运输费用，而且甲所出卖的设备位于B市仓储商丙的仓库中，故甲将该批设备的提货单交付给乙，由乙自行前往B市提货。合同标的物的这种交付方式叫（　　）。

A. 现实交付　　　　　　　　　　B. 简易交付

C. 拟制交付　　　　　　　　　　D. 占有改变

19. 动产指能够移动且移动不会损害其价值的物，动产的所有权在交付动产时发生转移，简称（　　　　）。

A. 效率主义　　　　　　　　　　B. 登记主义

C. 交付主义　　　　　　　　　　D. 移动主义

20. 一般情况下，标的物的风险承担采用（　　　）。

A. 效率主义　　　　　　　　　　B. 登记主义

C. 交付主义　　　　　　　　　　D. 移动主义

21. 甲和乙于 4 月 1 日签订一份房屋买卖合同，合同约定甲与乙于 4 月 12 日交付房屋并进行房屋产权转让登记，乙于房屋产权登记之日起，一个月内交付房屋价款 30 万元，4 月 11 日晚，甲的邻居家着火，不幸将甲的房屋烧毁。这种情况下，应当由（　　　）承担房屋损毁的责任。

A. 甲　　　　　　　　　　　　　B. 乙

C. 甲和乙共同承担　　　　　　　D. 政府承担

22. 甲和乙于 4 月 20 日签订一份煤炭买卖合同，约定乙将已经在 4 月 19 日交付给铁路部门并在运输途中的 100 吨煤炭转让给甲，甲收到货物后立即支付价款，4 月 21 日铁路部门在运输过程中，由于发生意外事故，致使火车翻车，100 吨煤炭全部撒入山谷中，无法从山谷中运出。此时，煤炭意外灭失的风险应当由（　　　）承担。

A. 甲　　　　　　　　　　　　　B. 乙

C. 甲和乙共同承担　　　　　　　D. 铁路部门

（二）多选（本题共 10 小题）

请把正确答案的序号填写在题中的括号内，多选、漏选、错选不给分。如果全部答案的序号完全相同，例如全选 ABCDE，则本大题不得分。

1. 上海某工厂向广州某公司购买一批物品，合同对付款地点和交货期限没有明确规定，发生争议，根据规定，下列表述正确的是（　　　）。

A. 上海某工厂付款给广州某公司，应在上海履行

B. 上海某工厂付款给广州某公司，应在广州履行

C. 广州某公司可以随时交货给上海某工厂，该厂不得有任何异议

D. 广州某公司可以随时交货给上海某工厂，但应给该厂必要的准备时间

2. 出卖人应当按照约定的地点交付标的物，当事人没有约定或约定不明确的，下列各项正确的是（　　　）。

A. 标的物需要运输的，出卖人应当将标的物交付给第一承运人

B. 标的物不需要运输的，买卖双方订立合同时已知标的物的所在地，为交付地点

C. 标的物不需要运输的，且不知标的物所在地的，应在出卖人订立合同时的营业地

交付

　　D. 标的物不需要运输的，且不知标的物所在地的，应在出卖人履行合同时的营业地交付

　　3. 甲、乙两企业于2001年4月1日订立一份标的额为100万元的买卖合同，根据合同约定，甲企业于2001年4月10日交付货物，乙企业采取分期付款支付方式，付款期限为4年。2002年4月10日，乙企业未按合同约定支付第一期货款25万元，根据《合同法》规定，下列选项中，符合法律规定的是(　　)。

　　A. 甲企业可以要求乙企业一并支付到期与未到期的全部货款100万元

　　B. 甲企业可以解除合同

　　C. 如解除合同，双方应互相返还财产

　　D. 如解除合同，甲企业可以要求乙企业支付货物的使用费

　　E. 甲企业不能解除合同，但是可以使用催告权要求乙企业尽快支付货款

　　4. 甲公司和乙公司签订一买卖合同，约定由甲公司购买一批大米。在下列情况下，甲公司有权通过乙公司解除合同的有(　　)。

　　A. 乙公司因正在进行某项技术改造工程而暂时无法按期发运大米

　　B. 乙公司因正在办理与另一企业的合并事宜而暂时无法按期发运大米

　　C. 乙公司因正在联系大米货源而暂时无法按期发运大米

　　D. 甲公司因正在进行一场意外火灾后的恢复工作而无法接收乙公司的交货

　　5. 当出卖人交付的标的物不符合要求时，买受人可以采取的方式有(　　)。

　　A. 按照当事人的约定承担违约责任

　　B. 当违约责任没有约定或者约定不明确，出卖人按照事后的补充协议承担违约责任

　　C. 当违约责任没有约定或者约定不明确，事后又不能达成补充协议的，按照交易习惯确定出卖人的违约责任

　　D. 当违约责任没有约定或者约定不明确，事后又不能达成补充协议，按照交易习惯也不能确定的，买受人可以标的物的性质以及损失的大小，合理选择要求对方承担修理、更换、重做、退货、减少价款或者报酬等违约责任

　　6. 以下关于试用买卖合同的试用期的说法中，正确的是(　　)。

　　A. 试用买卖的当事人可以约定标的物试用期

　　B. 对试用期没有约定或者约定不明确的，可以按补充协议确定试用期

　　C. 对试用期没有约定或者约定不明确的，可以按交易习惯确定试用期

　　D. 对试用期没有约定或者约定不明确的，按交易习惯也不能确定的，由出卖人确定试用期

　　E. 试用期届满，买受人对是否购买标的物未作表示的，视为购买

　　7. 标的物存在权利瑕疵，当第三人向买受人主张权利时，买受人可以请求出卖人承担的责任有(　　)。

　　A. 继续实际履行合同，可以要求出卖人重新提供出卖物。因此而引起的合同履行期

限延误的，出卖人应当依照合同及法律的规定承担迟延履行合同的责任

B. 解除合同

C. 赔偿损失。如果因第三人主张权利给买受人造成损失时，出卖人应当赔偿

D. 支付违约金。如果买卖合同中没有关于权利瑕疵的违约金的约定，买受人仍然可以主张出卖人承担支付违约金的责任

8. 以下（　　　）属于出卖人承担标的物的质量瑕疵担保责任的条件之一。

A. 标的物的质量瑕疵在买卖标的物交付时存在

B. 买受人在接受标的物时不知道标的物有质量瑕疵并在不知道有瑕疵上无重大过失

C. 出卖人保证标的物无瑕疵，同时买受人有过失

D. 买受人检查标的物发现瑕疵后于规定期间内通知出卖人

9. 标的物的权利瑕疵主要包括标的物的（　　　）三种情况。

A. 所有权　　　　　　　　　　　B. 质量保证权

C. 转移权　　　　　　　　　　　D. 担保物权

E. 用益物权

10. 出卖人应当按照约定的地点交付标的物。当事人没有约定交付地点或者约定不明确，事后不能达成补充协议，按照合同有关条款或者交易习惯也不能确定的，适用下列规定（　　　）。

A. 标的物需要运输的，出卖人应当将标的物交付给第一承运人以运交给买受人

B. 标的物需要运输的，出卖人应当将标的物委托第一承运人在买受人所在地交给买受人

C. 标的物不需要运输，出卖人和买受人签订合同时知道标的物在某一地点的，出卖人应当在该地点交付标的物

D. 标的物不需要运输，不知道标的物在某一地点的，应当在出卖人签订合同时的营业地交付标的物

（三）名词解释（本题共 11 小题）

1. 买卖合同

2. 拟制交付

3. 简易交付

4. 占有改变

5. 所有权保留制度

6. 标的物质量瑕疵担保义务

7. 标的物权利瑕疵担保义务

8. 所有权瑕疵

9. 担保物权瑕疵

10. 凭样品买卖合同

11. 试用买卖合同

（四）判断（本题共 13 小题）

对的在括号内画"√"，错误的画"×"。

1. 在买卖合同中，当事人约定检验期间的，买方应在检验期间内将标的物不符合约定的情形通知卖方，买方怠于通知的，视为标的物的数量和质量符合约定。（   ）

2. 在拟制交付场合下，由于标的物在买卖合同签订前为买受人所占有，所以合同生效时间即为交付时间。（   ）

3. 凭样品买卖合同中，凭样品买卖的买受人不知道样品有瑕疵的，如果交付的标的物与样品相同，出卖人交付的标的物的质量可以不符合同种物的通常标准。（   ）

4. 出卖人未能履行权利担保的义务，使得合同订立后标的物上的权利缺陷没有去除，属于出卖人不履行债务的一种情况，买受人可以要求出卖人承担违约责任。（   ）

5. 出卖人应当保证标的物上不存在第三方可以主张的权利，如抵押权、租赁权等。（   ）

6. 在没有约定所有权保留的分期付款买卖合同中，标的物的所有权在买受人付清全部款项前，仍然归出卖人所有。（   ）

7. 在买卖合同中，当使用简易交付、占有改变时，合同成立时视为完成标的物的交付。（   ）

8. 合同买卖成立后，因第三人对标的物提出权利要求造成买方损失的，应由卖方承担赔偿责任。（   ）

9. 因买受人的原因致使标的物不能按照约定的期限交付的，如出卖人按照约定或者依照法律的规定将标的物置于交付地点，买受人违反约定没有收取的，出卖人应当按照交付主义承担标的物灭失、损毁的危险。（   ）

10. 出卖人知道或者应当知道提供的标的物不符合约定的，实际上已经免除了买受人的检验义务，意味着买受人无须履行检验和通知义务。（   ）

11. 标的物毁损、灭失的风险由买受人承担的，不影响因出卖人履行债务不符合约定，买受人要求其承担违约责任的权利。（   ）

12. 所有权保留的情况下，所有权保留中标的物风险的转移随所有权转移而转移。（   ）

13. 对违约责任没有约定或者约定不明确，事后不能达成补充协议的，按照合同有关条款或者交易习惯也不能确定的，受损害方根据标的的性质以及损失的大小，可以合理选择要求对方承担修理、更换、重做、退货、减少价款或者报酬等违约责任。（   ）

（五）简答（本题共 7 小题）

将答案要点写出并作简要叙述，必要时可以画出流程图或示意图进行阐述。

1. 买卖合同有哪些特征？

2. 采购合同标的物有哪些交付方式？

3. 买卖合同中，如何确定标的物的交付地点？

4. 买卖合同标的物所有权有哪些转移方式？

5. 出卖人交付的标的物的质量如何确定？如果存在质量瑕疵，应承担什么责任？

6. 采购合同中标的物的权利瑕疵包括哪几种情形？

7. 简述解除买卖合同中部分标的物的买卖合同有哪些具体规定？

（六）论述（本题共 3 小题）

要求阐述过程中理论联系实际、结构严谨、分析透彻，必要时可以画出流程图或示意图进行阐述。

1. 试述买卖合同中出卖人的义务。

2. 论述买卖合同中买受人的义务。

3. 论述买卖合同中风险责任承担的规则。

（七）案例分析（本题共 7 小题）

案例一：彩电买卖案例

甲商场与乙家电厂签订了一份买卖彩电的合同。合同约定，甲商场向乙家电厂购买 2000 台彩电，每台价格 2000 元，共计 400 万元，合同生效后一个月内交付，交付地点为甲商场所在地。不料，在运输过程中遇山洪暴发，彩电进水大部分被损，损失达 300 万元。

结合案例，请回答以下问题：

1. 彩电受损的损失应由谁承担？并说明理由。

2. 若山洪是由于甲商场原因导致延期交付而遭遇的，此损失风险应由谁承担？并说明理由。

案例二：手套买卖案例

A 公司与 B 公司签订合同，由 A 公司向 B 公司供应 60#、63#两种型号的医用手套各一万打，交货期为 2000 年 4 月，验收日期为收货后 5 日内。A 公司为履行合同，与 C 公司签订了同样标的的合同，交货期为 2000 年 3 月。2000 年 5 月，B 公司催促 A 公司发货，A 公司经理赵刚亲自赴 C 公司催货，但未找到 C 公司的负责人，赵刚了解到 C 公司将该批货物交 D 厂生产，就直接到 D 厂催货。D 厂答复赵刚，仓库中只有 63# 一种规格的医用手套，60# 无货。赵刚表示只发一种规格也没问题。D 厂即将 63# 医用手套 2 万打交铁路发运，将提货单交给赵刚，并通知 C 公司已经发货。C 公司要求 A 公司支付货款，赵刚提出 C 公司迟延交货，应承担违约责任。经协商，A 公司扣除 3500 元作为违约金后，支付了其余货款。A 公司将提货单交给 B 公司，要求 B 公司付款。B 公司验收时发现货物规格与合同要求不符，且部分医用手套已过期。B 公司当即向 A 公司提出退货，并要求 A 公司承担违约责任。A 公司未答复，B 公司即拒不提货。承运人将货物存入火车站仓库，2000 年 8 月，当地暴发洪水，火车站仓库遭水淹，该批医用手套全部报废。

结合案例，请回答以下问题：

1. 部分医用手套规格与合同要求不符，应由谁承担责任？为什么？

2. 部分医用手套过期的责任应由谁承担？为什么？

3. 医用手套全部报废的责任应由谁承担？为什么？

4. 设 B 公司验收时发现部分医用手套已过期后，工作人员疏忽，一直未将该情况通知给 A 公司。3 个月后 B 公司要求 A 公司承担该批货物的违约责任，能否得到支持？为什么？

案例三：卡车买卖案例

某甲和某工厂订立一份买卖汽车的合同，约定由工厂在 6 月底将一部行使 5 万千米的卡车交付给甲，价款 3 万元，甲交付定金 5000 元，交车后 15 日内余款付清。合同还约定，工厂晚交车一天，扣除车款 50 元，甲晚交款一天，应多交车款 50 元；一方有其他违约情形，应向对方支付违约金 6000 元。合同订立后，该卡车因外出运货耽误，未能在 6 月底以前返回。7 月 1 日，卡车在途经山路时，因遇暴雨，被一块落下的石头砸中，车头受损，工厂对卡车进行了修理，于 7 月 10 日交付给甲。10 天后，甲在运货中发现卡车发动机有毛病，经检查，该发动机经过大修理，遂请求退还卡车，并要求工厂双倍返还定金，支付6000元违约金，赔偿因其不能履行对第三人的运输合同而造成的经营收入损失3000元。另有人向甲提出，甲可以按照《消费者权益保护法》请求双倍赔偿。工厂意识到对自己不利，即提出汽车没有办理过户手续，合同无效，双方只需返还财产。

结合案例，请回答以下问题，并说明理由：

1. 汽车买卖合同是否有效？

2. 卡车受损，损失应由谁承担？

3. 甲能否要求退车？

4. 甲能否请求工厂支付违约金并双倍返还定金？

5. 甲能否请求工厂赔偿经营损失？

6. 甲能否同时请求工厂对6000元违约金和支付每天50元的迟延履行违约金？

案例四：汽车抵押货款案例

1998年11月20日，被告某水疗中心从原告某家具公司处购买家具，总金额为56万元，原告交货后，被告给付部分货款，余欠10万元。1999年10月25日，双方就欠款10万元，经协商签订了一份协议书，协议书规定，被告某水疗中心一次性向原告某家具公司支付家具款10万元，其中有7万元以实物作价形式支付，即以一台切诺基213型汽车抵家具款7万元整，另外3万元以转账支票形式支付。从协议签订之日起，汽车归原告所有，一切有关汽车的事宜均由原告负责，被告某水疗中心将协助原告办理过户手续，发生的一切费用由原告承担。并在协议书中约定，被告水疗中心保证汽车手续齐全，如有违约，对方损失由一方补偿，补偿不少于 10 万元。协议签订后，被告某水疗中心将他人卖给自己的汽车交付给原告某家具公司，原告同被告在汽车交易市场办理了汽车交易手续等，发生费用 1 万余元。后原告持车辆档案等手续开车前往其住所地公安局车辆管理所办理车辆过户手续，车辆管理所根据《机动车注册登记工作规范》的规定，对过户、转籍登记车辆进行检索信息查询比对时，发现该车与网上被盗车辆信息相符，并对车辆进行了检查，发现车辆的架子号有明显改动痕迹，当日将车辆扣押，并移交公安局刑事警察支队。后在侦察无果的情况下，准许取回被扣押车辆，原告司机到公安局刑事警察支队取车，并为该队出具了收到切诺基 213 型车一台的收条，然后，原告司机到被扣押汽车存放地点汽车维修厂（刑事警察支队存放此处的）取车，该厂告知被扣押车辆已转至异地仓库存放和不能开动，原告司机未取回也未见到被扣押车辆，该汽车一直存放在汽车维修厂。案件在审理期间，原告持车辆档案再一次到公安局车辆管理所办理该车过户手续而被拒绝。

原告认为，被告应按协议赔偿原告 10 万元。被告认为，与原告签订的以车抵债的协议书合法有效，原告在办理车籍手续时，只是因公安机关怀疑是盗抢车辆予以扣留，后刑警队也未破案，并已通知原告单位取车，说明此车并非被盗车辆。

结合案例，请回答以下问题，并说明理由：

1. 本案例中，被告与原告签订的协议书是否合法有效？

2. 原告要求被告赔偿 10 万元的请求是否有效？

案例五：压铸机质量瑕疵案例

甲企业向乙企业购买冷室压铸机一台，约定了保修期限——验收合格之日起一年。A 企业收取了 B 企业所供设备，未经验收即组织生产，后因该设备导致生产出的产品并不理想，供货方 B 企业为此在七个月内进行三十多次的维修，机器仍不能正常生产，据此 A 企业拒付约定的货款余额，同时 B 企业以 A 企业不完全付款为由拒绝履行维修责任，双方发生纠纷。B 企业向其所在地的经济仲裁委员会提起仲裁，要求 A 企业支付货款，而 A 企业以 B 企业设备质量低劣提起反诉，主张退货，并要求赔偿。

结合案例，请回答以下问题，并说明理由：

A 企业以 B 企业设备质量低劣提起反诉，主张退货，并要求赔偿的主张能否得到支持？

案例六：零件质量瑕疵案例

A公司与B公司签订一份零件买卖合同，A公司是出卖人，B公司是买受人，合同中约定了货物的质量要求。在交货前，B公司派验货员到A公司验货，发现A公司生产的零件中有20%存在不同程度的质量缺陷，据此，验货员出示了一份验货报告，报告中详细叙述了货物存在的质量问题，并注明"如果由于上述质量问题遭B公司国外客户索赔，A公司将承担所有责任"，A公司在此验货报告上签字后，B公司接收了货物。在B公司将A公司的上述货物转卖给国外第三方时，第三方就上述质量问题向B公司提出索赔，B公司随即要求A公司承担该责任，并单方同意第三方将货物进行折价处理和部分销毁。

结合案例，请回答以下问题，并说明理由：

1. B公司要求A公司承担的索赔责任是否成立？

2. B公司单方同意第三方对货物的处理是否合法？

3. 明知货物存在质量问题，可能会造成损失，但B公司还是接收了货物并将货物转卖给他的客户，是否属于恶意扩大A公司的损失？

案例七：电脑买卖风险承担案例

1998年5月25日，广州市某贸易公司业务员孙某到本市科迪电脑公司为本单位购买电脑。经挑选和调试，选出联想586计算机5台，每台价款为9000元，总计4.5万元。孙某与科迪电脑公司约定暂付货款2万元，第二天提货时付清剩余货款。为防止选定的计算机再被别人买去，孙某要求科迪公司将选定的5台计算机另行存放。该公司遂将这5台计算机搬至经理办公室单独存放。不料当天晚上经理办公室被盗，5台计算机也被盗窃。第二天，孙某带着货款提货时，科迪电脑公司告知，5台计算机全部被盗，无法提货，并要求孙某交清欠款2.5万元。双方为此发生纠纷，孙某诉至法院，要求科迪电脑公司返还其预付款2万元，或另选5台计算机，本公司付清欠款。科迪电脑公司辩称，计算机已卖给孙某，所有权已经转移，风险责任应由孙某负担，但由于本案的实际情况比较特殊，不再要求孙某给付欠款，但2万元预付金不能返还，请求法院裁定。

结合案例，请回答以下问题，并说明理由：

本案例中，电脑灭失风险应该由谁承担？本案该如何判决？

五、参考答案

（一）单选答案（本题共 22 小题）

1	2	3	4	5	6	7	8	9	10
B	C	D	B	C	A	B	D	C	C
11	12	13	14	15	16	17	18	19	20
D	A	A	D	B	C	D	C	C	C
21	22								
A	A								

（二）多选答案（本题共 10 小题）

1	2	3	4	5	6	7	8	9	10
BD	ABC	ABCD	ABC	ABCD	ABCDE	ABC	ABD	ADE	ACD

（三）名词解释答案（本题共 11 小题）

1. 答：买卖合同，指出卖人转移标的物的所有权与买受人，买受人支付价款的合同。买卖合同是一种生活中普遍存在的合同。

2. 答：拟制交付，指出卖人向买受人交付提取合同标的物的单证以完成交付。拟制交付方式的优点是比较便利，出卖人只需交付一定的单证即可完成交付义务。

3. 答：简易交付，指合同标的物在买卖合同签订之前已经为买受人所实际占有，买卖合同生效以后，合同标的物将自动地"交付给"买受人。

4. 答：占有改变，指买卖合同双方约定合同标的物在买卖合同生效后继续由出卖人占有。买卖合同的主要特征便是合同标的物所有权的转移，但不是所有买卖合同标的物都会由出卖人现实地转移给买受人。

5. 答：所有权保留制度，指约定标的物所有权在买受人付清全部款项后转移的，相当于当事人在买卖合同中约定买受人未履行支付价款或者其他义务的，标的物的所有权属于出卖人的制度。买受人履行支付价款或者其他义务可以被视为是所有权转移的一项条件。

6. 答：标的物质量瑕疵担保义务，指出卖人交付的标的物应当符合一定的质量要求，否则出卖人应当承担相应的违约责任。

7. 答：标的物权利瑕疵担保义务，指出卖人就交付的标的物，负有保证第三人不得向买受人主张任何权利的义务，但法律另有规定的除外。权利瑕疵主要包括所有权、担保物权和用益物权三种情况。

8. 答：所有权瑕疵，指第三人对标的物享有全部或者部分所有权，这种情形下出卖人出卖标的物的行为便属于无权处分行为，买卖合同将因为出卖人的无权处分行为而成为一项效力待定合同，买受人在已经支付合同价款的情况下仍然可能面临向第三人返还标的物的风险。

9. 答：担保物权瑕疵，指标的物已经为某项设置了担保，这种情形下出卖人与买受人之间的合同是有效的，但买受人在受让合同标的物并获得所有权之后却对设置在标的物上的担保毫不知情，其将面临着标的物因被执行担保而丧失所有权的风险。

10. 答：凭样品买卖合同，指双方当事人约定一定的样品，出卖人交付的标的物应与样品具有相同品质的买卖合同。这是一种在采购活动中非常普遍的买卖合同。

11. 答：试用买卖合同，指试用买卖的当事人可以约定标的物的试用期间。对试用期间没有约定或者约定不明确，不能达成补充协议的，按照合同有关条款或者交易习惯也不能确定的，由出卖人确定。

（四）判断答案（本题共 13 小题）

1	2	3	4	5	6	7	8	9	10
√	×	×	√	√	×	√	√	×	×

11	12	13
√	×	√

（五）简答答案（本题共 7 小题）

1. 答：买卖合同主要有以下特征：

（1）买卖合同转移合同标的的所有权。买卖合同中的出卖人将合同标的物的所有权转移给买受人。

（2）买卖合同是有偿合同。买卖合同中的买受人应当向出卖人支付一定的价款。

（3）买卖合同是双务合同。买卖合同中的出卖人有义务将合同标的物的所有权转移给买受人，买受人有义务向出卖人支付一定的价款。

（4）买卖合同是诺成合同。买卖合同在买卖双方意思表示一致达成合意之后便已经成立，并不需要当事人交付实物或者价款作为合同的成立要件。

（5）买卖合同是不要式合同。买卖合同一般情况下可以书面形式、口头形式和其他形式等成立，并不需要签订书面合同，但是法律有明确规定的除外。

2. 答：交付合同标的物的方式包括两种方式，即现实交付和观念交付。

（1）现实交付是最常见的一种交付方式，即出卖人将合同标的物直接交付给买受人，合同标的物直接置于买受人的控制之下。

（2）观念交付是与现实交付相对应的一种方式，出卖人并没有将合同标的物直接交付给买受人而是以其他的方式作为替代，使得合同标的物在观念上置于买受人的控制之下。观念交付包括拟制交付、简易交付和占有改变三种方式。

①拟制交付，指出卖人向买受人交付提取合同标的物的单证以完成交付。拟制交付方式的优点是比较便利，出卖人只需交付一定的单证即可完成交付义务。

②简易交付，指合同标的物在买卖合同签订之前已经为买受人所实际占有，买卖合同生效以后，合同标的物将自动地"交付给"买受人。

③占有改变，指买卖合同双方约定合同标的物在买卖合同生效后继续由出卖人占有。

3. 答：买卖合同中，如果合同规定了标的物的交付地点，出卖人应当按照约定的地点交付标的物。当事人没有约定交付地点或者约定不明确，事后不能达成补充协议，按照合同有关条款或者交易习惯也不能确定的，适用下列规定：

（1）标的物需要运输的，出卖人应当将标的物交付给第一承运人以运交给买受人。

（2）标的物不需要运输，出卖人和买受人签订合同时知道标的物在某一地点的，出卖人应当在该地点交付标的物；不知道标的物在某一地点的，应当在出卖人签订合同时的营业地交付标的物。

4. 答：一般情况下，标的物所有权的转移方式主要有以下两种：

（1）不动产的所有权在合同登记时发生转移，简称"登记主义"。

（2）动产的所有权在交付标的物时发生转移，简称"交付主义"。特殊的情形下，当使用简易交付、占有改变时，虽然不存在实际的交付行为，此时合同成立可视为交付完成，也即合同成立时所有权发生转移。

还有一种所有权保留制度，一般发生在分期付款的场合，当事人约定标的物在买受人付清全部款项后所有权才发生转移。

5. 答：出卖人交付的标的物应当符合一定的质量要求，否则出卖人应当承担相应的违约责任。一般情况下，出卖人应当按照约定的质量要求交付标的物。出卖人提供有关标的物质量说明的，交付的标的物应当符合该说明的质量要求。当事人对标的物的质量要求没有约定或者约定不明确，事后不能达成补充协议的，按照合同有关条款或者交易习惯也不能确定的，按照国家标准、行业标准履行；没有国家标准、行业标准的，按照通常标准或者符合合同目的的特定标准履行。

出卖人交付的标的物不符合质量要求的，应当按照当事人的约定承担违约责任。对违约责任没有约定或者约定不明确，事后不能达成补充协议，按照合同有关条款或者交易习惯也不能确定的，受损害方根据标的的性质以及损失的大小，可以合理选择要求对方承担修理、更换、重做、退货、减少价款或者报酬等违约责任。

6. 答：采购合同中标的物的权利瑕疵包括以下几种情形：

（1）非所有人的出卖人向买受人转移标的物的所有权，标的物具有所有权瑕疵。

（2）没有处分权的人出卖标的物。

（3）共有人出卖全部共有的财产或者出卖他人份额的财产，这种情形下，标的物也具有所有权瑕疵。

（4）标的物上存在留置权、抵押权、质押权或者第三人的优先受偿权（如担保物权）。

（5）第三人对标的物享有优先购买权。

7. 答：解除买卖合同中部分标的物的买卖合同有如下规定：因标的物的主物不符合约定而解除合同的，解除合同的效力及于从物。因标的物的从物不符合约定被解除的，解除的效力不及于主物。

标的物为数物，其中一物不符合约定的，买受人可以就该物解除，但该物与他物分离使标的物的价值显受损害的，当事人可以就数物解除合同。

出卖人分批交付标的物的，出卖人对其中一批标的物不交付或者交付不符合约定，致使该批标的物不能实现合同目的的，买受人可以就该批标的物解除。出卖人不交付其中一批标的物或者交付不符合约定，致使今后其他各批标的物的交付不能实现合同目的的，买受人可以就该批以及今后其他各批标的物解除。买受人如果就其中一批标的物解除，该批标的物与其他各批标的物相互依存的，可以就已经交付和未交付的各批标的物解除。

分期付款的买受人未支付到期价款的金额达到全部价款的1/5的，出卖人可以要求买受人支付全部价款或者解除合同。出卖人解除合同的，可以向买受人要求支付该标的物的使用费。

（六）论述答案（本题共3小题）

1. 答：买卖合同中，出卖人具有以下义务：

（1）交付合同标的物

出卖人应当按照合同约定，将标的物实际移转给买受人占有。交付标的物有两种方式，即现实交付和观念交付。现实交付是最常见的一种交付方式，即出卖人将合同标的物直接交付给买受人，合同标的物直接置于买受人的控制之下。观念交付是与现实交付相对应的一种方式，出卖人并没有将合同标的物直接交付给买受人而是以其他的方式作为替代，使得合同标的物在观念上置于买受人的控制之下。观念交付包括拟制交付、简易交付和占有改变三种方式。

（2）交付提取标的物的单证

出卖人应当按照合同约定和标的物的实际情况，向买受人实际交付用于提取标的物所需的单证，如提单、仓单等。

（3）交付必要的有关资料

出卖人应当按照合同约定或者交易习惯，向买受人交付提取标的物单证以外的有关单证和资料，如产品合格证、使用说明书、商业发票等。

（4）按照约定的包装方式交付标的物

出卖人应当按照合同约定的包装方式，向买受人交付标的物。如果未确定包装方式，出卖人应当按照通用的方式交付，以达到足以保护标的物的目的。

（5）按期交付标的物

出卖人应当按照合同约定的期限，向买受人交付标的物。约定标的物的交付期间的，出卖人可以在该约定的交付期内的任何时间交付。当事人没有约定标的物的交付期限或者约定不明确的，出卖人可以随时交付，买受人也可以随时要求交付，但应当给对方必要的准备时间。在简易交付的场合下，由于标的物在签订合同之前已为买受人占有，所以合同生效的时间即为交付时间。

（6）按照约定地点交付标的物

出卖人应当按照合同约定的地点，向买受人交付标的物。《合同法》规定："当事人没有约定交付地点或者约定不明确，依照本法第六十一条（合同生效后，当事人就质量、价款或者报酬、履行地点等内容没有约定或者约定不明确的，可以协议补充；不能达成补充协议的，按照合同有关条款或者交易习惯确定）的规定仍不能确定的，适用下列规定：①标的物需要运输的，出卖人应将标的物交付给第一承运人以运交给买受人；②标的物不需要运输，出卖人和买受人订立合同时知道标的物在某一地点的，出卖人应当在该地点交付标的物；不知道标的物在某一地点的，应当在出卖人订立合同时的营业地交付标的物。"

（7）转移标的物所有权的义务

转移标的物的所有权是买卖合同的出卖人所特有的义务，而取得标的物的所有权也是买受人最主要的目的。标的物所有权的转移方式主要分两种，不动产的所有权在登记时发生转移，简称"登记主义"；动产的所有权在交付时发生转移，简称"交付主义"。也就是说，一般情况下，标的物的所有权自标的物交付时起转移，所以当出卖人履行了交付义务之后，其便已经同时履行了转移合同标的物所有权的义务，合同标的物的所有权在交付时转移。

当法律另有规定或者当事人另有约定时，合同标的物交付的效力将发生一定的变化。当事人可以约定为所有权的转移设置一定的条件或者一定的期限，条件的成就或者期限的届满都可以使所有权发生转移。如当事人可以约定标的物所有权在合同成立时转移，也可以约定标的物所有权在买受人付清全部款项后转移。

所有权保留制度中，约定标的物所有权在买受人付清全部款项后转移的，相当于当事人在买卖合同中约定买受人未履行支付价款或者其他义务的，标的物的所有权属于出卖人，买受人履行支付价款或者其他义务可以被视为所有权转移的一项条件。

（8）标的物质量瑕疵担保义务

一般情况下，出卖人应当按照约定的质量要求交付标的物。出卖人提供有关标的物质量说明的，交付的标的物应当符合该说明的质量要求。当事人对标的物的质量要求没有约定或者约定不明确，事后不能达成补充协议的，按照合同有关条款或者交易习惯也不能确定的，按照国家标准、行业标准履行；没有国家标准、行业标准的，按照通常标准或者符合合同目的的特定标准履行。

（9）标的物权利瑕疵担保义务

《合同法》规定："出卖人就交付的标的物，负有保证第三人不得向买受人主张任何权利的义务，但法律另有规定的除外。"出卖人应当保证其对出卖的标的物享有合法的权利，如所有权、留置权、抵押权等，并且保证该标的物权利本身没有瑕疵，与他人不存在权利争议。如果标的物权利本身有瑕疵，出卖人应当如实告知买受人，并保证该标的物不被第三人追索。如果由于标的物权利存在瑕疵，而使买受人受到第三人追索或者被主张权利的，应当由出卖人承担权利瑕疵担保责任。但是，如果买受人订立合同时知道或者应当知道第三人对标的物享有权利的，出卖人则不负担此项义务。

2. 答：买卖合同中买受人承担以下义务：

（1）支付价款义务

①支付数额。买受人应当按照约定的数额支付价款。对价款没有约定或者约定不明确的，可以协议补充；不能达成补充协议的，按照合同有关条款或者交易习惯确定。按照合同有关条款或者交易习惯也不能确定的，按照签订合同时履行地的市场价格履行；依法应当执行政府定价或者政府指导价的，按照规定履行。

②支付地点。买受人应当按照约定的地点支付价款。对支付地点没有约定或者约定不明确，可以协议补充；不能达成补充协议的，按照合同有关条款或者交易习惯确定。按照合同有关条款或者交易习惯也不能确定的，买受人应当在出卖人的营业地支付，但约定支付价款以交付标的物或者交付提取标的物单证为条件的，在交付标的物或者交付提取标的物单证的所在地支付。

③支付时间。买受人应当按照约定的时间支付价款。对支付时间没有约定或者约定不明确，可以协议补充；不能达成补充协议的，按照合同有关条款或者交易习惯确定。按照合同有关条款或者交易习惯也不能确定的，买受人应当在收到标的物或者提取标的物单证的同时支付。

（2）受领标的物的义务

买受人的受领义务是与出卖人的交付义务相对应的一项义务，出卖人的交付义务只有在买受人履行受领义务的情况下才能得到顺利履行。出卖人履行合同义务符合合同约定和法律规定的，买受人不得无故拒绝受领，否则出卖人将无须承担没有履行合同义务的违约责任。在出卖人履行合同义务不符合合同约定或者法律规定时，如交付货物的数量过多或者过少、质量存在瑕疵、交付时间过早或者过迟、交付地点并非合同约定或者法律规定的地点时，买受人有权拒绝受领，并有权要求出卖人承担相应的违约责任。

（3）检验义务

买受人收到标的物时应当在约定的检验期间内检验。买受人的检验义务是与出卖人的质量瑕疵担保义务相对应的一项义务。买受人应当在检验期间内将标的物的数量或者质量不符合约定的情形通知出卖人。买受人怠于通知的，视为标的物的数量或者质量符合约定。

当事人双方没有约定检验期间的，买受人应当及时检验，并应当在发现或者应当发现标的物的数量或者质量不符合约定的合理期间内通知出卖人。买受人在合理期间内未通知或者自标的物收到之日起两年内未通知出卖人的，视为标的物的数量或者质量符合约定，但对标的物有质量保证期的，适用质量保证期，而不适用该两年的规定。

（4）保管与应急处理义务

当事人一方违约后，对方应当采取适当措施防止损失的扩大，如对货物加以妥善地保管，对于不易保存的货物及时进行变卖。没有采取适当措施致使损失扩大的，买受人不得就扩大的损失要求赔偿。

3. 答：

（1）风险承担的一般情形。买卖合同的标的物在履行的过程中，货物也一样，随时都会有毁损、灭失的可能，这便是买卖合同的风险。既然有风险就应当有风险承担者，在买卖合同中，由于存在出卖人和买受人两个主体，那么风险承担者当然也就会从这两者中产生。风险生成的原因有很多，比如不可抗力、意外事件、第三人的原因等，但是风险产生的原因并不会对风险的承担造成影响，买卖合同的风险承担是一个在买卖双方之间进行合理的风险承担分配的规则。

一般情况下，标的物的风险承担与标的物的转移权转移一样都采用"交付主义"，即标的物毁损、灭失的风险，在标的物交付之前由出卖人承担，交付之后由买受人承担，但法律另有规定或者当事人另有约定的除外。当事人没有约定交付地点或者约定不明确，而标的物又需要运输的，出卖人将标的物交付给第一承运人后，标的物毁损、灭失的风险由买受人承担。

标的物毁损、灭失的风险由买受人承担的，不影响因出卖人履行债务不符合约定，买受人要求其承担违约责任的权利。

（2）风险承担的特殊情形。从上述风险转移的各种情形来看，风险转移在一般情形下也与所有权一样符合"交付主义"，都是在交付时发生转移的，也可以说所有权的转移与风险的转移是同时进行的。但在特殊情况下，风险转移的时间将发生变化，并不是所有标的物的风险都是在所有权转移时才转移，也并不是所有标的物的风险都是在交付时发生转移。

①所有权保留下的风险承担。在所有权保留的情况下，标的物所有权并不是在交付时发生转移而是在买受人履行一定的合同义务如付清全部价款后发生转移，可见所有权保留中的标的物所有权转移并不适用"交付主义"，但所有权保留中标的物风险的转移仍然应当适用"交付主义"，也就是标的物的风险随标的物的转移而转移。风险负担适用"交付主义"是法律规定的结果，在双方当事人约定所有权保留的同时没有对风险转移作出约定的情况下，自然应当继续适用"交付主义"。

②一方违约后的风险承担。由于风险转移一般适用的是"交付主义"，所以在一般情况下标的物的风险在交付之前由出卖人承担，交付之后风险承担转移至买受人。但是在一方发生违约行为的情况下，为了对非违约方的利益进行保护并对违约方的违约行为进行惩罚，风险转移将不再适用"交付主义"。

科迪公司约定次日取货，这表明次日才是实际交付标的物的时间，计算机的所有权也只能是从交付时转移。既然计算机所有权转移的时间以交付时为界，那么在未交付之前，财产仍在科迪公司的管理之下，其被盗时所有权仍归科迪公司所有，科迪公司理所当然要承担风险责任。

因此，科迪公司不仅丧失了向买受人孙某追索价款的权利，还应承担向其返还已支付的价款的义务。

第五章 政府采购法律制度

一、知识概述

通过本章的学习，了解政府采购的采购原则、采购模式和采购范围，熟悉政府采购的实施方式和实施过程，掌握政府采购的监督管理与争议解决办法。

二、基本概念

1. 概念1——政府采购

【说明】政府采购，是指各级国家机关、事业单位和团体组织，使用财政性资金采购依法制定的集中采购目录以内的或者采购限额以上的货物、工程和服务的行为。

2. 概念2——集中采购模式

【说明】集中采购模式，是指将纳入政府采购范围内的某类采购项目集中于专门设立的特定机构统一进行采购的方式

3. 概念3——分散采购模式

【说明】分散采购模式，是指各使用单位自行进行政府采购的方式，在这种模式下，使用单位向财政主管部门上报采购预算计划，计划获得批准后按照相关规定进行自行采购。

4. 概念4——采购人

【说明】采购人，是指依法进行采购的国家机关、事业单位、团体组织。

5. 概念5——供应商

【说明】供应商，是指具备向采购机关提供货物、工程和服务能力的法人、其他组织或者个人。

6. 概念6——采购代理机构

【说明】采购代理机构，是指依法取得资格认定、接受采购委托，在委托的范围内办理政府采购事宜的中介代理机构。

7. 概念7——评审专家

【说明】评审专家，是指符合法律法规规定的条件和要求，以独立身份从事和参加政府采购招标、竞争性谈判、询价、单一来源等采购活动有关评审工作的人员。

8. 概念8——招标

【说明】招标，是指采购人事先公布采购的货物、工程、服务的条件和要求，邀请一

定数量的潜在投标人参加投标，并按照规定的程序和条件从实际投标人中选择中标人作为交易对象的行为。

9. 概念9——投标

【说明】投标，是指投标人响应招标人的要求参加投标的行为。

10. 概念10——公开招标

【说明】公开招标，是指以招标公告的方式邀请不特定的法人或者其他组织投标。

11. 概念11——邀请招标

【说明】邀请招标，是指以邀请投标书的方式邀请特定的法人或者其他组织投标。

12. 概念12——招标人

【说明】招标人，是指依法提出招标项目、进行招标的法人或者其他组织。

13. 概念13——招标代理机构

【说明】招标代理机构，是指依法设立、从事招标代理业务并提供相关服务的社会中介组织。

14. 概念14——招标公告

【说明】招标公告，是指采取公开招标方式的招标人通过国家指定的报刊、信息网络或者其他媒介发布招标信息，向所有的潜在投标人所作出的一种公告。

15. 概念15——投标邀请书

【说明】投标邀请书，是指采取邀请招标方式的招标人向三个以上具备承担招标项目能力、资信良好的特定的法人或者其他组织发出的邀请其参加投标的书面文件。

16. 概念16——招标文件

【说明】招标文件，是指招标人制作并向潜在投标人提供的，旨在向其提供将来投标所需要的资料并向其通报招标所依据的规则和程序等内容的书面文件。

17. 概念17——开标

【说明】开标，是指招标人根据招标文件的规定在指定的时间和地点，将所有的投标人的投标文件公开启封的行为。

18. 概念18——评标

【说明】评标，是指招标人依法组建的评标委员会依照招标文件规定的评标标准和评标办法，对各投标人的投标文件进行评价和比较，从中选出最佳的投标人作为交易对象的行为。

19. 概念19——评标委员会

【说明】评标委员会，是指招标人依法组建的，依照招标文件规定的评标标准和评标办法，对各投标人的投标文件进行评价和比较，从中选出最佳的投标人作为交易对象的机构。

20. 概念20——竞争性谈判采购

【说明】竞争性谈判采购，是指采购机关直接邀请三家以上的供应商就采购事宜进行谈判的采购方式。

21. 概念21——单一来源采购

【说明】单一来源采购，是指采购机关向供应商直接购买的采购方式，是一种非竞争性的采购方式。

22. 概念22——询价采购

【说明】询价采购，是指采购机关对三家以上的供应商提供的报价进行比较，以确保价格具有竞争性的采购方式。

三、重点内容

1. 政府采购特征

（1）采购主体具有特定性。

（2）采购资金具有特定性。

（3）采购项目范围具有特定性。

（4）采购对象具有特定性。

2. 政府采购的原则

（1）公开透明原则。

（2）公平竞争原则。

（3）公正、诚实、信用原则。

（4）本国采购原则。

（5）回避原则。

3. 政府采购模式

（1）集中采购模式。

（2）分散采购模式。

4. 政府采购的参与人

（1）采购人。

（2）供应商。

（3）采购代理机构。

（4）评审专家。

5. 招标投标的分类

（1）公开招标。

（2）邀请招标。

6. 招标程序

（1）编制招标文件，发出招标广告或招标通知书。

（2）招标单位对申请投标的企业进行资格审查。

（3）招标单位组织投标企业勘察工程现场，解答招标文件中的疑点。

（4）投标企业密封报送标书。

（5）当众开标、议标，审查标书，确定中标单位，发出中标通知书。

（6）招标单位与中标企业签订承包合同。

7. 政府采购除招标方式外的其他采购方式

（1）竞争性谈判采购。

（2）单一来源采购。

（3）询价采购。

8. 政府采购合同签订与履行应遵循的程序

（1）签订合同。

（2）履行合同。

（3）对合同进行验收。

（4）支付采购资金。

9. 政府采购的救济方式

（1）询问。

（2）质疑。

（3）投诉。

（4）行政复议或者起诉。

四、习题与案例

（一）单选（本题共20小题）

在每小题列出的四个备选项中只有一个是符合题目要求的，请将其代码填写在题后的括号内。错选、多选或未选均无分。

1. 关于质疑，下列说法不正确的是（　　）。

A. 供应商认为采购文件、采购过程和中标、成交结果使自己的权益受到侵害的，可以在知道或者应当知道其权益受到侵害之日起7个工作日内，向采购人提出质疑

B. 质疑可以书面提出，也可以口头提出

C. 采购人应当在收到质疑后7个工作日内作出答复

D. 采购人答复的内容不得涉及商业秘密

2. 采购人、采购代理机构对政府采购项目每项采购活动的采购文件应当妥善保存，采购文件的保存期限为从采购活动结束之日起至少（　　）年。

A. 5　　　　　　　　　　　　　　　B. 10

C. 15　　　　　　　　　　　　　　 D. 20

3. 《政府采购法》规定了采购人与中标、成交供应商在中标、成交通知书发出之日起的一定期限内签订政府采购合同，这个期限是（　　）日。

A. 20　　　　　　　　　　　　　　 B. 30

C. 7　　　　　　　　　　　　　　　D. 5

4. 在邀请招标采购方式中，采购人邀请投标的供应商的数量应当符合（　　）的要求。

A. 不得少于 2 家　　　　　　B. 不得少于 3 家

C. 不得少于 4 家　　　　　　D. 不得少于 5 家

5. 在招标采购中，投标人的报价均超过了采购预算，采购人不能支付的，会导致的后果是(　　)。

A. 导致废标，应采取竞争性谈判方式重新采购

B. 导致废标，应采取询价方式重新采购

C. 导致废标，应重新组织招标

D. 不会导致废标

6. 参加政府采购活动的供应商的条件之一是应当在参加政府采购活动的前(　　)年内，无经营活动重大违法记录。

A. 2　　　　　　　　　　　　B. 3

C. 4　　　　　　　　　　　　D. 5

7. 政府采购应采取的主要方式是(　　)。

A. 公开招标　　　　　　　　B. 邀请招标

C. 竞争性谈判　　　　　　　D. 询价

8. 是否采用公开招标方式进行政府采购的标准是(　　)。

A. 采购的商品种类　　　　　B. 一定的数额标准

C. 进行采购的主体　　　　　D. 由采购主体自行决定

9. 在公开招标数额标准以上，但因为特殊情况需要采取公开招标以外的采购方式的，需要经过(　　)的批准。

A. 省级以上人民政府

B. 省级以上人民政府采购监管部门

C. 设区的市、州以上人民政府

D. 设区的市、州以上人民政府采购监管部门

10. 某公司作为供应商对一采购人的采购结果不服，认为损害了自己的合法权益，解决纠纷的正确途径是 (　　)。

A. 直接向人民法院提起民事诉讼

B. 直接向人民法院提起行政诉讼

C. 先向采购人提出质疑，对质疑结果不服再向法院提起行政诉讼

D. 先向采购人提出质疑，不服再向政府采购监督管理部门投诉，对投诉结果不满的再向法院提起行政诉讼

11. 下列关于政府采购合同的说法中正确的是 (　　)。

A. 政府采购合同的双方当事人不得变更、中止或者终止合同

B. 采购人可委托采购代理机构以其名义与供应商签订政府采购合同

C. 政府采购合同是采购人与供应商之间意思自治的结果，无须任何部门干预

D. 政府采购合同因公共利益而变更的，国家应承担赔偿责任。

12. 下列说法正确的是（　　）。

A. 招标采购因投标人不足三家而废标后，可以立即采取竞争性谈判采购方式进行采购

B. 招标采购因投标人不足三家而废标后，采购人可以自己选取其他合适的采购方式进行采购

C. 废标后，除了因采购任务取消而导致废标的情形外，应当报采购监管部门批准后，再重新组织招标

D. 废标后，除了因采购任务取消而导致废标的情形外，应当重新组织招标，如果需要采取其他方式采购的，应当报相关管理部门批准

13. 某血站拟采购的全自动细胞采集装置比较特殊，且只能从有限范围的供应商处采购，适用的政府采购方式是（　　）。

A. 招标采购　　　　　　　　　　B. 竞争性谈判采购

C. 单一来源采购　　　　　　　　D. 询价采购

14. 政府采购项目可以依照《政府采购法》采用询价方式采购的是（　　）。

A. 技术复杂或者性质特殊，不能确定详细规格或者具体要求的

B. 采购的货物规格、标准统一、现货货源充足且变化幅度小的政府采购项目

C. 招标后没有供应商投标或者没有合格标的或者重新招标未能成立的

D. 不能事先计算出价格总额的

15. 关于政府采购中招标投标质疑的要求，下列不属于可以进行招标投标质疑的内容是（　　）。

A. 招标文件　　　　　　　　　　B. 招标过程

C. 中标结果　　　　　　　　　　D. 评标委员会

16. 供应商认为自己权益受到损害的，可以在知道或者应当知道其权益受到损害之日起（　　）个工作日内，以书面形式向采购人提出质疑。

A. 5　　　　　　　　　　　　　　B. 7

C. 10　　　　　　　　　　　　　D. 15

17. 下列（　　）是《合同法》中合同自由的具体体现。

A. 平等原则　　　　　　　　　　B. 公平原则

C. 自愿原则　　　　　　　　　　D. 诚实信用原则

18. 关于中标通知书与《合同法》中的承诺的区别，说法正确的是（　　）。

A. 中标通知书在到达中标人时生效，承诺一旦发出就生效

B. 中标通知书发出后只要没到达中标人，就可以被招标人撤回；《合同法》中的承诺到达要约人后，才可以被撤回

C. 中标通知书生效后，如果一方拒绝签订合同，要承担违约责任；《合同法》中承诺生效后，一方如果违约将要承担缔约过失责任

D. 中标通知书一旦发出就生效，而《合同法》中的承诺必须在承诺到达要约人后才

生效

19. 政府采购项目可以依照《政府采购法》采用竞争性谈判采购方式的是( )。

A. 必须保证原有采购项目一致性或者服务配套要求的

B. 发生不可预见的紧急情况没时间用招标法采购

C. 招标后没有供应商投标

D. 采购的货物规格、标准统一

20. 在实际招标投标活动中，绝大多数委托招标项目，开标由( )主持。

A. 招标人　　　　　　　　　　　B. 招标代理机构

C. 委托公证机构　　　　　　　　D. 行政监督部门

（二）多选（本题共 16 小题）

请把正确答案的序号填写在题中的括号内，多选、漏选、错选不给分。如果全部答案的序号完全相同，例如全选 ABCDE，则本大题不得分。

1. 下列选项中，适用《政府采购法》的是（ ）。

A. 清华大学利用某人捐资为建图书馆而采购建筑材料

B. 某市工商局为改善工作条件购置 20 台电脑

C. 澳门特派办改建办公大楼购置电梯

D. 经卫生部批准，某医院为扩建病房而购买医疗设备

2. 下列关于政府采购当事人的说法中正确的是（ ）。

A. 甲公司与乙公司组成联合体，以一个供应商的身份参加政府采购

B. 采购代理机构必须是集中采购机构

C. 采购人有权自行选择某事业单位为采购代理机构

D. 采购人可以自行选择具备供应商资格的公司

3. 下列选项中，政府采购所选择的方式正确的是( )。

A. 因采购标的技术复杂而不能确定详细规格或具体要求而采用竞争性谈判方式采购

B. 采用公开招标方式的费用占政府采购项目总比例过大而采用邀请招标方式采购

C. 因公开招标后没有供应商投标而采用邀请招标方式采购

D. 需要继续从原供应商处添购而采用竞争性谈判方式采购

4. 下列关于政府采购程序的说法中，正确的是（ ）。

A. 因招标中出现影响采购公正的违法行为而予以废标

B. 采购人从符合相应资格条件的供应商中挑选三家以上的供应商向其发出招标邀请书

C. 废标后采购人决定采用邀请招标的方式采购

D. 询价小组要求被询价的供应商一次报出不得更改的价格

5. 下列关于政府采购法律责任的说法中正确的是( )。

A. 采购人委托不具备政府采购业务代理资格的机构办理采购事务的，责令其限期

改正

B. 采购代理机构与供应商恶意串通尚不构成犯罪的，处以罚款

C. 采购人开标前泄露标底而构成犯罪的追究其刑事责任

D. 采购人以不合理的条件对供应商实行歧视待遇，但未确定中标成交商的，终止采购活动

6. 某供应商在政府采购活动中实施的违法行为，处罚合法的是(　　)。

A. 因采取不正当手段排挤其他供应商而被列入不良行为记录名单

B. 因向采购人行贿而被处罚在两年内禁止参加政府采购活动

C. 因提供虚假材料谋取中标的，宣布其中标无效

D. 因与采购代理机构恶意串通而被追究刑事责任

7. 在某次竞争性谈判采购活动前，甲公司私下与乙公司、丙公司相互商议，让乙、丙公司共同抬高报价，最后甲公司以低于乙、丙公司的价格中标。这种行为应受到的处罚是(　　)。

A. 处以采购金额千分之五以上千分之十以下的罚款

B. 列入不良行为记录名单，在一至三年内禁止参加政府采购活动

C. 有违法所得的，并处没收违法所得，情节严重的，由工商行政管理机关吊销营业执照

D. 追究甲、乙公司的刑事责任

8. 政府采购应当采购本国货物、工程和服务，但(　　)除外。

A. 国内采购境外使用的情形

B. 国外采购成本更低的情形

C. 需要采购的货物、工程或者服务在中国境内无法获取或者无法以合理的商业条件获取的情形

D. 为在中国境外使用而进行采购的情形

E. 其他法律法规另有规定的情形

9. 政府采购采用的方式有(　　)。

A. 招标　　　　　　　　　　　B. 竞争性谈判

C. 单一来源采购　　　　　　　D. 询价

E. 国务院政府采购监督管理部门认定的其他采购方式

10. 单一来源采购的缺点是(　　)。

A. 容易导致采购人权力的滥用，滋生腐败

B. 有可能出现供应商产品质量的下降或者价格提高的现象

C. 采购所花的时间成本较高

D. 有可能导致不能采购到符合要求的产品

11. 招标代理机构应该符合的条件有(　　)。

A. 有从事招标代理业务的营业场所和相应资金

B. 三年内没有违法违纪行为

C. 有能够编制招标文件和组织评标的相应专业力量

D. 有可以作为评标委员会成员人选的技术、经济等方面的专家库

12. 招标人在招标投标过程中有违法行为的，承担责任的方式有(   )。

A. 责令改正   B. 警告

C. 罚款   D. 对单位负责人和其他责任人依法给予处分

E. 构成犯罪的，依法追究刑事责任

13. 评标委员会的主要评标标准是(   )。

A. 最低投标价标准   B. 综合评标标准

C. 最高评标价标准   D. 最合适性价比标准

14. 政府采购当事人是指在政府采购活动中享有权利和承担义务的各类主体，包括(   )。

A. 采购人   B. 相关财政部门

C. 供应商   D. 评审专家

E. 采购代理机构

15. 政府采购应当符合的基本原则有(   )。

A. 公平、公开、公正原则   B. 诚实信用原则

C. 本国采购原则   D. 经济原则

E. 回避原则

16. 对于必须进行招标的项目而不招标的，或者将必须进行招标的项目化整为零或者以其他任何方式规避招标的，可以采取的惩罚措施有(   )。

A. 责令限期改正

B. 对全部或者部分使用国有资金的项目，暂停项目执行或者暂停资金拨付

C. 对单位直接负责的主管人员和其他直接责任人员依法给予处分

D. 罚款

（三）名词解释（本题共 13 小题）

1. 政府采购

2. 采购代理机构

3. 招标

4. 公开招标

5. 邀请招标

6. 联合体共同投标

7. 开标

8. 评标

9. 转包

10. 分包

11. 竞争性谈判采购

12. 单一来源采购

13. 询价采购

（五）简答（本题共 27 小题）

（四）判断（本题共 21 小题）

对的在括号内画"√"，错误的画"×"。

1. 邀请招标是政府采购的主要采购方式。（　　）
2. 一般情况下，自然人可以作为招标法规定的招标人进行招标活动。（　　）
3. 招标公告相当于《合同法》上的要约邀请。（　　）
4. 投标文件在送达招标人后马上生效。（　　）
5. 投标人在投标文件生效后要回投标文件的话，就是对投标的撤回。（　　）
6. 投标人撤回投标文件的，要承担缔约过失责任。（　　）
7. 评标和定标应当在投标有效期结束 30 个工作日前完成。（　　）
8. 采购双方采用合同书形式签订采购合同的，当中标通知书发出后，如果招标人改变中标结果，招标人将承担违约责任。（　　）
9. 《合同法》规定合同当事人有转让合同的权利，所以在招投标中，中标人可以将中标项目转包。（　　）
10. 询价采购与竞争性谈判采购都存在谈判的过程。（　　）
11. 询价采购和公开招标采购的相同之处是两者都是向不特定的供应商发出询价邀请。（　　）
12. 评标委员会成员人数应为 5 人以上的单数。（　　）
13. 我国政府采购的监督管理部门是各级检察机关。（　　）
14. 政府采购中，由政府采购监督管理部门设置集中采购机构，参与政府采购项目的采购活动。（　　）
15. 在集中采购模式中，集中采购的范围由各级人民政府公布的集中采购目录确定。（　　）
16. 政府采购的合同金额在一定条件下可以超过政府采购预算。（　　）
17. 政府采用招标方式采购货物，中标通知书发出后，中标供应商可以选择放弃中标。（　　）
18. 以询价方式采购的，被询价的供应商报出的价格不能更改。（　　）
19. 经采购人同意，中标的供应商可以依法采取分包方式履行合同。（　　）

20. 从事工程项目招标代理业务的招标代理机构，其资格认定的主管部门由国务院规定。（　　）

21. 招标人修改中标结果的，招标人应当承担缔约过失责任。（　　）

（五）简答（本题共 21 小题）

将答案要点写出并作简要叙述，必要时可以画出流程图或示意图进行阐述。

1. 简述政府采购的原则。

2. 哪些情形下政府采购不适用《政府采购法》？

3. 简述政府采购中采购人的权利。

4. 简述政府采购中采购人的义务。

5. 政府采购应当采购本国货物、工程和服务，但有哪几种情形除外？

6. 供应商参加政府采购活动应当具备哪些条件？

7. 政府采购中供应商具有哪些权利？

8. 简述供应商的法律责任。

9. 政府采购中，采购代理机构应具备哪些资质？

10. 什么情况下财政部将取消政府采购评审专家资格？

11. 政府采购中公开招标公告包含哪些内容？

12. 简述实施政府采购的主要步骤。

13. 简述政府采购中招标程序包含的步骤。

14. 简述招标公告与投标邀请书的联系和区别。

15. 采用联合体共同投标应当符合什么条件？

16. 投标文件一般应当包含哪些内容？

17. 评标委员会的主要评标标准有哪些?

18. 在以招投标方式进行政府采购时,分包须受到哪些限制?

19. 招标中出现哪些情形应当废标?

20. 简述竞争性谈判的适用条件。

21. 简述单一来源采购的适用条件。

(六) 论述 (本题共 6 小题)

要求阐述过程中理论联系实际、结构严谨、分析透彻,必要时可以画出流程图或示意图进行阐述。

1. 论述《政府采购法》中政府采购的特征。

2. 论述采购人的法律责任。

3. 比较竞争性谈判采购方式与招标采购方式,竞争性采购方式有哪些优缺点?

4. 论述政府采购中的询价方式。

5. 试述政府采购程序中对供应商的救济方式及这些救济方式的具体程序。

6. 如何理解招投标方式中程序的公开性与保密性？

（七）案例分析（本题共 7 小题）

案例一：南昌某工程招投标案例

2004 年 8 月初，江西省南昌市某部门新建大楼完工，申请对其装饰装修工程进行招标，由于采购申请人的时间要求较紧，经批准，政府采购中心决定采用邀请招标的采购方式进行采购。经资格预审，南岛设计装饰工程公司、深晶建筑装饰工程有限公司、江亚装饰集团有限公司、广美设计装饰工程公司四家入围并取回招标文件，其中江亚集团实力雄厚、资金充足，其知名度、美誉度和获奖次数是最突出的，为其他三家望尘莫及。8 月 17 日开标，四家投标价分别为南岛公司 96 万元、深晶公司 82 万元、江亚集团 80 万元、广美公司 60 万元，最终广美公司以最低价中标。2005 年 6 月 2 日，也就是广美公司施工完成两个月后，江亚集团向政府采购管理部门提出投诉，认为：

1. 根据《中华人民共和国招标投标法》（以下简称《招标投标法》）第四十条的规定："中标人的投标应符合下列条件之一：①能够最大限度地满足招标文件中规定的各项综合评价标准；②能够满足招标文件的实质性要求，并且经评审的投标价格最低；但是投标价格低于成本的除外"。以及《政府采购法》第七十三条第三款"采购合同已经履行的，给采购人、供应商造成损失的，由责任人承担赔偿责任。"广美公司投标价格低于项目成本价，使自己的利益受到损害，要求广美公司赔偿损失。

2. 广美公司在中标后，其与采购人新订立的后续工程资金高于原中标价金额的 10%，根据《政府采购法》第四十九条的规定："政府采购合同履行中，采购人需追加与合同标的相同的货物、工程或者服务的，在不改变合同其他条款的前提下，可以与供应商协商签订补充合同，但所有补充合同的采购金额不得超过原合同采购金额的 10%。"要求政府采购中心对新增附属工程重新组织招标。

而广美公司则认为，自己报出的投标价并未低于成本，并提出了相关资料证据证明，因此并不存在以低于成本价中标，更谈不上赔偿。政府采购招标代理机构认为，在广美公司设计装饰工程公司完工后，其后续附加工程资金 25 万元确实高于原中标金额的 10%，但考虑到所增附加工程琐碎和配套性以及政府采购招标的成本效益原则，决定采用单一来源的采购方式，仍由广美公司承揽附属工程。

经查实，广美公司的中标价略高于招标项目的有效成本，但是在实施工程的过程中，擅自变更了设计要求，并降低了材料质量。

结合案例，请回答以下问题，并说明理由：

1. 江亚集团的投诉请求是否有效？

2. 对广美公司应该作何处理？

3. 附加工程可不可以仍由广美公司承揽？

案例二：施工招投标案例

某工程项目，建设单位通过招标选择了一具有相应资质的造价事务所承担施工招标代理和施工阶段造价控制工作，并在中标通知书发出后第 45 天，与该事务所签订了委托合同。之后双方又另行签订了一份酬金比中标价降低 10% 的协议。

在施工公开招标中，有 A、B、C、D、E、F、G、H 等施工单位报名投标，经事务所资格预审均符合要求，但建设单位以 A 施工单位是外地企业为由不同意其参加投标，而事务所坚持认为 A 施工单位有资格参加投标。

评标委员会由 5 人组成，其中当地建设行政管理部门的招投标管理办公室主任 1 人、建设单位代表 1 人、政府提供的专家库中抽取的技术经济专家 3 人。

评标时发现，B 施工单位投标报价明显低于其他投标单位报价且未能合理说明理由；D 施工单位投标报价大写金额小于小写金额；F 施工单位投标文件提供的检验标准和方法不符合招标文件的要求；H 施工单位投标文件中某分项工程的报价有个别漏项；其他施工单位的投标文件均符合招标文件要求。

建设单位最终确定 G 施工单位中标，并按照《建设工程施工合同（示范文本）》与该施工单位签订了施工合同。

工程按期进入安装调试阶段后，由于雷电引发了一场火灾。火灾结束后 48 小时内，G 施工单位向项目监理机构通报了火灾损失情况：工程本身损失 150 万元；总价值 100 万元的待安装设备彻底报废；G 施工单位人员烧伤所需医疗费及补偿费预计 15 万元；租赁的施工设备损坏赔偿 10 万元；其他单位临时停放在现场的一辆价值 25 万元的汽车被烧毁。另外，大火扑灭过程中 G 施工单位停工 5 天，造成其他施工机械闲置损失 2 万元以及按照工程师指示留在现场的管理保卫人员费用支出 1 万元，并预计工程所需清理、修复费用 200 万元。损失情况经项目造价工程师审核属实。

结合案例，请回答以下问题，并说明理由：

1. 指出建设单位在造价事务所招标和委托合同签订过程中的不妥之处，并说明理由。

2. 在施工招标资格预审中，造价事务所认为 A 施工单位有资格参加投标是否正确？说明理由。

3. 指出施工招标评标委员会组成的不妥之处，说明理由，并写出正确做法。

4. 判别 B、D、F、H 四家施工单位的投标是否为有效标？说明理由。

5. 安装调试阶段发生的这场火灾是否属于不可抗力？指出建设单位和 G 施工单位应各自承担哪些损失或费用（不考虑保险因素）？

案例三：格力空调政府采购案例

2008 年 9 月 28 日至 10 月 29 日，广州市番禺中心医院空调安装采购项目公开进行了招标。其中，集中采购机构为广州市政府采购中心，评审方法为综合评标法，评审标准有三，即技术、商务、价格，其各占总分的 45%、15%、40%。

2008 年 11 月 4 日，经评标委员会按上述评审方法和评审标准对各投标文件进行评审，格力被推荐为第一候选成交供应商。

2008 年 11 月 5 日，格力按广州市政府采购中心及招标文件要求，提供投标文件中的商务文件原件供采购人核对。

2008 年 11 月 10 日，采购人广州市番禺中心医院向广州市采购中心发函，并抄送番禺区政府采购管理办公室，称格力的投标设备技术实质上不能满足招标文件打星的条款。

2008 年 11 月 18 日，广州市政府采购中心组织原评标委员会对采购结果进行复审，并将复审结果提交采购人确认。

2008 年 11 月 21 日，广州市政府采购中心根据复审结果发布中标通知，确定广东省石油化工建设集团公司为中标供应商，中标金额为 2151.1887 万元，这个价格高出格力的报价 440 多万元。

2008 年 11 月 24 日，格力向广州市政府采购中心提出质疑。2008 年 11 月 27 日，广州市政府采购中心作出答复。

2008 年 12 月 22 日，因对广州市政府采购中心的质疑答复不满意，格力向番禺区财政局提出投诉。

2009 年 1 月 22 日，依据 2008 年 11 月 18 日复审结果，番禺区财政局作出不支持格力投诉请求的投诉处理决定（番财采 [2009] 1 号）。

2009 年 4 月 22 日，格力就番财采 [2009] 1 号投诉处理决定向广州市财政局提起行政复议。广州市财政局认为，2008 年 11 月 18 日复审结果违法，仅以复审结果推翻开标当日评审结果有失公正，据此作出撤销番禺区财政局作出的番财采 [2009] 1 号投诉处理决定，并责令番禺区财政局重新作出处理决定。

2009 年 6 月 9 日，广州市政府采购中心重新抽取专家专门就格力投标文件评审，并作格力投标文件未响应招标文件的评审结论。

2009 年 6 月 16 日，根据 2009 年 6 月 9 日专家评审结果，番禺区财政局作出驳回格力投诉（番财采 [2009] 9 号）。

2009 年 7 月 22 日格力就番财采 [2009] 9 号投诉处理决定，仍向广州市财政局提起行政复议。

2009 年 9 月 28 日，广州市财政局作出复议决定，并于 2009 年 9 月 29 日送达给格力。

鉴于广州市财政局改变了番禺区财政局所作出的投诉处理决定，2009 年 10 月 12 日，格力被迫无奈与广州市财政局对簿公堂。本案已于 2009 年 11 月 2 日在广州市天河区人民法院开庭审理。

在质疑、投诉、行政复议过程中，广州市番禺中心医院空调已由广东省石油化工建设集团公司安装完毕。

结合案例，请回答以下问题，并说明理由：

该政府采购案中，三次评审活动的法律效力如何？谁是项目的合法中标人？

案例四：天意公司招投标案例

2008 年 7 月，天意公司为采购一批价值约 300 万元的设备，委托当地一家招投标公司组成评标委员会进行招、投标活动。百利公司通过现场竞标后，经评议被确定为中标单位。次日，天意公司向百利公司核发中标通知书。但百利公司被确定为中标人后，拒绝与天意公司签订书面合同。

结合案例，请回答以下问题，并说明理由：

百利公司中标后拒绝与天意公司签订书面合同，应不应该承担法律责任？如果应该承担法律责任，那是何种法律责任？

案例五：招标文件实质性内容的澄清

一仪器设备采购结束后，采购人向当地财政部门反映中标结果的产生存在违法行为。经调查，因该公司在对其投标文件进行澄清时涉及变更实质性内容，中标结果被判无效。

在此次采购中，S公司被确定为中标候选人。采购结果确定后，采购人向采购部门反映：该中标结果的产生存在违法行为，不同意确定S公司为中标候选人。当地采购部门调查发现，该项目评标时，S公司曾对其投标文件进行过澄清。该公司在澄清时，把投标文件中缺少的技术要求澄清为"投标文件没有写明但招标文件有要求的内容"，评标委员会认定该澄清有效，确定其为中标供应商。

但当地财政部门认为，S公司澄清的内容超出了投标文件的范围，已变更投标文件的实质性内容。以上行为违反了《政府采购货物和服务招标投标管理办法》第五十四、五十五条的规定。

因此，根据《政府采购货物和服务招标投标管理办法》第七十七条的规定，认定评标委员会未按招标文件规定的评标方法和标准进行评标，裁定此次采购的中标结果无效。

结合案例，请回答以下问题，并说明理由：

供应商究竟可以对哪些内容进行澄清？澄清需求到底是由评标委员会提出还是供应商提出？

案例六：招投标供应商违约处理案例

2004年5月9日，环宇公司参加了福建省升华招标代理有限公司组织的政府采购项目，经评审后中标，并与采购单位签订了供货合同。后环宇公司提出无法正常供货，并要求取消原供货合同。同年9月7日，福州市财政局对供应商不履行政府采购合同的行为，根据我国《合同法》和《政府采购法》第五十条及有关文件规定，对供应商作出行政处罚决定：取消环宇公司政府采购供应商资格，从2004年9月1日至2005年8月31日，不得参加福州市政府集中采购同类项目的投标，并处没收该项目履约保证金。

结合案例，请回答以下问题，并说明理由：

本案例中，你认为财政局对供应商的处罚是否恰当？供应商环宇公司提出无法正常供货，应当承担什么责任？

案例七：电视信号转播车招投标案例

某省广播电视局为转播重大比赛欲采购五辆电视信号转播车。按照该省集中采购目录规定，此项目可实行部门集中采购，自行组织招投标。

这是广播电视局近年来预算金额最大的一个采购项目，因此吸引了省内外供应商前来购买招标文件。广播电视局提前做了大量工作，进行周密准备。上午9点整，电视信号转播车项目准时开标。现场共有五家供应商准时递交了投标文件，但是每家供应商都派了四五名代表来到开标现场，使得本就不大的开标室显得喧闹拥挤。开标组织者一再维持现场秩序，但是供应商代表们似乎是过于关心项目的进展，现场始终无法完全安静。

按照开标程序，现场监督人员与开标组织人员开始一起检查投标文件的密封情况。前四家供应商的招标文件都无任何密封问题，可是当检查到第五个招标文件时，一个U盘从密封得不太牢固的信封中滑落。原来，广播电视局为了方便评审，特意在招标文件中要求所有投标供应商需使用U盘提供电子版的开标一览表。

看到这种情况，检查人员简单商量后，认为虽然U盘滑落但是其中内容并没有泄露，因此并不能认定该投标文件的密封情况有问题。

现场的所有投标供应商也都看到了这一情况。当他们发现检查人员作出了忽略U盘滑落的决定后，供应商B的一位代表现场提出了口头质疑。该供应商的理由是，不管U盘的内容是否泄露，都不符合招标文件中"U盘必须同招标文件一同密封好且不得单独上交"的规定。他认为，提交此投标文件的供应商不符合招标文件的密封要求，因此投标无效。此一提议顿时引起了现场其他供应商的附和。

看到这种情况，广播电视局的招标组织者十分反感。他们当场斥责了供应商B，认为其质疑不符合规定，并作出驱逐其所有代表的决定。供应商B仍然不依不饶，他们当即在开标现场外写了一封书面的质疑书欲交给采购人，但是也被采购人拒收。

两天之后，电视信号转播车采购项目的中标结果还未公布，广播电视局就收到了由该省政府采购监管部门转发的来自于供应商B的投诉书。广播电视局虽然也对当时的情景和自己作出决定的理由进行了书面申明，但是仍然被判败诉。

结合案例，请回答以下问题，并说明理由：

该省政府采购监管部门判广播电视局败诉是否恰当？有何法律依据？

五、参考答案

（一）单选答案（本题共 20 小题）

1	2	3	4	5	6	7	8	9	10
B	C	B	B	C	B	A	B	D	D
11	12	13	14	15	16	17	18	19	20
B	D	A	B	B	D	C	D	C	B

（二）多选答案（本题共 16 小题）

1	2	3	4	5	6	7	8	9	10
BD	AB	AB	AD	ABD	ABC	ABC	CD	ABCDE	AB
11	12	13	14	15	16				
ACD	ABCDE	AB	ACD	ABCE	ABCD				

（三）名词解释答案（本题共 13 小题）

1. 答：政府采购，是指各级国家机关、事业单位和团体组织，使用财政性资金采购依法制定的集中采购目录以内的或者采购限额标准以上的货物、工程和服务的行为。

2. 答：采购代理机构，是指依法取得资格认定、接受采购委托，在委托的范围内办理政府采购事宜的中介代理机构。

3. 答：招标，指采购人事先公布采购的货物、工程、服务的条件和要求，邀请一定数量的潜在投标人参加投标，并按照规定的程序和条件从实际投标人中选择中标人作为交易对象的行为。

4. 答：公开招标，指以招标公告的方式邀请不特定的法人或者其他组织投标。

5. 答：邀请招标，指以邀请投标书的方式邀请特定的法人或者其他组织投标。

6. 答：联合体共同投标，指两个以上法人或者其他组织组成一个联合体，以一个投标人的身份共同投标。联合体共同投标的优点在于可以集中各方的优势经济、技术力量，发挥联合体各方的优势，增强投标人的整体实力，进而使联合体各方共同中标的机会更大。

7. 答：开标，指招标人根据招标文件的规定在指定的时间和地点将所有的投标人的投标文件公开启封的行为。

8. 答：评标，指招标人依法组建的评标委员会依照招标文件规定的评标标准和评标办法，对各投标人的投标文件进行评价和比较，从中选出最佳的投标人作为交易对象的行为。

9. 答：转包，指中标人将采购合同整体转让给第三人的行为。

10. 答：分包，指招标人将项目的一部分转给第三人完成的行为。

11. 答：竞争性谈判采购，是指采购机关直接邀请三家以上的供应商就采购事宜进行谈判的采购方式。

12. 答：单一来源采购，是指采购机关向供应商直接购买的采购方式。

13. 答：询价采购，是指对三家以上的供应商提供的报价进行比较，以确保价格具有竞争性的采购方式。

（四）判断答案（本题共 21 小题）

1	2	3	4	5	6	7	8	9	10
×	×	√	×	×	×	√	×	×	×
11	12	13	14	15	16	17	18	19	20
×	√	×	×	×	×	×	√	√	×
21									
√									

（五）简答答案（本题共 21 小题）

1. 答：政府采购应当遵循以下原则：

（1）政府采购应当遵循公开透明原则、公平竞争原则、公正原则和诚实信用原则。

（2）本国采购原则。政府采购应当采购本国货物、工程和服务。但有法律规定的特殊情形之一的除外。

（3）回避原则。在政府采购活动中，采购人员及相关人员与供应商有利害关系的，必须回避。

2. 答：有下列情形之一的政府采购，不适用《政府采购法》：

（1）涉及国家安全和秘密的。

（2）因战争、自然灾害等不可抗力因素，需紧急采购的。

（3）人民生命财产遭受危险，需紧急采购的。

（4）我国驻境外机构在境外采购的。

（5）财政部及省级人民政府（含计划单列市）认定的其他情形。

（6）使用国际组织和外国政府贷款进行的政府采购，贷款方、资金提供方与中方达成的协议对采购的具体条件另有规定的，可以适用其规定，但不得损害国家利益和社会公共利益。

3. 答：政府采购中，采购人有以下权利：

（1）选择采购代理机构权。为了保证采购人的自主经营权不受侵犯，采购人有权自行选择采购代理机构，任何单位和个人不得以任何方式为采购人指定采购代理机构。

（2）审查供应商资格权。为了保证政府采购的质量以及采购程序的效率，采购人有权对参与政府采购的供应商设置一定的条件，并依据这些条件对供应商进行资格审查。

（3）采购履约验收权。采购人或者其委托的采购代理机构应当组织对供应商履约的验收。

4. 答：政府采购中的采购人应承担以下义务：

（1）保证公平竞争的义务。采购人不得以不合理的条件对供应商实行差别待遇或者歧视待遇，不得在招标采购过程中与投标人进行协商谈判，不得与供应商或者采购代理机构恶意串通，不得在采购过程中接受贿赂或者获取其他不正当利益，不得擅自委托不具备政府采购业务代理资格的机构办理采购事务。

（2）公开义务。政府采购的信息、采购标准、完成后的采购结果应当在政府采购监督管理部门指定的媒体上及时向社会公开发布，但涉及商业秘密的除外。

（3）接受监督的义务。采购人不得拒绝有关部门依法实施的监督检查，也不得在有关部门依法实施的监督检查中提供虚假情况。

（4）及时签订采购合同的义务。

（5）诚实信用义务。采购人在公布采购标准之后应当严格按照事先公布的标准对供应商进行资格审查，按照事先公布的标准进行评标，不得擅自提高采购标准。

（6）保密义务。采购人对于因为组织采购活动而获得的商业秘密应当负有保密义务，另外，采购人对于政府采购过程中的一些特殊事项（如不能在开标前泄露标底）也负有保密义务。

5. 答：政府采购应当采购本国货物、工程和服务。但有下列情形之一的除外：

（1）需要采购的货物、工程或者服务在中国境内无法获取或者无法以合理的商业条件获取的。

（2）为在中国境外使用而进行采购的。

（3）其他法律、行政法规另有规定的。

6. 答：供应商参加政府采购活动应当具备以下条件：

（1）具有独立承担民事责任的能力。

（2）具有良好的商业信誉和健全的财务会计制度。

（3）具有履行合同所必需的设备和专业技术能力。

（4）有依法缴纳税收和社会保障资金的良好记录。

（5）参加政府采购活动前三年内，在经营活动中没有重大违法记录。

（6）法律、行政法规规定的其他条件。

7. 答：政府采购中，供应商具有以下权利：

（1）平等竞争权。供应商在政府采购程序中应当有权平等地获得政府信息、平等地取得供应商资格、平等自主地签订政府采购合同。

（2）监督权。供应商为了保证其在政府采购程序中的合法利益不受侵害，有权对政府采购程序进行监督。

（3）询问权。供应商对政府采购活动事项有疑问的，可以向采购人或者采购代理机构提出询问。

（4）质疑权。供应商认为采购文件、采购过程和中标、成交结果使自己的权益受到损害的，可以在知道或者应知其权益受到损害之日起7个工作日内，以书面形式向采购人或者采购代理机构提出质疑。

（5）投诉权。质疑供应商对采购人、采购代理机构的答复不满意或者采购人、采购代理机构未在规定的时间内作出答复的，可以在答复期满后15个工作日内向同级政府采购监督管理部门投诉。

（6）起诉权。投诉人对政府采购监督管理部门的投诉处理决定不服或者政府采购监督管理部门逾期未作处理的，可以依法申请行政复议或者向人民法院提起行政诉讼。

8. 答：供应商有下列情形之一的，处以采购金额千分之五以上千分之十以下的罚款，列入不良行为记录名单，在1~3年内禁止参加政府采购活动，有违法所得的，并处没收违法所得，情节严重的，由工商行政管理机关吊销营业执照；构成犯罪的，依法追究刑事责任：

（1）提供虚假材料谋取中标、成交的。

（2）采取不正当手段诋毁、排挤其他供应商的。

（3）与采购人、其他供应商或者采购代理机构恶意串通的。

（4）向采购人、采购代理机构行贿或者提供其他不正当利益的。

（5）在招标采购过程中与采购人进行协商谈判的。

（6）拒绝有关部门监督检查或者提供虚假情况的。

供应商有前款第（1）~（5）项情形之一的，中标、成交无效。

供应商的上述违法行为给他人造成损失的，应依照有关民事法律规定承担民事责任。

9. 答：政府采购中，采购代理机构应具备以下资质：

（1）资格条件。采购代理机构应当依法成立，具有法人资格。

（2）人员条件。采购代理机构的人员必须具备相应的采购理论知识与采购实践经验，熟悉采购业务以及有关法律法规的规定。

（3）制度条件。采购代理机构应当建立独立健全的内部组织机制和监督管理制度，并且与行政机关不得存在隶属关系或者其他利益关系。

（4）能力条件。采购代理机构应当具有采用现代化科学手段完成政府采购代理工作的能力和条件。

（5）其他条件。采购代理机构还应当具备法律法规所规定的在某些特定领域所应当具备的特殊条件。

10. 答：评审专家有下列情况之一的，财政部门将取消其政府采购评审专家资格：

（1）故意并且严重损害采购人、供应商等正当权益的。

（2）违反国家有关廉洁自律规定，私下接触或收受参与政府采购活动的供应商及有关业务单位的财物或者好处的。

（3）违反政府采购规定向外界透露有关评审情况及其他信息，给招标结果带来实质影响的。

（4）评审专家之间私下达成一致意见，违背公正、公开原则，影响和干预评标结果的。

（5）以政府采购名义从事有损政府采购形象的其他活动的。

（6）弄虚作假骗取评审专家资格的。

（7）评审意见严重违反政府采购有关政策规定的。

11. 答：公开招标公告应当包括下列内容：

（1）采购人、采购代理机构的名称、地址和联系方式。

（2）招标项目的名称、用途、数量、简要技术要求或者招标项目的性质。

（3）供应商资格要求。

（4）获取招标文件的时间、地点、方式及招标文件售价。

（5）投标截止时间、开标时间及地点。

（6）采购项目联系人姓名和电话。

12. 答：编制政府采购预算，汇编政府采购计划，确定并执行采购方式，签订及履行采购合同，验收，结算。

13. 答：（1）编制招标文件，发出招标广告或招标通知书。

（2）招标单位对申请投标的企业进行资格审查。

（3）招标单位组织投标企业勘察工程现场，解答招标文件中的疑点。

（4）投标企业密封报送标书。

（5）当众开标、议标，审查标书，确定中标单位，发出中标通知书。

（6）招标单位与中标企业签订承发包合同。

14. 答：招标公告和投标邀请书的联系：两者都是向潜在投标人发出的有关招标信息的基本文件，使潜在投标人知晓招标项目的存在以及一些基本的情况和要求；都相当于《合同法》上的要约邀请。

招标公告和投标邀请书的不同点：招标公告的对象是不特定的潜在投标人，而投标邀请书的对象是特定的；招标公告用在公开招标方式中，而投标邀请书用在邀请招标方式中。

15. 答：联合体投标应当符合下列条件：

（1）两个以上的法人或者其他组织。

（2）联合体是一个临时性的组织，不具有法人资格。

（3）联合体将以一个投标人的身份参加投标，联合体投标的组成成员不得再单独参加该项目的投标。

（4）联合体将来如果中标的，联合体的组成各方将就中标项目对外承担连带责任。

（5）联合体各方都必须具备招标项目所要求的资质等级。

16. 答：投标文件一般应当包含下列内容：

（1）基本性内容。

①商务性内容。主要是投标书，投标人应当按照招标人的要求填写投标项目的名称、投标人的名称、地址、投标保证、投标总价、投标人签章等。

②规程性内容。投标文件的格式、语言、报价货币。

③资格性内容。一般包括投标人的资信证明文件（有分包人的还应当提供分包人的资信证明文件）、投标代理人还应当提供授权投标委托书及证明文件、联合投标体还应当提供各个联合投标人共同签署的联合协议。

（2）技术性内容。施工计划（包括施工进度与施工方法）、质量技术规范、工程机械、设备清单。

（3）价格性内容。报价单、供货单以及主要的合同条款，如采购合同标的、数量、质量、价款或者报酬、履行期限、地点和方式。还可以包括解决争议的方法和违约责任的承担。

17. 答：评标委员会的评标标准主要有以下两种：

（1）最低投标价标准。一般情况下，评标委员会的评标标准采取最低投标价标准，即在全部满足招标文件的实质性要求的前提下，以报价最低的投标人作为中标人。

（2）综合评标标准。该标准对招标项目的各项指标全部量化，在最大限度满足招标文件实质性要求的前提下，将各项指标总分最高的投标人作为中标人。该标准主要适用于采购项目技术含量较高，或者对招标项目的其他方面有附属要求的采购项目。

18. 答：在以招投标方式进行政府采购时，分包须受到以下限制：

（1）分包须中标人按照合同约定或者经招标人同意。如果合同有约定的，中标人有权按照合同的约定将项目分包。如果合同没有约定的，中标人的分包必须经过招标人的同意，以此对其施加必要的监督。

（2）只得将部分非主体、非关键性工作分包。

（3）接受分包的人应当具备相应的资格条件。

（4）不得再次分包。

（5）中标人应当就分包项目向招标人负责，接受分包的人就分包项目承担连带责任。

19. 答：在招标采购中，出现下列情形之一的，应予废标：

（1）符合专业条件的供应商或者对招标文件作实质响应的供应商不足三家的。

（2）出现法律规定的影响采购公正的违法违规行为的，中标无效。

①招标代理机构违反招标投标法规定，泄露应当保密的与招标投标活动有关的情况和资料的，或者与招标人、投标人串通损害国家利益、社会公共利益或者他人合法权益，并影响中标结果的。

②依法必须进行招标的项目的招标人向他人透露已获取招标文件的潜在投标人的名称、数量或者可能影响公平竞争的有关招标投标的其他情况的，或者泄露标底，并影响中标结果的。

③依法必须进行招标的项目，招标人违反招标投标法规定，与投标人就投标价格、投标方案等实质性内容进行谈判，并影响中标结果的。

④投标人相互串通投标或者与招标人串通投标的，投标人以向招标人或者评标委员会成员行贿的手段谋取中标。

⑤投标人以他人名义投标或者以其他方式弄虚作假，骗取中标的。

⑥招标人在评标委员会依法推荐的中标候选人以外确定中标人的，依法必须进行招标的项目在所有投标被评标委员会否决后自行确定中标人的。

（3）投标人的报价均超过了采购预算，采购人不能支付的。

（4）因重大变故，采购任务取消的。

20.答：符合下列情形之一的货物或者服务，可以依法采用竞争性谈判方式采购：

（1）招标后没有供应商投标或者没有合格标的或者重新招标未能成立的。

（2）技术复杂或者性质特殊，不能确定详细规格或者具体要求的。

（3）采用招标所需时间不能满足用户紧急需要的。

（4）不能事先计算出价格总额的。

21.答：符合下列情形之一的货物或者服务，可以依法采用单一来源方式采购：

（1）只能从唯一供应商处采购的。

（2）发生了不可预见的紧急情况不能从其他供应商处采购的。

（3）必须保证原有采购项目一致性或者服务配套的要求，需要继续从原供应商处添购，且添购资金总额不超过原合同采购金额10%的。

（六）论述答案（本题共6小题）

1.答：《政府采购法》中的政府采购具有以下特征：

（1）政府采购主体的特定性。政府采购主体又称政府采购人，政府采购主体除了政府以外，还包括其他国家机关、事业单位和团体组织，范围比通常意义上的政府要大。

（2）政府采购资金的特定性。并非所有的政府采购都要适用《政府采购法》，适用《政府采购法》的政府采购所使用的必须是财政性资金。

（3）政府采购项目范围的特定性。并非所有适用财政性资金的政府采购都要适用《政府采购法》的规定，《政府采购法》的适用对象是依法制定的集中采购目录以内的，或者采购限额标准以上的货物、工程和服务采购。对因人民生命财产遭受危险，或者因战争、严重自然灾害和其他不可抗力事件所实施的紧急采购和涉及国家安全和秘密的采购，不适用《政府采购法》的规定。

（4）政府采购对象的特定性。政府采购应当采购本国货物、工程和服务，这是由采购国货的政策决定的。但有规定特殊情形的，可以采购国外货物、工程和服务。

2. 答：采购人有下列情形之一的，责令限期改正，给予警告，可以并处罚款，对直接负责的主管人员和其他直接责任人员，由其行政主管部门或者有关机关给予处分，并予通报：

(1) 应当采用公开招标方式而擅自采用其他方式采购的。

(2) 擅自提高采购标准的。

(3) 委托不具备政府采购业务代理资格的机构办理采购事务的。

(4) 以不合理的条件对供应商实行差别待遇或者歧视待遇的。

(5) 在招标采购过程中与投标人进行协商谈判的。

(6) 中标、成交通知书发出后不与中标、成交供应商签订采购合同的。

(7) 拒绝有关部门依法实施监督检查的。

采购人、采购代理机构及其工作人员有下列情形之一，构成犯罪的，依法追究刑事责任；尚不构成犯罪的，处以罚款，有违法所得的，并处没收违法所得，属于国家机关工作人员的，依法给予行政处分：

(1) 与供应商或者采购代理机构恶意串通的。

(2) 在采购过程中接受贿赂或者获取其他不正当利益的。

(3) 在有关部门依法实施的监督检查中提供虚假情况的。

(4) 开标前泄露标底的。

采购人的上述 11 项违法行为之一影响中标、成交结果或者可能影响中标、成交结果的，按下列情况分别处理：

(1) 未确定中标、成交供应商的，终止采购活动。

(2) 中标、成交供应商已经确定但采购合同尚未履行的，撤销合同，从合格的中标、成交候选人中另行确定中标、成交供应商。

(3) 采购合同已经履行的，给采购人、供应商造成损失的，由责任人承担赔偿责任。

采购人的上述违法行为给他人造成损失的，应依照有关民事法律规定承担民事责任。

3. 答：竞争性谈判采购，是指采购机关直接邀请三家以上的供应商就采购事宜进行谈判的采购方式。

(1) 与招标采购方式相比，竞争性谈判采购方式的优点在于以下几点：

①周期短，工作量小，采购项目能够更快地完成，及时满足使用单位的需求。采用竞争性谈判方式进行采购的，采购人可以直接与合格供应商进行谈判而无须编制招标文件，也无须再对众多的投标人进行资格审查，供应商可以直接向采购人发出报价而无须制作投标文件。由于上述工作量的缩减，采购程序可以在较短的时间内完成，减少了时间成本的投入，使得采购程序的进行更加具有效率。

②采购人可以与供应商进行更为灵活的谈判，更好地适应使用单位的需求。在招标程序中，采购人一般情况下不能对投标文书进行随意地修改，这有可能出现各个投标人均符合条件，均具有一定方面的优势，但是却没有一个投标人脱颖而出的情况。根据《招标投标法》的规定，招标人在没有最优选择的情况下，不得不选择"相对较优"，最终导致

采购的产品并不是各方面都能达到最优的使用标准。而竞争性谈判则不然，在灵活的出价与反出价的过程中，采购人可以利用各个供应商之间的竞争进行实时的平衡与施压，就以采购产品的品牌、数量、性能、价格、售后服务等内容进行反复谈判，最终在各个供应商的报价中选择最优者作为最终的成交供应商。

③更好地保护民族产业。招标程序由于实行公开原则和平等原则，所有的国内外供应商都有权平等地参与竞争，而在竞争性谈判程序中，采购人可以更好地照顾到民族产业，对于相对国外供应商而言实力较弱的国内供应商，采购人可以给予更多的政策性倾斜，在保证催告产品质量的基础上，尽量向民族企业发出谈判邀请，进而帮助民族产业更快地发展。

（2）竞争性谈判采购的缺点有以下几点：

①在谈判供应商的选择问题上，由于采购人享有较大的自由，容易造成采购人权力的滥用。在招标程序中，只要符合招标要求的供应商都可以参加投标，采购人只能通过在合法的条件下设置一定的条件来对供应商的资格进行限制，而采购人在竞争性谈判中对谈判供应商方面的选择权要大得多，采购人可以在法律允许的范围内依据自己的需要来选择谈判供应商。这样的好处在于效率的提高，但对于其他供应商而言却并不是非常公平，而且具体的采购人员在选择谈判供应商时可能会受到某些不法因素的干预，导致腐败现象的出现。

②由于参与谈判的供应商数量较少，一些情况下也可能导致不能采购到符合要求的产品而需要重新进行采购。由于参与谈判的供应商较少，在经过谈判以后也许采购人会发现并没有合适的供应商可以成为成交对象，于是采购人不得不重新邀请新的供应商加入另一轮谈判，这样在一定程度上也使得采购程序出现一定的拖延。

4. 答：询价采购，是指对三家以上的供应商提供的报价进行比较，以确保价格具有竞争性的采购方式。询价采购与招标采购程序、竞争性谈判采购程序的相同点在于都属于一种竞争性程序，而且询价采购与招标采购相同点是两者都不存在谈判的过程，都是在对报价进行比较的基础上确定供应商，这一点与竞争性谈判不同。询价采购和公开招标采购的不同点在于询价采购程序中的采购人是向特定的供应商发出询价邀请，而公开招标采购中的采购人是公开向社会上不特定的供应商发出招标公告，邀请这些供应商参与竞标。询价采购与单一来源采购的区别在于询价采购程序中存在多家供应商的竞争，而单一来源采购程序中则不存在竞争。

从上述对询价采购与其他政府采购方式的比较可以看出，询价采购方式具有一定的竞争性，有利于降低采购成本，促进公平竞争，保证交易的公平性，维护采购方与供应商双方的共同利益。询价采购方式的缺点在于程序的公开性不够，有可能会存在"暗箱操作"，容易滋生腐败。

采购的货物规格、标准统一、现货货源充足且价格变化幅度小的政府采购项目，可以采用询价方式采购。

采取询价采购方式采购的，应当遵循下列程序：

（1）成立询价小组。询价小组由采购人的代表和有关专家共 3 人以上的单数组成，其中专家的人数不得少于成员总数的 2/3。询价小组应当对采购项目的价格构成和评定成交的标准等事项作出规定。

（2）确定被询价的供应商名单。询价小组根据采购需求，从符合相应资格条件的供应商名单中确定不少于三家的供应商，并向其发出询价通知书让其报价。

（3）询价。询价小组要求被询价的供应商一次报出不得更改的价格。

（4）确定成交供应商。采购人根据符合采购需求、质量和服务相等且报价最低的原则确定成交供应商，并将结果通知所有被询价的未成交的供应商。

5. 答：《政府采购法》中，对供应商有三种救济方式：询问、质疑和投诉。

供应商对政府采购活动事项有疑问的，可以向采购人或者采购代理机构提出询问，采购人或者采购代理机构应当及时作出答复。

供应商认为采购文件、采购过程和中标、成交结果使自己的权益受到损害的，可以在知道或者应知其权益受到损害之日起 7 个工作日内，以书面形式向采购人或者采购代理机构提出质疑；采购人或者采购代理机构应当在受到供应商的书面质疑后 7 个工作日内作出答复，并以书面形式通知质疑的供应商和其他有关供应商。

当质疑的供应商对采购人、采购代理机构的答复不满意或者采购人、采购代理机构未在规定的时间内作出答复的，可以在答复期满后 15 个工作日内向同级政府采购监督管理部门投诉。投诉人投诉时，应当提交投诉书，并按照被投诉采购人、采购代理机构和与投诉事项有关的供应商数量提供投诉书的副本。

财政部门收到投诉书后，应当在 5 个工作日内进行审查，对不符合投诉条件的，按规定予以处理；对符合条件的投诉，在收到投诉后 30 个工作日内，对投诉事项作出处理决定，并以书面形式通知投诉人和投诉事项有关的当事人。

6. 答：所谓程序的公开性，指的是与招标投标有关的信息应当向投标人以及社会公开，并依法接受社会公众的监督，应当通过国家指定的报刊、信息网络或者其他媒介发布。招标文件应当包括招标项目的技术要求、对投标人资格审查的标准、投标报标要求和评标标准等所有实质性要求和条件以及拟签订合同的主要条款。评标委员会成员不得私下接触投标人，不得收受投标人的财物或者其他好处。开标应当公开进行，并邀请所有投标人参加。

程序的保密性指的是评标过程的保密性。招标人应当采取必要的措施，保证评标在严格保密的条件下进行，保证评标的过程和结果不会受到任何单位和个人的非法干预和影响。评标委员会和参与评标的有关工作人员不得透露投标文件的评审和比较、中标候选人的推荐情况以及与评标有关的其他情况。

（七）案例分析答案（本题共 7 小题）

案例一：

1. 答：江亚集团投诉请求无效。首先，某办公大楼的装饰装修工程评标结果 2004 年

8 月 17 日就已经知晓，而江亚集团提起投诉的时间为 2005 年 6 月 2 日，法律规定"供应商认为采购文件、采购过程和中标、成交结果使自己的权益受到损害的，可以在知道或者应知其权益受到损害之日起 7 个工作日内，以书面形式向采购人提出质疑。""质疑供应商对采购人、采购代理机构的答复不满意或者采购人、采购代理机构未在规定的时间内作出答复的，可以在答复期满后 15 个工作日内向同级政府采购监督管理部门投诉。"江亚集团未按法定程序在法定的期限内提出质疑，因此驳回江亚集团的该项投诉请求。

2. 答：由广美公司赔偿给采购人造成的损失，取消其 3 年内参加政府采购招标项目的投标资格并予以公告。广美公司的中标价略高于招标项目的有效成本，但在实施工程的过程中，擅自变更设计要求、降低材料质量，使得采购人的利益受到损害，法律规定"中标人不履行与招标人订立的合同的，履约保证金不予退还，给招标人造成的损失超过履约保证金数额的，还应当对超过部分予以赔偿；没有提交履约保证金的，应当对招标人的实际损失承担赔偿责任。中标人不按照与招标人订立的合同履行义务，情节严重的，取消其 2～5 年内参加依法必须进行招标的项目的投标资格并予以公告，直至由工商行政管理机关吊销营业执照"。因此，政府采购管理部门最终决定由广美公司赔偿给采购人造成的损失，并取消其 3 年内参加政府采购招标项目的投标资格并予以公告。

3. 答：附加工程不能采用单一来源采购方式由广美公司独家承揽。案例中已经知道，附属工程合同资金为 25 万元，远远超过了原中标金额 60 万元的 10%。法律规定，只有"符合下列情形之一的货物或者服务，可以依照本法采用单一来源方式采购：①只能从唯一供应商处采购的；②发生了不可预见的紧急情况不能从其他供应商处采购的；③必须保证原有采购项目一致性或者服务配套的要求，需要继续从原供应商处添购，且添购资金总额不超过原合同采购金额 10% 的"。

同时，法律也规定，"政府采购合同履行中，采购人需追加与合同标的相同的货物、工程或者服务的，在不改变合同其他条款的前提下，可以与供应商协商签订补充合同，但所有补充合同的采购金额不得超过原合同采购金额的 10%"。

因此，对于某部门大楼装修的附属工程，应由政府采购中心重新组织招标事宜。

案例二：

1. 答：在中标通知书发出后第 45 天签订委托合同不妥，依照招投标法，应于 30 天内签订合同。

在签订委托合同后双方又另行签订了一份酬金比中标价降低 10% 的协议不妥。依照《招标投标法》，招标人和中标人不得再行订立背离合同实质性内容的其他协议。

2. 答：造价事务所认为 A 施工单位有资格参加投标是正确的。以所处地区作为确定投标资格的依据是一种歧视性的依据，这是《招标投标法》明确禁止的。

3. 答：评标委员会组成不妥，不应包括当地建设行政管理部门的招投标管理办公室主任。正确组成应为："评标委员会由招标人或其委托的招标代理机构熟悉相关业务的代表以及有关技术、经济等方面的专家组成，成员人数为 5 人以上单数。其中，技术、经济等方面的专家不得少于成员总数的 2/3。"

4. 答：B、F 两家施工单位的投标不具有效标。B 的情况可以认定为低于成本，F 的情况可以认定为是明显不符合技术规格和技术标准的要求，属重大偏差。D、H 两家单位的投标是有效标，他们的情况不属于重大偏差。

5. 答：安装调试阶段发生的火灾属于不可抗力。

建设单位应承担的费用包括工程本身损失 150 万元，其他单位临时停放在现场的汽车损失 25 万元，待安装的设备的损失 100 万元，工程所需清理、修复费用 200 万元，大火扑灭过程中 G 施工单位停工 5 天，以及必要的管理保卫人员费用支出 1 万元。

施工单位应承担的费用包括施工单位人员烧伤所需医疗费及补偿费预计 15 万元，租赁的施工设备损坏赔偿 10 万元，造成其他施工机械闲置损失 2 万元。

案例三：

答：此次格力政府采购案历经三次评审活动，分别为 2008 年 11 月 4 日的评审、2008 年 11 月 18 日的复审、2009 年 6 月 9 日的第三次评审。这三次评审活动是否合法，直接关系到谁才是番禺区中心医院空调安装采购项目的中标人的问题，即格力与广东省石油化工建设集团公司谁才是该项目合法中标人。因此，有必要对这三次评审的效力进行探讨。

（1）第一次评审的效力。根据《招标投标法》关于开标评标中标的规定，招标应由依法组建的评审专家按招标文件规定的评审方法和标准，对所有有效投标文件进行评审并推荐中标候选人。就格力政府采购案而言，2008 年 11 月 4 日项目开标当日，依法组建的评标委员会按招标文件规定的综合评分法，对所有投标文件进行了评审，并最后推荐格力为第一中标候选人。由于第一次评委的组建及评审方法均合法且合乎招标文件规定，因此，第一次评审即 2008 年 11 月 4 日的评审结果显然合法有效。

（2）第二次评审即复审的效力。第二次评审的评标委员会仍为原评标委员会。但第二次评审的启动，却并非开标评审程序。而是在开标评审结束且已推荐中标候选人名单后，由番禺区财政局指定广州市政府采购中心组织原评审专家进行评审。就这样，在没有任何新证据的情况下，同一评标委员会开标当日推荐格力为第一中标候选人，而在半个月之后的复审中，却作出格力未实质响应投标文件的规定，前后结果大相径庭。

根据《招标投标法》规定，评标应在严格保密的情况下进行。而原评标委员会推荐中标人后，投标文件也不再处于保密状态，其已然丧失了再次评审的前提条件。退一步，即使原评标委员会仍要评审，但因其已具有利害关系，也无法绕开回避问题。

所以，第二次评审违法。对此，即使是广州市财政局作出的穗财法［2009］48 号行政复议决定，也不得不认定评标委员会与项目具有利害关系，所作复审违法。

（3）第三次评审的效力。第三次评审的启动，缘于采购人不满意第一次评审结果，而复审的效力又被广州市财政局以有失公正为由推翻。而广州市采购中心已按违法复审结果发布了报价高于格力 440 多万元的广东省石油化工建设集团公司为中标人。因此，为了推翻第一次评审结果，同时又为了使违法中标结果具有合法性，番禺区财政局又另行抽取专家重新组成评审委员会，专门对格力的投标文件进行评审。但第三次评审与第二次评审一样，其违法性也是显而易见：①第三次评审同样不具备评审的前提条件，即开标评审后，投标文件，包括格力的投标文件已经不具有保密状态。②第三次评审只针对格力一家进行评审，客观上造成对格力的歧视，从而严重违反政府采购之公平、公正原则。

综上，三次评审中，显然只有第一次评审合法有效，而后两次评审本身不符合评审的保密要求。因此，广东省石油化工建设集团公司据此中标并与采购人签订合同违法，格力是合法的中标人。

案例四：

答：百利公司中标后拒绝与天意公司签订书面合同，应该承担法律责任，此法律责任为缔约过失责任。

根据《招标投标法》的规定：中标人确定后，招标人应当向中标人发出中标通知书，并同时将中标结果通知所有未中标的投标人。中标通知书对招标人和中标人具有法律效力。中标通知书发出后，招标人改变中标结果的，或者中标人放弃中标项目的，应当依法承担法律责任。

百利公司在确定为中标人后，不与招标人天意公司签订合同，该行为违反了《民法》中的诚实信用原则，应承担相应的法律责任。

缔约过失责任，是指在订立合同的过程中，一方因违背其依据诚实信用原则所应尽的义务而导致另一方信赖利益的损失时所应承担的民事责任。缔约过失责任的构成应具备以下几个要件：

（1）缔约过失责任发生在合同订立阶段，如果在合同有效成立后造成对方损失的，则产生违约责任。

（2）缔约过失责任是缔约一方当事人违反先合同义务所应承担的责任。违反先合同义务是指在订立合同的过程中，缔约当事人依据诚实信用原则所应承担的义务。

（3）因一方违反诚实信用原则造成另一方信赖利益的损失。

（4）缔约一方违反先合同义务的缔约过失行为与另一方信赖利益的损失之间存在因果关系。

（5）缔约过失方主观上存在过错。该过错包括故意与过失。

百利公司在中标后不与天意公司签订合同，违反先合同义务，在主观上出于故意，客观上造成了天意公司信赖利益的损失，且二者之间存在因果关系。通过以上分析，可知，百利公司应承担缔约过失责任。

案例五：

答：（1）澄清不能作实质性改变

投标人的澄清是有条件的，只有符合招标文件和《政府采购货物和服务招标投标管理办法》的事项才能澄清。也就是说，投标人的澄清只能就可以澄清的内容进行澄清。根据《政府采购货物和服务招标投标管理办法》的规定，对投标文件中含义不明确、同类问题表述不一致或者有明显文字和计算错误的内容，评标委员会可以书面形式（应当由评标委员会专家签字）要求投标人作出必要的澄清、说明或者纠正。如果投标文件没有提供或者涉及实质性影响内容，是不能通过澄清来补交的。

　　根据《政府采购货物和服务招标投标管理办法》的规定，招标人应当在招标文件中规定并标明实质性要求和条件。投标人的投标文件应对招标文件提出的要求和条件作出实质性响应。投标人的澄清只能使其实质性响应更加具体，而不能改变招标文件的实质性内容。

　　此外，投标人的澄清、说明或者补正应当采用书面形式，由其授权的代表签字，并不得超出投标文件的范围或者改变投标文件的实质性内容。

　　（2）投标人不得主动提出澄清

　　现实中有个重要的问题是：投标人能否主动提出澄清？比如说，投标人自己发现问题，自己补交文件来澄清。

　　根据《政府采购货物和服务招标投标管理办法》规定，由评标委员会决定是否给予澄清的机会，所以我们的做法是，可以把供应商交来的文件当作评标委员会发现需要澄清问题的线索。如果评标委员会同意给予澄清，再向投标人发出澄清要求。

　　投标人被允许澄清后，还须针对评标委员会的函来回答，而不是把投标人的主动来函直接作为澄清回函。如果不允许投标人主动提出澄清，评标委员会可能会失去发现需要澄清的情况。

　　评标委员会直接将投标人的主动来函作为评审的依据时，如果同时获得采购代理机构的同意，容易引发质疑投诉。

　　所以，通常情况下，我们也会特别强调"澄清是评标委员会的事情，投标人只能根据评标委员会的请求作出澄清，不得主动提出"。

　　案例六：

　　答：本案例中，财政局对供应商的处罚不恰当。

　　在政府采购实践中，各地政府采购监管部门的观点各异，实际操作过程中一般都是对违约行为人作出行政处罚。《政府采购法》规定：政府采购合同的双方当事人不得擅自变更、中止或者终止合同。政府采购合同继续履行将损害国家利益和社会公共利益的，双方当事人应当变更、中止或者终止合同。有过错的一方应当承担赔偿责任，双方都有过错的，各自承担相应的责任。这是法律对政府采购合同当事人的行为规范，违反这一规范，不履行所约定的义务，应该承担的是民事责任而非行政责任。因为我国《政府采购法》在述及法律责任这一节中没有规定中标、成交供应商不履行政府采购合同应该承担行政责任。

　　首先，行政主体财政局禁止供应商相关交易行为无法律依据。财政局对环宇公司的违约行为作出一年内禁止交易行为，不得参加福州市政府集中采购同类项目的投标。对于实施这一具体行政行为的法律依据，行政主体援引了我国《合同法》和《政府采购法》第五十条以及有关文件。我国《合同法》在违约责任这一章节内容中，没有禁止交易或者说限制交易的规定，而所援引的政府采购法律条款只是一种义务性的行为规范，违反这一义务所需承担的法律后果也只是民事赔偿责任，而无行政责任。在法律无明文规定的情形下对供应商实施行政处罚，有悖于法律规定。我国行政处罚的依据是法定的，行政主体对于相对人实施行政处罚必须有法定依据，没有法定依据的，不得对相对人实施行政处罚。

其次，供应商应该向采购主体承担违约责任。根据我国《政府采购法》的规定，政府采购合同适用《合同法》。双方之间的权利义务和法律责任体现在政府采购合同约定中。合同当事人之一环宇公司无正当理由，提出无法正常供货，并要求取消原供货合同，一方面说明环宇公司违反了合同所约定的及时供货义务，构成违约责任；另一方面也说明了合同的供方要求提前终止合同，构成毁约行为。根据我国《合同法》的规定，当事人一方明确表示或者以自己的行为表明不履行合同义务的，对方可以在履行期限届满之前要求其承担违约责任。政府采购案件中的违约责任也就是采购主体或者供应商违反政府采购合同的民事责任。

综上所述，行政主体对环宇公司的违约行为所实施的行政处罚违反了处罚法定原则和合同相对性原则，为无效行政行为。中标、成交供应商的违约行为应该向采购主体承担违约的民事责任，但不应该承担行政责任或者其他责任。

案例七：

答：该省政府采购监管部门判广播电视局败诉是恰当的。法律有明确规定，无论是采购文件、采购过程，还是中标、成交结果，只要供应商认为对其权益造成损害，都可以在其知道或者应知之日起的7个工作日内，以书面形式向采购人提出质疑。因此，供应商在开标现场提出书面质疑，采购人应该予以接受，而非如广播电视局那样当场拒绝，但是答复质疑时间可在收到质疑书后的7个工作日内。

第六章　特定的政府采购法律制度

一、知识概述

通过本章的学习，了解特定主体、特定对象和特定资金的政府采购，熟悉该政府采购的条件和采购流程，掌握政府采购的法律规定。

二、基本概念

1. 概念1——中央单位

【说明】中央单位，是指与财政部发生预算缴款、拨款关系的国家机关、事业单位和社会团体。中央单位按预算管理权限和经费领报关系，分为主管预算单位（主管部门）、二级预算单位和基层预算单位。

2. 概念2——集中采购

【说明】集中采购，是指中央单位将属于政府集中采购目录中的政府采购项目委托集中采购机构代理的采购活动。

3. 概念3——部门集中采购

【说明】部门集中采购，是指主管部门统一组织实施部门集中采购项目的采购活动。

4. 概念4——单位自行采购

【说明】单位自行采购，也称分散采购，是指中央单位实施政府集中采购和部门集中采购范围以外、采购限额标准以上政府采购项目的采购活动。

5. 概念5——中央单位政府采购

【说明】中央单位政府采购，是指中央单位按照政府采购法律、行政法规和制度规定的方式和程序，使用财政性资金（预算资金、政府性基金和预算外资金）和与之配套的单位自筹资金，采购国务院公布的政府集中采购目录内或者采购限额标准以上的货物、工程和服务的行为。

6. 概念6——政府采购备案和审批管理

【说明】政府采购备案和审批管理，是指财政部对中央单位、集中采购机构及其他采购代理机构按规定以文件形式报送备案、审批的有关政府采购文件或采购活动事项，依法予以备案或审批的管理行为。

7. 概念7——授权采购

【说明】授权采购，是指国税系统的采购人采购《政府集中采购目录》和《国家税务局系统部门集中采购目录》中的项目，在取得国家税务总局集中采购中心授权后组织实施的采购活动。国家税务总局集中采购中心以总局文件方式进行授权或通过采购人填报《国家税务局系统集中采购项目授权采购审批表》方式进行授权。

8. 概念8——国有工业企业

【说明】国有工业企业，是指国有交通运输、建筑安装、地质勘探、商业、外贸、邮电、水利、科技等企业。国有工业企业的政府采购，是指国有工业企业购买原材料、燃料、辅料、零部件、设备、配件、办公用品、劳动保护用品以及其他物资的行为。

9. 概念9——自主创新产品

【说明】自主创新产品，是指纳入财政部公布的《政府采购自主创新产品目录》（简称"目录"）的货物和服务。目录由财政部会同科技部等有关部门在国家认定的自主创新产品范围内研究制订。采购人在政府采购活动中，应当优先购买自主创新产品。

10. 概念10——外国政府贷款项目采购

【说明】外国政府贷款项目采购，是指利用"外国政府贷款"（含日本国际协力银行不附带条件贷款、北欧投资银行贷款）和经国务院批准参照外国政府贷款管理的其他国外优惠贷款项目（简称"贷款项目"）的借款人所实施的采购行为。

11. 概念11——采购公司

【说明】采购公司，是指具有商务部颁发的《国际招标资格甲级证书》的公司（贷款国另有要求的除外），实际上相当于政府采购中的供应商。

三、重点内容

1. 特定主体的政府采购

（1）中央单位的政府采购。
（2）国家广播电影电视总局的政府采购。
（3）国家税务局系统的政府采购。
（4）国家体育总局的政府采购。
（5）国家环境总局的政府采购。
（6）国有企业的政府采购。

2. 特定对象的政府采购

（1）自主创新产品的政府采购。
（2）医疗机构的药品集中采购。

3. 特定资金的项目采购

（1）外国政府贷款项目的采购。
（2）世界银行贷款项目的采购。

四、习题与案例

(一) 单选 (本题共 20 小题)

在每小题列出的四个备选项中只有一个是符合题目要求的，请将其代码填写在题后的括号内。错选、多选或未选均无分。

1. 中央单位是指与财政部发生( )、拨款关系的国家机关、事业单位和社会团体。
A. 委托代理
B. 借贷关系
C. 预算缴款
D. 预算经费

2. 中央单位在编制下一财政年度部门预算时，应当将该财政年度政府采购项目及( )在政府采购预算表中单列，按程序逐级上报主管部门。
A. 资金预算
B. 采购计划
C. 支付金额
D. 采购数量

3. 主管部门应当按照( )批复的部门预算，分别制订政府集中采购、部门集中采购实施计划。
A. 上级部门
B. 中央单位
C. 财政部
D. 集中采购机构

4. ( )集中采购实施计划，是指主管部门根据部门集中采购项目和本部门实际，依法制订的部门集中采购项目的具体采购计划。
A. 政府
B. 部门
C. 单位
D. 联合

5. 集中采购委托代理协议可以按( )签订，也可以按年度签订一揽子协议，具体项目有特殊要求的，再另行签订补充协议。
A. 月
B. 季度
C. 供应商
D. 项目

6. 集中采购机构被授权确定中标或成交结果的，应当在集中采购工作完成后( )个工作日内，将中标结果通知委托方，并发出中标或成交通知书，同时发布中标或成交公告。
A. 15
B. 7
C. 30
D. 3

7. 中央单位的部门集中采购项目，应当实行( )采购。
A. 单位自行
B. 部门集中
C. 政府集中
D. 联合集中

8. 单位自行采购可以由项目使用单位自行组织采购，也可以委托( )或其他政府采购代理机构代理采购。
A. 政府采购机构
B. 主管部门

C. 集中采购机构　　　　　　　　　D. 中央单位

9. 实行预算管理的采购单位使用财政性资金和与财政资金相配套的单位自筹资金以及其他资金进行采购货物、工程和服务及其相关活动时，除了遵循《政府采购法》的一般规定以外，还要遵循(　　　)的特殊规定。

A. 国家行政法规　　　　　　　　　B. 广播电影电视系统内部

C. 采购机构制度　　　　　　　　　D. 财政部

10. 总局政府采购办公室及各采购单位单项采购金额或批量采购金额达到(　　　)以上的采购项目，应当实行公开招标或邀请招标的采购方式。

A. 50 万元　　　　　　　　　　　　B. 60 万元

C. 100 万元　　　　　　　　　　　D. 30 万元

11. 应当实行招标采购的项目因特殊情况需采用(　　　)、询价和单一来源采购方式的，须事先向计财司提出其他采购方式核准申请。计财司收到申请后(　　　)提出是否核准的意见。

A. 竞争性谈判　5 日内　　　　　　B. 邀请招标　3 日内

C. 竞争性谈判　3 日内　　　　　　D. 邀请招标　5 日内

12. 省级国家税务局应当根据工作需要配备一定数量的专职人员，其中综合管理岗位、合同执行岗位应当实行(　　　)配置，政府采购项目操作岗位根据工作量实行 (　　　) 配置。

A. 一岗多人　专岗专人　　　　　　B. 专岗专人　专岗多人

C. 专岗专人　一岗多人　　　　　　D. 一岗多人　专岗多人

13. 下列选项不属于评标方法的内容的是(　　　)。

A. 定量评价　　　　　　　　　　　B. 分类评价

C. 综合评价　　　　　　　　　　　D. 定性评价

14. 国税系统的政府集中采购和部门集中采购，由(　　　)根据当年国税系统集中采购项目，通过组织招标、定点采购、跟标采购、协议供货以及授权采购的方式实施。

A. 汇总系统采购计划部门　　　　　B. 项目使用部门

C. 总局机关　　　　　　　　　　　D. 国家税务总局集中采购中心

15. 采用最低评标价法评标的项目，对自主创新产品可以在评审时对其投标价格给予(　　　)幅度不等的价格扣除。

A. 1% ~3%　　　　　　　　　　　 B. 3% ~5%

C. 5% ~10%　　　　　　　　　　　D. 5% ~15%

16. 评标程序中借款人应组织成立由(　　　)评审委员（简称"评委"）组成的评审委员会（简称"评委会"）。

A. 3 ~5 名　　　　　　　　　　　　B. 5 ~7 名

C. 3 ~8 名　　　　　　　　　　　　D. 5 ~10 名

17. 各级项目办均应成立专门的招标采购组，指定专人负责。为保证工作的连续性，负责采购的人员应(　　)。

　　A. 保持相对稳定，但要定期更换　　　　B. 保持相对稳定，不能随意更换

　　C. 分成若干小组，定期更换　　　　　　D. 分成若干小组，不能随意更换

18. 下列选项不符合采购公司的资格条件的是(　　)。

　　A. 具有进出口贸易经营权

　　B. 注册资金1000万元人民币以上，资信状况良好

　　C. 有多次引进成套设备及技术的经验，近3年平均年设备进口额（到货额）5000万美元以上

　　D. 成立5年以上

19. 评标由招标人依法组建的评标委员会负责。评标委员会由药学、临床医学等方面的专家组成，参与评标的专家人数应为_____单数，其中药学专家占专家人数的比例不应低于_____。(　　)

　　A. 9～25人　1/2　　　　　　　　　　B. 9～25人　1/3

　　C. 11～29人　1/3　　　　　　　　　　D. 11～29人　1/2

20. 每年的(　　)，计财司将根据财政部的有关要求，结合总局实际，初步确定总局集中采购项目，在布置编制下一年度单位预算的同时，布置编制政府采购预算。

　　A. 第一季度　　　　　　　　　　　　　B. 第二季度

　　C. 第三季度　　　　　　　　　　　　　D. 第四季度

(二) 多选（本题共10小题）

请把正确答案的序号填写在题中的括号内，多选、漏选、错选不给分。如果全部答案的序号完全相同，例如全选ABCDE，则本大题不得分。

1. 中央单位政府采购组织形式分为 (　　)。

　　A. 政府集中采购　　　　　　　　　　　B. 政府分散采购

　　C. 部门集中采购　　　　　　　　　　　D. 部门分散采购

　　E. 单位自行采购

2. 以下哪几项属于政府采购方式 (　　)。

　　A. 公开招标　　　　　　　　　　　　　B. 邀请招标

　　C. 竞争性谈判　　　　　　　　　　　　D. 询价

　　E. 单一来源采购

3. 采购工作组成员单位由以下哪些部门组成 (　　)。

　　A. 集中采购中心　　　　　　　　　　　B. 财务管理司

　　C. 项目使用和技术部门　　　　　　　　D. 监察局

　　E. 地市级国家税务局

4. 以下哪一项属于体育经济司的履行职责 (　　)。

　　A. 宣传贯彻国家政府采购的有关政策　　B. 制定总局政府采购的有关规定

C. 负责制订总局政府采购规划　　　　D. 负责总局系统政府采购监督管理

E. 编制总局政府采购预算、制定总局部门采购和部门集中采购的目录及标准

5. 县级以及县级以上人民政府、国有企业（含国有控股企业）等举办的非营利性医疗机构在进行药品采购时必须进行集中招标采购。但有下列哪几种情形的，不实行集中招标采购（　　　）。

A. 因采购当事人临时决定，需进行紧急采购的

B. 因战争、自然灾害等，需进行紧急采购的

C. 发生重大疫情、重大事故等，需进行紧急采购的

D. 卫生部和省级人民政府认定的其他情形

E. 县级以及县级以上人民政府认定的其他情形

6. 外国政府贷款项目的采购程序中主要的当事人包括（　　　）。

A. 借款人　　　　　　　　　　　　B. 采购公司

C. 担保人　　　　　　　　　　　　D. 代理商

E. 项目单位负责人

7. 项目采购采取（　　　）的管理办法，由国家农业综合开发办公室世界银行项目管理办公室总负责，并组织实施和监督。

A. 分期分批　　　　　　　　　　　B. 上下结合

C. 统一招标　　　　　　　　　　　D. 集中采购

E. 分级负责

8. 代理服务费率为最高费率，在不超过规定最高费率的前提下，招投标各方可以协商确定具体执行的费率标准。以下哪一项符合具体的代理服务费率（　　　）。

（单个生产企业单个中标品种合同金额／最高代理服务费率）

A. 100 万元以下（含 100 万元）／ 0.5%

B. 100 万 ~120 万元（含 120 万元）／ 0.3%

C. 120 万 ~500 万元（含 500 万元）／ 0.3%

D. 500 万 ~1000 万元（含 1000 万元）／ 0.2%

E. 1000 万元以上／ 0.1%

9. 采购清单主要包括下列哪几项内容（　　　）。

A. 采购项目名称、数量　　　　　　B. 采购项目用途

C. 采购项目具体规格（技术要求）　　D. 采购项目投入使用（供货）时间

E. 其他要求或需加以特别说明的内容

10. 下列说法正确的是（　　　）。

A. 中央单位应当自中标、成交通知书发出 15 日内，与中标、成交供应商签订采购合同

B. 特殊情形政府采购结束后 10 个工作日内，总局政府采购办公室或采购单位应将特殊情形政府采购实施情况报计财司备案

C. 政府采购项目操作岗位根据工作量实行专岗专人的配置

D. 集中采购中心通过在局内公示政府采购项目的立项、采购方式、发标或谈判、询价对象、评标、谈判和询价的结果情况，实施公众监督

E. 采购单位每年10月负责将本单位下一年度政府采购计划和经费预算分别报送体育经济司、财务管理和审计中心

（三）名词解释（本题共10小题）

1. 中央单位

2. 采购公司

3. 授权采购

4. 集中采购

5. 单位自行采购

6. 中央单位政府采购

7. 国有工业企业

8. 外国政府贷款项目采购

9. 自主创新产品

10. 政府采购备案和审批管理

（四）判断（本题共 20 小题）

对的在括号内画"√"，错误的画"×"。

1. 单位自行采购可以由项目使用单位自行组织采购，也可以委托集中采购机构或其他政府采购代理机构代理采购。（　　　）

2. 政府采购项目操作岗位根据工作量实行专岗专人的配置。（　　　）

3. 财政部是中央单位政府采购的监督管理部门，履行全面的监督管理职责。（　　　）

4. 中央单位是政府集中采购的代理机构，负责承办中央单位政府集中采购操作事务。（　　　）

5. 中央单位应当自中标、成交通知书发出 15 日内，与中标、成交供应商签订采购合同。（　　　）

6. 实行国库集中支付试点改革的部门，按国库集中支付规定程序办理资金支付。（　　　）

7. 为规范总局政府采购行为，明确责任，加强管理，提高办事效率，政府采购的管理机构和采购机构要分开设立，形成制衡。（　　　）

8. 中央单位政府采购组织形式分为（财政）联合集中采购和部门（总局）统一采购两种方式。（　　　）

9. 总局统一采购和各采购单位分散采购，可委托总局政府采购办公室组织，也可以委托有资格的中介机构组织。在同等条件下，应当优先采购进口产品。（　　　）

10. 总局政府采购资金支付分为统一集中支付和采购单位支付两种方式。（　　　）

11. 特殊情形政府采购结束后 7 个工作日内，总局政府采购办公室或采购单位应将特殊情形政府采购实施情况报计财司备案。（　　　）

12. 政府采购领导小组办公室通常设在信息中心，政府采购日常工作由信息中心负责。（　　　）

13. 采购项目实施前，有关部门应当及时提交项目业务需求与技术方案。（　　）

14. 采购合同签订后，按照合同约定，供应商提出付款申请，只能由集中采购中心受理。（　　）

15. 评审专家的聘请程序应符合《政府采购法》、《招标投标法》和《政府采购评审专家管理办法》的有关规定。（　　）

16. 监察局要参与具体采购活动，并通过参加政府采购领导小组会议等，获得采购项目资料，掌握采购工作的基本情况。（　　）

17. 财政部是总局政府采购的监督管理部门。（　　）

18. 单位在编制下一财政年度部门预算时，应当将政府采购项目及资金预算在政府采购预算表中单列，按程序上报体育经济司。（　　）

19. 国家项目办组织办理的采购，招标文件技术部分的编写应根据各项目省提供的基础数据，由国家项目办及采购代理机构组织人员完成。（　　）

20. 采购公司的资格条件之一是"注册资金 500 万元人民币以上，资信状况良好"。（　　）

（五）简答（本题共 15 小题）

将答案要点写出并作简要叙述，必要时可以画出流程图或示意图进行阐述。

1. 简述中央单位政府采购的组织形式。

2. 简述财政部的主要职责。

3. 简述中央单位的政府采购中，集中采购机构的主要职责。

4. 简述部门集中采购应当遵循的工作程序。

5. 简述国家广播电影电视总局实行特殊情形政府采购的条件。

6. 简述国家税务总局采购工作组负责项目采购程序性工作的具体职责。

7. 简述国家体育总局部门集中采购代理单位主要履行的职责。

8. 简述国有金融企业集中采购项目的范围。

9. 简述投标人参加药品集中采购招标活动应当具备的条件。

10. 简述医疗机构的药品集中招标采购的流程。

11. 简述外国政府贷款项目采购中评定废标的标准。

12. 简述外国政府贷款项目采购中采购公司资格认定的条件。

13. 简述世界银行贷款项目采购中国家项目办的职责。

14. 简述世界银行贷款采购项目的招标程序。

15. 简述外国政府贷款项目采购中采购公司的认定原则。

（六）论述（本题共 8 小题）

要求阐述过程中理论联系实际、结构严谨、分析透彻，必要时可以画出流程图或示意图进行阐述。

1. 论述世界银行贷款采购项目的准备过程。

2. 论述外国政府贷款项目采购的招标程序。

3. 论述外国政府贷款项目前期的管理程序。

4. 论述自主创新产品政府采购的评审内容。

5. 论述自主创新产品的政府采购的采购预算流程。

6. 论述国家税务总局集中采购中心的职责。

7. 论述国家税务总局的政府采购程序。

8. 论述政府集中采购的工作程序。

（七）案例分析（本题共 3 小题）

案例一：投诉无效的政府采购案例

2006 年 1 月，某市政府采购中心受该市教育局的委托，以竞争性谈判方式采购一批教学仪器设备。政府采购中心接受委托后，按规定程序在监管机构规定的媒体上发布了采购信息，广泛邀请供应商参加。由于本次未涉及特许经营，采购文件也未对供应商资格提出特殊限制条件，除规定供应商具备《政府采购法》第二十二条的规定条件外，仅要求供应商提供所供仪器设备是正品的证明，并保证售后服务即可。然后政府采购中心在规定的时间内，组成谈判小组，并按规定程序，在有关部门的监督下，于 2 月 16 日履行了谈判等程序。外市的一家公司 M 从 4 家供应商中胜出，成为第一候选人。7 天后，政府采购中心正等待教育局确认结果时，收到本市一家供应商 H 的内装有书面投诉书的挂号信。其主要内容：供应商 H 是成交货物生产商在本市的唯一代理商，M 公司不是代理商，其授权书是假的，现 M 公司正在外地联系货源，要求政府采购中心查处造假者，且查处之前不得公布成交结果。政府采购中心收到挂号信后不到 2 小时，H 公司的代表也来到政府采购中心，又当面提出了上述要求。与此同时，该市财政局党委、纪检组，市纪委、监察局等部门也都收到了 H 公司的投诉书，内容都是反映政府采购中心"暗箱操作"，使"造假者成交"，严重违反了《政府采购法》等法律法规，要求市财政局党委、纪检组，市纪委、监察局等部门立即调查处理，并要求查处之前不准政府采购中心公布成交结果。后来，政府采购中心没有接受 H 公司的要求，只向其进行了解释，仍按程序在规定的时间内公布了成交结果，市财政局党委、纪检组也没有接受 H 公司的要求，而是要 H 公司认真学习《政府采购法》等法律法规，正确对待本次采购。由此可见，H 公司的投诉没有得到政府采购中心等的受理，是一次无效投诉。

请结合案例回答以下问题：

1. 从案例反映的事实来看，H 公司投诉无效的主要原因是什么？

2. 结合案例，阐述政府集中采购管理的流程。

3. 结合案例，谈谈政府采购中采购合同的规定。

案例二：某国有单位办公家具项目采购案例

某年 9 月 28 日，某采购中心就某国有单位（以下简称"采购人"）总预算为 630 万元的办公家具项目组织了公开招标，经公开开标、唱标，评标委员会对实物样品评审和对投标文件综合打分，于 10 月 6 日发布了中标公告，确定广东某公司为中标候选人，中标金额为 617 万元。正常情况下，一个采购项目到此阶段基本可以告一段落，只需采购人和中标供应商签订合同，整个采购项目即可宣告结束。但随后发生的事情，却让该项目的采购充满了波折。

中标公告发布后，有人反映该中标候选人提供的投标文件中，部分资格证明材料存在弄虚作假行为。经核查，确实发现该中标候选人的投标文件中有造假行为，采购中心最终取消了该中标候选人的中标资格，宣布该招标项目作为废标处理，并向同级政府采购监管部门建议，对该供应商进行处罚。

该办公家具项目是采购人对办公楼重新装修而进行的采购，根据工期安排，原计划于该年度 12 月底前所有办公家具必须安装到位。经核查、论证，到确认该项目作为废标处理，时间已经进入到 11 月初。再重新组织公开招标，时间上已经不允许。同时，采购人由于办公楼装修，在外临时租赁办公场所，每月仅租赁费就高达 70 多万元。因此，采购人向采购中心申请采用竞争性谈判方式进行采购。经同级监管部门批准同意，采购中心开始按照竞争性谈判方式重新组织采购。

从公开招标改为竞争性谈判，并不是简单地换个采购方式名称，采购文件的制作、采购组织的流程、项目评审的规则都与公开招标不一样，关键是在本项目中还涉及实物样品的制作和运输的时间问题。在采购文件制作过程中，采购中心与采购人产生了一定分歧，采购中心认为：一是由于采购人对项目实施的时间要求较紧，能否在采购文件中只提具体要求，不需要供应商提供实物样品；二是竞争性谈判方式的最终评审标准就是在符合采购需求、质量和服务相等的情况下，最终谈判总报价最低的供应商为成交候选人。而采购人一是坚持实物样品不可缺少，否则将无法保证产品质量；二是如果最低价者成交，不能达到好中选优的目的。

经采购中心与采购人反复协商，鉴于前期组织过公开招标，参加投标的十几家供应商已经提供过实物样品，并且采购人对这些样品基本表示认可，同时考虑到实物样品也是评审环节的重要组成部分，因此，对于提供实物样品问题，采购中心表示认可，主要原因是：即使因竞争性谈判时间紧，但有原来十几家能提供实物样品的供应商参加，也足以保证采购的竞争性。对于最终谈判总报价最低的供应商成交的分歧，采购中心则坚持不能让步，但对于如何认定符合采购需求、质量和服务相等的问题，双方商定首先对实物样品采用模糊式评审，如未出现重大负偏离的供应商，则将淘汰 3 名实物样品综合评分得分最低的谈判供应商。剩余的供应商则视同符合需求、质量和服务相等，最终谈判总报价最低的供应商成交。

基本原则确定后，又出现了新的分歧，采购人担心参加的供应商太多，最终与谈判总报价最低的供应商成交，会让一些名气不大的供应商占便宜，希望新增加一些对参与谈判供应商的限制条件。采购中心认为，由于采购时间比较紧，能在规定时间内提供实物样品、参加采购的供应商已经为数有限，坚决不同意再增加任何条件，只能按照原先公开招标时提出的资质要求，经反复协调，最终采购人同意了该方案。

11月12日，采购中心正式发出该项目的竞争性谈判采购公告，截至11月21日上午9：30，没有供应商对采购文件中的内容提出质疑，共有7家供应商按采购文件要求提供了实物样品，向采购中心递交了竞争性谈判响应文件。随后，5名谈判小组成员首先对实物样品（要求不得具有任何商标、品牌或其他显示商品厂家名称的标志，评审前由公证人员对样品随机编号）进行评审。经谈判小组确认，7家供应商均未出现重大偏离。谈判小组按照采购文件事先确定的评分标准综合打分后，再按原先的编号和供应商一一对应，得分最低的3名供应商未能获得最终报价的资格。

根据采购文件事先确定的评审规则，谈判小组对剩下的4名供应商的竞争性谈判响应文件进行详细审核，发现有一家供应商响应文件中没能提供必需的产品注册商标证书，经该供应商授权代表确认，响应文件中确实没提供，但授权代表随身携带了证书的原件（采购文件要求谈判时带原件以备查验）；另外两家供应商提供的ISO 14024（或ISO 14025）认证证书已过期（公开招标时还处于有效期内），但都提供了某认证机构出具的正在重新办理的书面证明。经了解，重新办理该证确实有一个过渡期。经谈判小组与在场的工作人员、法律顾问商议，响应文件中未提供产品注册商标证书的供应商，虽然随身携带了证书原件，仍不能通过资格审查；而关于认证证书，虽然认证机构出具了书面证明，但仍不符合谈判文件中规定的出具认证证书的要求。因此，谈判小组最终决定，由于3家供应商未能通过资格审查，本次竞争性谈判仅有一家供应商符合要求，建议终止本次谈判活动。

此时已经是当天下午4：00多了，由于事关采购人所有干部职工的利益，采购人的有关领导一直在租借的办公室中等待采购的结果。得知这种意外后，电话中指示经办人，由于工期已经被延迟了2个月，损失高达100万元以上，当天无论如何必须要有采购结果，否则无法向干部职工交代。鉴于采购人的实际情况，经在场的采购领导小组协商，采购中心决定当场向政府采购监管部门申请改为单一来源方式采购，监管部门批准同意按单一来源方式进行采购。

根据政府采购监管部门的批准，采购中心当场向4家供应商宣布了竞争性谈判的评审结果，决定终止谈判采购，采用单一来源方式进行采购。在谈判小组与浙江某公司就采购价格、产品质量等内容进行谈判时，未通过资格审查的两家供应商向采购中心工作人员反映，浙江某公司提供的实物样品存在明显的质量问题，且样品数量与采购文件要求的不一致，不应作为合格的供应商，建议本次采购不能确定成交人。原本进行的单一来源谈判被迫中断。

采购中心工作人员听取供应商意见后，及时组织评审专家，又重新对唯一通过资格审查的供应商提供的实物样品进行核查。经核查，谈判小组成员一致认为：供应商反映的情况确实存在，但鉴于在实物评审时，已经考虑到7家供应商提供的实物样品与采购文件的要求都存在一定的差距，没有一家实物样品完全响应采购文件，对于出现的问题采购中心都作为存在瑕疵处理，而并没有作为存在重大偏离处理，对所有供应商而言，此举符合政府采购公平、公正的原则。因此，谈判小组建议，可以继续进行单一来源采购。经过3轮单一来源谈判，浙江某公司的报价从最初的600多万元，最后降到了580万元，并承诺完全满足采购文件的要求。当采购中心宣布成交结果时，已是半夜11：00多了，该项目的采购也终于落下了帷幕。

11月24日，采购中心发布了成交公告。在质疑期内，没有供应商提出质疑。12月初，采购人与成交人正式签订了政府采购合同。

请结合案例回答以下问题：

1. 本案例中，该次采购能够完成经历了几种采购方式？并归纳该次采购过程的特点。

2. 结合案例，谈谈竞争性招标和单一来源采购的优缺点。

3. 结合案例，阐述单一采购来源的适用条件和程序。

案例三：中国首例政府采购案例（摘自群众出版社出版《中国政府采购案例评析》第一卷）

2000年7月6日，农业部全国畜牧兽医总站（以下简称"畜牧兽医总站"）在《经济日报》上发布了《动物保护工程"无规定动物疫病区建设项目"》招标采购设备的公告，并在投标邀请书中公布了这次招标采购的84个具体品目。畜牧兽医总站的招标文件称："中华人民共和国农业部已从中央基本建设非经营性基金、财政预算内专项资金中获得一笔拨款，用于支付无规定动物疫病区建设项目的费用，并计划将一部分拨款的资金用于支付本次招标后所签订购买合同的款项。"招标文件从2000年7月6日开始出售，投标截止日期为2000年8月8日。浙江省金华市益迪医疗设备厂（以下简称"益迪设备厂"）看到招标广告后，指派2位主要员工于2000年7月28日前往北京，到畜牧兽医总站进行了登记并花费3800元购买了招标文件。在84个招标采购项目中，其中益迪设备厂参与投标的YD—202型冷冻切片机项目首批需要241套。2000年8月8日上午，益迪设备厂参加了招标采购开标仪式。经过开标、唱标后，益迪设备厂对这项产品的投标价格每套为6500元，另一家金华市科迪仪器设备有限公司（以下简称"科迪公司"）的投标价为每套7998元，还有一家上海的企业因资质问题未能参加竞标。同一天，益迪设备厂交纳了

3 万元的投标保证金。开标仪式结束后，益迪设备厂积极准备供货工作，等待通知，以便订立政府采购合同。

2000 年 8 月 9 日，全国无规定动物疫病区建设项目招标采购评标委员会（以下简称"评标委员会"）在河北省廊坊市龙信宾馆开始评标工作，2000 年 8 月 9 日—31 日对全部采购项目的投标文件进行初评，终评工作于 2000 年 9 月 2 日进行，历时 3 天，终评由 24 名评标委员会委员最后投票表决，全部评标工作于 2000 年 9 月 4 日结束。同一天，评标委员会主任给全国无规定动物疫病区建设项目领导小组作了书面的评标工作报告。

2000 年 11 月初，根据畜牧兽医总站的要求，益迪设备厂派人到北京向畜牧兽医总站递交了产品合格的检测报告。2001 年 1 月，畜牧兽医总站派了几位专家和相关人员到益迪设备厂所在地进行了实地考察，对益迪设备厂的生产条件和产品进行了充分的肯定。2001 年 3 月 9 日，应畜牧兽医总站的要求，益迪设备厂送 3 套样机再次到北京。畜牧兽医总站将这些送检的样机委托农业部畜牧兽医器械质量监督检验测试中心（以下简称"检测中心"）进行检测，益迪设备厂交纳了 16160 元的检测费用。

2001 年 5 月 28 日，经益迪设备厂多次催促，畜牧兽医总站才给益迪设备厂出具一份 2001 年 4 月 26 日签发的检验报告。报告结论为益迪设备厂送检的 3 套样机中，有 1 套样机不合格。益迪设备厂得知检验报告后，先后于 2001 年 5 月 30 日、6 月 3 日、7 月 20 日、10 月 8 日多次到北京，向畜牧兽医总站和检测中心和递交了书面异议和报告，要求重新检验。与此同时，益迪设备厂先后十余次向农业部、中纪委、财政部等中央有关部委进行投诉，但都没有收到任何的书面的或口头的答复意见。这期间，益迪设备厂在北京、浙江之间多次往返，寻求方方面面的救济途径。

2001 年 10 月 08 日，益迪设备厂与北京市辽海律师事务所签订了委托代理合同，决定提出民事诉讼。2001 年 10 月 15 日，在与畜牧兽医总站和检测中心无数次的交涉下，益迪设备厂才收到畜牧兽医总站作出的《关于对切片检测结果的说明》的书面答复意见。2001 年 10 月 22 日，益迪设备厂将畜牧兽医总站、检测中心作为共同被告，向北京市朝阳区人民法院提起民事侵权诉讼，畜牧兽医总站于 2001 年 10 月 30 日才到当地银行办理退回保证金的手续。益迪设备厂在代理律师的提议下，提出诉讼的主要理由是畜牧兽医总站和检测中心的一系列违法行为致使原告遭受了财产损失。所说的系列违法行为是指，其一，投标供应商不足 3 家，招标活动应该重新进行，如果改为其他方式进行采购的话，应该获得相关主管部门的批准；其二，评标委员会主任徐百万同时又是农业部畜牧兽医器械质量监督检验测试中心的主任，裁判员和运动员同为一个人，难以体现公正、公平原则；其三，中标结果没有及时通知是违法的，中标人确定后，招标人应当向中标人发出中标通知书，并同时将中标结果通知所有未中标的投标人。早在 2000 年 9 月就已经确定中标人，一年后才告知是违法的；其四，中标供应商不符合招标人的条件和要求。招标项目中争议的品目是冷冻切片机，而中标的科迪公司当时并没有这一品目的产品，也没有这一品目的医疗器械注册证和生产许可证，以及这一品目的医疗器械产品生产制造认可表。中标人所拥有的是 KD 型回转式切片机及其相关的许可证书。况且中标人也没有企业标准，还遭到金华市技术监督稽查大队的查处；其五，招标人和检测机构既当运动员又当裁判员，所作的裁决是违法行为。根据法律规定，从事产品质量检验、认证的社会中介机构必须依法设立，不得与行政机关和其他国家机关存在隶属关系或者其他利益关系。产品质量检验机构、认证机构必须依法按照有关标准，客观、公正地出具检验结果或者认证证明；其六，中标结果确定之前，招标人不得与供应商单独接洽；其七，畜牧兽医总站明知采购项目不可能由原告供应，已不可能与原告签订采购合同，仍然让原告一次又一次地来回于北京、浙江之间，让原告交纳检测费用，占用原告的保证金长达14个月。为此，原告要求赔偿购买标书费用、来回交通差旅费用、检测费用等合计15万元的经济损失。

2002年6月3日，也就是原告起诉半年后，被告才向法院递交了答辩状。原告代理律师收到答卷状后，才知道自己的委托人没有如实地叙述清楚全部案情，没有说明2000年8月的投标文件中存在着瑕疵，致使代理律师进退维谷。因为原告起诉后，国内各大媒介都非常关注这一案件。

2002年12月18日，经过长达13个月的审理，北京市朝阳区人民法院终于作出一审民事判决。一审法院认为，被告畜牧兽医总站在核查过程中，发现原告提交的投标文件中，涉案冷冻切片机生产制造认可表是由其他型号的合格切片机制造表变造而来。由于原告有产品质量问题和弄虚作假行为，被告畜牧兽医总站维持了评委会的评标结果，并在核查结束后退还了原告的投标保证金。被告畜牧兽医总站根据农业部的决定，对有关设备采用招标采购方式，该招标项目已按国家有关规定履行了项目审批手续，并按规定发出招标公告，其招标行为合法。原告生产涉案冷冻切片机没有到有关管理部门注册，得到法定认可，因此其不具备生产制造该冷冻切片机的资格，不符合投标条件。而且，原告在投标时采用变造手段弄虚作假，其行为违反了《招标投标法》的规定，属于无效行为，其在投标过程中所发生的损失是其采用虚假材料进行投标所致；被告的行为不是原告未中标及损失发生的直接原因，故涉案后果应由原告自行承担，其诉讼请求于法无据，不予支持。为此驳回原告的诉讼请求。随之，各大媒体纷纷报道原告弄虚作假和被告的合法采购行为。原告不服一审判决于2002年12月28日向北京市第二中级人民法院提出上诉。2003年5月21日，北京市第二中级人民法院于作出终审判决，驳回上诉，维持一审判决。

请结合案例回答以下问题：

1. 通过案例，请问法院维持原判的理由是什么？

2. 结合案例，请阐述中央单位主管部门的主要职责。

3. 结合案例，阐述财政部对集中采购机构的监督检查内容。

五、参考答案

（一）单选答案（本题共20小题）

1	2	3	4	5	6	7	8	9	10
C	A	C	B	D	D	B	C	B	A
11	12	13	14	15	16	17	18	19	20
A	C	B	D	C	B	B	D	A	C

（二）多选答案（本题共10小题）

1	2	3	4	5	6	7	8	9	10
ACE	ABCDE	ABCD	ABCDE	BCD	AB	ABCE	ACDE	ABCDE	BD

（三）名词解释答案（本题共10小题）

1. 答：中央单位，是指与财政部发生预算缴款、拨款关系的国家机关、事业单位和社会团体。中央单位按预算管理权限和经费领报关系，分为主管预算单位（主管部门）、二级预算单位和基层预算单位。

2. 答：采购公司，是指具有商务部颁发的《国际招标资格甲级证书》的公司（贷款国另有要求的除外），实际上相当于政府采购中的供应商。

3. 答：授权采购，是指国税系统的采购人采购《政府集中采购目录》和《国家税务局系统部门集中采购目录》中的项目，在取得国家税务总局集中采购中心授权后组织实施的采购活动。国家税务总局集中采购中心以总局文件方式进行授权或通过采购人填报《国家税务局系统集中采购项目授权采购审批表》方式进行授权。

4. 答：集中采购，是指中央单位将属于政府集中采购目录中的政府采购项目委托集中采购机构代理的采购活动。

5. 答：单位自行采购，也称分散采购，是指中央单位实施政府集中采购和部门集中采购范围以外、采购限额标准以上政府采购项目的采购活动。

6. 答：中央单位政府采购，是指中央单位按照政府采购法律、行政法规和制度规定的方式和程序，试用财政性资金（预算资金、政府性基金和预算外资金）和与之配套的单位自筹资金，采购国务院公布的政府集中采购目录内或者采购限额标准以上的货物、工程和服务的行为。

7. 答：国有工业企业指国有交通运输、建筑安装、地质勘探、商业、外贸、邮电、水利、科技等企业。国有工业企业的政府采购，指国有工业企业购买原材料、燃料、辅料、零部件、设备、配件、办公用品、劳动保护用品以及其他物资的行为。

8. 答：外国政府贷款项目采购，指利用"外国政府贷款"（含日本国际协力银行不附带条件贷款、北欧投资银行贷款）和经国务院批准参照外国政府贷款管理的其他国外优惠贷款项目（简称"贷款项目"）的借款人所实施的采购行为。

9. 答：自主创新产品，是指纳入财政部公布的《政府采购自主创新产品目录》（简称"目录"）的货物和服务。目录由财政部会同科技部等有关部门在国家认定的自主创新产品范围内研究制订。采购人在政府采购活动中，应当优先购买自主创新产品。

10. 答：政府采购备案和审批管理，是指财政部对中央单位、集中采购机构及其他采购代理机构按规定以文件形式报送备案、审批的有关政府采购文件或采购活动事项，依法予以备案或审批的管理行为。

（四）判断答案（本题共 20 小题）

1	2	3	4	5	6	7	8	9	10
√	×	×	×	×	√	√	×	×	√
11	12	13	14	15	16	17	18	19	20
×	×	√	×	√	×	√	√	√	×

（五）简答答案（本题共 15 小题）

1. 答：中央单位政府采购组织形式分为政府集中采购、部门集中采购和单位自行采购。政府集中采购，是指中央单位将属于政府集中采购目录中的政府采购项目委托集中采购机构代理的采购活动；部门集中采购，是指主管部门统一组织实施部门集中采购项目的采购活动；单位自行采购，也称分散采购，是指中央单位实施政府集中采购和部门集中采购范围以外、采购限额标准以上政府采购项目的采购活动。

2. 答：财政部的主要职责是：

（1）依法制定中央单位政府采购政策及管理制度。

（2）编制审核政府采购预算和计划。

（3）拟定中央单位政府集中采购目录、部门集中采购项目、采购限额标准和公开招标数额标准，报国务院批准。

（4）审批政府采购方式；建立和管理中央单位政府采购评审专家库。

（5）协调处理各中央单位以及中央单位与集中采购机构之间的工作关系。

（6）监督检查中央单位、集中采购机构和经财政部确认或审批资格的其他政府采购代理机构的政府采购活动。

（7）考核集中采购机构业绩；处理供应商对中央单位政府采购活动的投诉事宜。

3．答：集中采购机构的主要职责是：

（1）接受中央单位委托，组织实施政府集中采购目录中的项目采购。

（2）直接组织招标活动。

（3）负责集中采购业务人员培训。

（4）接受委托代理其他政府采购项目的采购。

4．答：部门集中采购应当遵循以下工作程序：

（1）细化部门集中采购项目。主管部门接到财政部下达的部门预算后，应当进一步明确本部门、本系统实行部门集中采购的项目范围，逐级下达到二级预算单位和基层预算单位。

（2）编制计划。二级预算单位和基层预算单位根据主管部门要求，编制部门集中采购实施计划报主管部门。

（3）制订方案。主管部门汇总所属单位上报的部门集中采购实施计划后，制订具体操作方案。

（4）实施采购。主管部门依法采用相应的采购方式组织采购活动。委托集中采购机构或其他政府采购代理机构代理采购的，应当签订委托代理协议。

（5）采购活动完成后，应当及时确定中标、成交供应商，向其发出中标或成交通知书，同时发布中标、成交公告。

（6）主管部门及其所属单位要在中标、成交通知书发出30日内，与中标、成交供应商签订采购合同。主管部门应当组织采购合同履行及验收工作。

5．答：在国家广播电影电视总局的政府采购中，有下列情形之一的，可实行特殊情形政府采购：

（1）涉及国家安全和秘密的项目。

（2）发生不可抗力事件后的政府采购。

（3）突发性应急项目。

（4）危及安全播出需紧急修复和更新的项目。

（5）需限时完成的重大或紧急事项的采购。

（6）在财政部预算批准前，需紧急采购的项目。

（7）总局认定的其他特殊情形。

6．答：采购工作组负责项目采购程序性工作，具体职责是：

（1）研究提出项目采购方式的具体建议。

（2）提出入围供应商资格条件以及入围产品、供应商的产生办法。

（3）研究并提出评标方法、评标标准和废标条款的建议。

（4）提出组建评标委员会、谈判小组、询价小组的建议，包括代表采购人参加评标委员会、谈判小组、询价小组的部门及人数，聘请评审专家的人数和办法。

（5）对有关采购的其他重大或争议事项提出处理建议。

（6）承办政府采购领导小组交办的其他工作。

7. 答：部门集中采购代理单位主要履行以下职责：

（1）接受单位委托，承办部门集中采购目录内的项目采购。

（2）按照国家有关法律法规组织招标活动。

（3）负责制定部门集中采购操作规程，建立健全内部监督制约机制。

（4）负责本单位采购人员业务培训。

（5）维护采购委托人、投标人的合法权益。

（6）对政府采购活动中不宜公开的资料、信息、商业秘密负有保密责任。

（7）接受并答复供应商的质疑。

（8）在政府采购活动中，接受财政和政府采购监督部门的监督检查。

（9）每季度末将政府采购信息统计报表报送财务管理和审计中心。

8. 答：国有金融企业一次性采购价值在 100 万元（含 100 万元）以上的，须采取集中采购的方式。采购项目的范围包括：

（1）办公用房（包括装修）、运钞车及其他办公用车。

（2）重要的安全防范设施及监控系统。

（3）计算机网络系统及其辅助设备、自动取款机（ATM）、点钞机、打印机、复印机、空调机等贵重物品。

（4）主管财政机关认定须集中采购的其他项目。

9. 答：投标人参加药品集中采购招标活动应当具备以下条件：

（1）依法取得《药品生产许可证》或者《药品经营许可证》，这是一般政府采购投标人无须具备的特殊条件。

（2）商业信誉良好。

（3）具有履行合同必须具备的药品供应保障能力。

（4）有依法缴纳税金的良好记录。

（5）参加集中招标采购活动前 2 年内，在经营活动中无严重违法记录。

（6）法律法规规定的其他条件。

10. 答：药品集中招标采购按以下程序进行：

（1）招标人联合建立集中招标采购管理组织，报卫生行政部门备案。

（2）集中招标采购管理组织以协商、无记名投票等方式择优确定招标代理机构，或者联合组建经办机构，报卫生行政部门备案。

（3）招标人根据当地卫生行政部门公布的集中招标采购目录，提交本单位上一年度药品采购历史资料并编制采购计划、招标文件，确定评标标准和方法。

（4）发布招标公告，发售招标文件，召开标前会，受理并书面答复投标人提出的澄清要求。

（5）进行资格预审，受理投标文件，在投标截止前受理投标人对投标文件的修改和撤回。

（6）公开开标，并组建评标委员会，向评标委员会提供评标所需的重要信息和数据。

（7）对投标品种进行评审和比较，确定中标候选品种，编制书面评标报告。

（8）招标人确认中标品种并确定采购计划，编制药品购销合同。

（9）发布中标通知书、签订药品购销合同。

（10）经办机构将中标药品价格报价格主管部门备案，价格主管部门确定并公布中标药品临时零售价。

11. 答：采购公司拟收取的手续费不符合下列标准的，按废标处理：

（1）贷款项目合同金额在500万美元及其以下的，收取1%手续费；

（2）合同金额超过500万美元的，其500万美元以内部分收取1%手续费，超过部分按0.5%收取手续费；

（3）日本政府贷款项下土建合同或其他合同中的土建部分，均按0.3%收取手续费。

12. 答：承担限额（500万美元）以下外国政府贷款项目采购工作的公司需具备下列条件：

（1）具有进出口贸易经营权。

（2）成立10年以上。

（3）有多次引进成套设备及技术的经验，近3年平均年设备进口额（到货额）5000万美元以上。

（4）注册资本1000万元人民币以上，资信状况良好。

承担限额及其以上项目采购工作的公司除需具备上述条件外，还需具有国际招标采购业务经营权。

13. 答：世界银行贷款项目采购中国家项目办的职责为：

（1）负责制订项目的采购计划、安排和协调项目的各项采购活动。

（2）负责由国家项目办组织采购货物标书的编写、修改、送审及评标。

（3）作为业主代表，负责协调业主、招标公司及世行的关系，做好与财政部国际司的工作协调。

（4）若发生索赔事件，负责办理由国家项目办组织采购合同的索赔。

（5）负责落实由国家项目办组织采购货物的债务。

（6）协同项目采购代理机构进行项目招标采购的资格审查工作。

（7）负责汇总项目的采购进度报告。

14. 答：世界银行贷款采购项目的招标程序包括以下内容：

（1）评标。国家项目办组织办理的采购，由国家项目办负责组织评标工作。省项目办组织办理的采购，由省项目办负责组织评标工作。

（2）资格后审及评标结果的审定。国家项目办组织办理的采购，由国家项目办负责组织资格后审。经国家评标委员会审定后由采购代理机构将资格后审结果、评标报告送世界银行审定。地方项目办组织办理的采购以及国家项目办委托各省办理的国际采购，需经世界银行审查的标书，由地方项目办报国家项目办审核、经世界银行认可后自行组织执行。

15. 答：外国政府贷款项目采购工作政策性强，贷款国对采购有限制性规定，确定采购公司需遵循下列原则：

（1）限额以上项目由财政部按照大中型项目相对集中的原则，根据项目单位的推荐意见，以及公司的业务特长、业绩、贷款项目的行业特点和贷款国的有关要求确定。

（2）限额以下项目由项目单位在有采购资格的公司中择优委托一家公司，报财政部确认。

（3）实行国际招标采购的日本、科威特等国贷款项目，根据中外双方约定的"集中管理，集中采购，集中对外窗口"的原则，由财政部在有采购资格的公司中确定。

（4）跨省的打捆项目原则上由一家公司对外采购。

（六）论述答案（本题共 8 小题）

1. 答：世界银行贷款采购项目的准备过程包括以下几方面：

（1）计划编制与审批。各级项目办根据批准同意的项目可行性研究报告和初步设计编制采购清单，与财政部门联合逐级上报国家项目办，由国家项目办汇总报世界银行审批。各省级项目办负责人对本省采购内容的必要性负责，其负责采购的人员对采购内容的技术适用性负责。国家项目办汇出项目的总采购清单，随同项目可行性研究报告一并报国家发展计划委员会审批，同时抄送财政部国际司。对需要审批的机电设备同时抄送国家机电产品进口办公室。年度采购计划由项目办提出，与同级财政部门联合上报。

（2）采购委托机构。国家项目办承担的国际采购业务，统一委托中设国际招标有限责任公司、中化建国际招标有限责任公司和中仪国际招标公司具体代理。经国家项目办同意由省项目办具体办理的有关国际采购，不再另行委托其他招标公司代理。各省级项目办确定采购委托机构时，应比照国家有关世界银行项目代理机构委托指南执行，并征得国家项目办同意。如代理公司未达到合同要求，各级项目办有权取消其委托代理合同，另行委托其他招标公司代理。其他采购方式，由各省级项目办商同级财政部门，按项目采购计划组织执行。

（3）资格预审文件、招标文件的编写和审定。国家项目办组织办理的采购，招标文件技术部分的编写根据各项目省提供的基础数据，由国家项目办及采购代理机构组织人员完成。所有招标文件的商务部分，一律使用财政部和世界银行共同编制的标准文本条款。在编写资格预审文件（仅限于有限国际招标，下同）和招标文件之前，各省项目办应按国家项目办要求，在限定时间内报送资格要求、招标采购内容（货物、工程或业务）的技术规格和任务大纲，供编写招标文件参考。资格预审文件和招标文件初稿完成后，由国家项目办交由有关省项目办确认。在规定时间内如无反馈意见，则视为同意。国家项目办组织办理的采购，招标文件编写完成后由国家项目办报送国家有关部门审批。省项目办组织办理的采购，根据项目采购计划，按照世界银行程序和当地有关规定向有关部门办理审批。招标文件经世界银行审查批准后，不允许对其技术规格进行更改。各项目单位对确认后的机型及技术规格的准确性及适用性负直接责任。

2. 答：外国政府贷款项目采购的招标程序一般包括以下几方面：

（1）邀请招标。财政部定期将待实施的贷款项目通知各省、自治区、直辖市、计划单列市财政部门进行选定采购公司的招标工作。地方财政部门收到财政部通知后，应组织或指导、监督借款人进行采购公司招标工作。所有贷款项目的采购公司招标工作必须在财政部发出通知之日起40个工作日内完成。项目单位和采购公司必须根据贷款国关于采购比例的规定要求进行招标采购，并按国内和贷款国主管部门批准的采购清单编制标书。

（2）投标。收到投标邀请书的采购公司应按要求填写代理申请书。代理申请书须由采购公司总经理或副总经理签字，并加盖公司公章。采购公司应将代理申请书密封，按投标邀请书中规定的时间和地址提交借款人。采购公司不按本条规定提交代理申请书的视为无效投标。

（3）评标。借款人应组织成立由5~7名评审委员组成的评审委员会。借款人单位代表任评委会负责人，全面负责评定工作。对于二类项目，地方财政部门可派代表参加评委会并履行评委职责；对于三类项目，地方财政部门原则上不派代表参加评委会。

（4）废标。采购公司拟收取的手续费不符合下列标准的，按废标处理：①贷款项目合同金额在500万美元及其以下的，收取1%手续费；②合同金额超过500万美元的，其500万美元以内部分收取1%手续费，超过部分按0.5%收取手续费；③日本政府贷款项下土建合同或其他合同中的土建部分，均按0.3%收取手续费。

（5）中标。评委会应在评标工作完成后5个工作日内，向地方财政部门报送评委组成情况、评标过程、对各采购公司打分的详细情况及评标结果。

（6）采购合同。在采购公司与中标商签订的合同中，应包括需用外国政府贷款购买的货物清单，并应明确对不同来源货物的规格和技术配套性的责任。

3. 答：外国政府贷款项目前期的管理程序如下：

（1）信息发布。财政部获知贷款国政府向我国政府提供贷款的最新信息后，将及时发布《外国政府贷款信息公告》，或与国家计委联合发布《征集项目通知》，公布外国政府对华提供官方发展援助贷款规模、领域、贷款条件、采购条件等信息。同时通知中央有关部委和各省级财政厅（局），使中央部委和地方财政部门及时了解有关外国政府贷款的信息。

（2）项目申报。拟借用外国政府贷款的项目单位应通过项目所在地发展改革部门向省级发展改革部门提出列入外国政府贷款备选项目规划的申请，并抄送所在地财政部门。国务院有关部门、中央管理企业和计划单列企业集团（简称"中央项目单位"）直接向国家发改委提出列入外国政府贷款备选项目规划的申请，并抄送财政部。

（3）备选项目规划。省级发展改革部门收到项目单位提出的申请后，应征求省级财政部门意见。双方根据各自职能对项目申请进行初步审核同意后，由省级发展改革部门向国家发改委提出列入外国政府贷款备选项目规划的申请，并抄送省级财政部门。

（4）项目审核。已列入备选项目规划的项目，地方项目单位应通过所在地财政部门向省级财政部门提出拟利用外国政府贷款申请，并抄送所在地发展改革部门。省级财政部门对项目申请进行评审，对经评审符合要求的项目，省级财政部门向财政部上报利用外国政府贷款申请，并抄送省级发展改革部门；中央项目单位直接向财政部提出利用外国政府贷款申请，并抄送国家发改委。

（5）备选项目清单。财政部按季度向省级财政部门、中央项目单位和转贷银行下达备选项目清单，并抄送国家发改委。省级财政部门将备选项目清单抄送省级发展改革部门。

（6）备选项目的实施。收到财政部下达的备选项目清单后，省级财政部门和中央项目单位应按照财政部关于外国政府贷款项目采购代理公司招标的有关规定，组织或指导、监督借款人选定采购代理公司，转贷银行开展转贷前期工作。

（7）项目资金申请报告。对财政部已对外提出且外方未提出异议的项目，地方项目单位经省级发展改革部门向国家发改委提交项目资金申请报告；中央项目单位向国家发改委提交项目资金申请报告。

（8）项目变更。主要包括：①调整项目贷款国别或撤销贷款；②申请增加贷款金额。

（9）项目变更的手续。转贷协议生效前，项目发生变更事项的，应按以下情况分别办理相关手续：①项目单位发生分立、合并、被兼并或项目改由其他单位实施的，原列入备选项目规划的项目相关批复文件自动作废，变更后的项目单位应按新项目照本规程规定的程序重新办理有关手续；②列入备选项目规划的项目，增加外债规模及调整资金用途的，应将调整方案报国家发改委批准；③项目资金申请报告批准后，调整贷款国别、增加外债规模及改变资金用途的，应按照本规程规定的程序将调整方案报国家发改委批准，并通过省级财政部门上报财政部审核同意后办理有关手续。

4. 答：任何单位和个人不得阻挠和限制自主创新产品供应商（以下简称"供应商"）自由进入本地区和本行业的政府采购市场，不得以不合理的条件对供应商实行差别待遇或者歧视待遇。

（1）评审要求。采购人采购自主创新产品应当采用法律规定的采购方式，其中，达到公开招标数额标准的，应当采用公开招标方式采购。采购人采购达到公开招标数额标准以上的，经认定的自主创新技术含量高、技术规格和价格难以确定的服务项目采购，经设区的市、自治州财政部门批准，可以采用邀请招标、竞争性谈判和询价等采购方式。采购人采购的产品属于目录中品目的，招标采购单位必须在招标文件的资格要求、评审方法和标准中作出优先采购自主创新产品的具体规定，包括评审因素及其分值等。采购人采购使用年限较长、单件采购价格较高的产品时，应当考虑该产品的全寿命成本。招标采购单位应当合理设定供应商资格要求，在供应商规模、业绩、资格和资信等方面可适当降低对自主创新产品供应商的要求，不得排斥和限制自主创新产品供应商。联合体参与投标时，联合体中一方为提供自主创新产品的投标供应商的，联合体视同自主创新产品供应商。

（2）评审标准。采用最低评标价法评标的项目，对自主创新产品可以在评审时对其投标价格给予5%～10%幅度不等的价格扣除。采用综合评分法评标的项目，对自主创新产品应当增加自主创新评审因素，并在评审时，在满足基本技术条件的前提下，对技术和价格项目按下列规则给予一定幅度的加分；采用性价比法评标的项目，对自主创新产品可增加自主创新评分因素和给予一定幅度的价格扣除。采用竞争性谈判、询价方式采购的，应当将对产品的自主创新要求作为谈判、询价的内容。

在上述各条所设比例幅度内，招标采购单位可根据不同类别自主创新产品的科技含量、市场竞争程度、市场成熟度和销售特点等因素，分别设置固定合理的价格扣除比例、加分幅度和自主创新因素分值等，并在招标文件中予以确定。

5. 答：采购人在编制年度部门预算时，应当按照目录的范围编制自主创新产品政府采购预算，标明自主创新产品。自主创新产品政府采购预算是对政府采购预算的补充和细化，是部门预算的有机组成部分。各级财政部门在部门预算审批过程中，在采购项目支出已确定的情况下，应当优先安排采购自主创新产品的预算。

（1）预算编制。采购人应当在坚持严格控制支出的原则下，从严从紧编制自主创新产品政府采购预算，确保预算的真实性和完整性。自主创新产品政府采购预算与政府采购预算同时在部门预算中编报、同时审批。各级财政部门在编制年度部门预算的通知中，要明确提出自主创新产品的政府采购预算编制要求。采购人根据要求编制本部门自主创新产品政府采购预算。各级财政部门应当在部门预算的相关表格中增加反映自主创新产品政府采购的内容，随同编制年度部门预算的通知一并下发。

（2）预算执行。各主管部门应当自财政部门批复部门预算之日起40个工作日内，严格按照批准的自主创新产品政府采购预算编制自主创新产品政府采购计划，报财政部门备案。自主创新产品政府采购计划与政府采购计划同时编制，并单独列明。采购人应当严格按照自主创新产品政府采购预算和计划进行采购。各级财政部门应当将自主创新产品政府采购预算执行情况纳入预算支出绩效考评范围，在共性考评指标的经济和社会效益指标中，增加采购自主创新产品因素。各级财政部门应当研究建立采购自主创新产品奖惩制度。

（3）预算监督。各级财政部门依法负责指导采购人编制自主创新产品政府采购预算，并对预算执行情况进行监督。各级财政部门在预算审核过程中，应当督促采购人编制自主创新产品政府采购预算，并加强审核管理。对应当编制而不编制自主创新产品政府采购预算的，财政部门应当责令其改正。

6. 答：集中采购中心的职责包括：

（1）负责总局机关政府采购领导小组、采购工作组日常事务性工作。

（2）制定总局机关政府采购规章制度，制订并调整部门集中采购目录和集中采购限额标准，审查进入总局政府采购范围的供应商和采购代理机构的资格条件。

（3）组织办理总局集中采购项目的招标采购、竞争性谈判采购、询价采购、单一来源采购等有关报批报备事宜。

（4）组织编制招标文件、谈判文件和询价文件，组织采购项目的发标、开标、评标及商务谈判、询价等具体工作，组织合同的起草和制定工作。

（5）负责筹建和组织项目评标委员会、谈判小组、询价小组的具体工作。

（6）办理总局机关本级政府集中采购项目委托手续，并经法定代表人授权，具体负责与项目中标供应商和相关采购代理机构分别签订政府采购合同或委托代理协议书。

（7）负责"国税系统政府采购专家库"的组建、管理和使用。

（8）负责协调和办理供应商质疑、投诉的有关工作。

（9）负责依据政府采购合同办理合同款项的支付、收取和退还项目投标保证金、合同履约保证金手续等有关政府采购资金的管理工作，收取招标文件工本费。

（10）负责向财政部报送总局政府采购重大事项和统计报表等工作以及总局领导交办的其他工作。

7. 答：国家税务总局的政府采购程序主要包括以下流程：

（1）采购项目进入程序。总局机关经局长办公会议审定或按有关规定经局领导批准立项的项目，由项目使用部门制定并提交业务需求、采购需求，信息化项目应提供《立项通知书》；项目技术部门组织技术论证、提交技术方案等有关资料；资金管理部门审核落实项目采购预算后，进入采购程序。

（2）委托采购程序。总局机关本级采购项目属于政府集中采购目录内的，由集中采购中心根据中央国家机关政府采购中心的规定，具体办理委托手续。委托中央国家机关政府采购中心的项目，由集中采购中心根据项目具体情况，确定总局派采购人代表参加评标委员会、谈判小组、询价小组的部门，有关部门确定具体人选。

（3）项目业务需求与技术方案的提交程序。采购项目实施前，有关部门应当及时提交项目业务需求与技术方案。项目业务需求由使用部门提交集中采购中心。在提交项目业务需求时，项目使用部门的负责人应审核签字，并附总局领导批准的立项报告和项目使用计划。

（4）商务与技术问题的协调程序。在编制招标文件中，可以就招标文件征询有关专家或者供应商意见，对内商务部分由集中采购中心负责，技术部分由技术部门负责。对外由集中采购中心统一组织办理。

（5）评审专家的聘请程序。评审专家的聘请程序应符合《政府采购法》、《招标投标法》和《政府采购评审专家管理办法》的有关规定。按照采购项目的实际情况，对参加评标委员会、谈判小组、询价小组的评审专家聘请问题，由采购工作组在研究采购项目、采购方式、招标原则时提出具体建议，同有关采购事项一并由集中采购中心送签有关部门，提交政府采购领导小组会议审定后，按照《政府采购评审专家管理办法》规定的办法产生。

（6）付款程序。采购合同签订后，按照合同约定，供应商提出付款申请，由集中采购中心或负责签订采购合同的其他部门受理。集中采购中心或签订采购合同的其他部门，负责按照合同规定审核验收情况并办理付款手续，资金管理部门负责支付合同款项。合同付款包括预付款、到货付款、最终付款等。

（7）质量问题的处理程序。项目实施过程至质保期结束前，凡出现质量、服务等问题，由使用部门、技术部门提出处理意见，集中采购中心依据合同规定办理。

（8）质疑的处理程序。对供应商就招标文件、采购过程和中标、成交结果以书面形式提出的质疑，由集中采购中心牵头协调，有关部门参加。涉及商务问题的，由集中采购中心提出处理意见，涉及技术问题的，由技术部门提出处理意见。

8. 答：政府集中采购应当遵循以下工作程序：

（1）编制计划。主管部门接到财政部下达的部门预算后在规定时间内，编制集中采购实施计划并委托负责本部门、本系统政府集中采购的集中采购机构实施采购。

（2）签订委托协议。主管部门与集中采购机构签订委托代理协议，确定委托代理事项，约定双方的权利与义务。

（3）制订操作方案。集中采购机构汇总各中央单位政府集中采购实施计划，并与委托方协商后，制订具体操作方案，包括协议供货采购、定点采购方案。

（4）组织采购。集中采购机构采用公开招标方式或财政部批准的其他采购方式，按照经备案或审批的操作方案开展采购活动。

（5）确定中标、成交结果。集中采购机构被授权确定中标或成交结果的，应当在集中采购工作完成后3个工作日内，将中标结果通知委托方，并发出中标或成交通知书，同时发布中标或成交公告。集中采购机构不承办确定中标或成交结果事项的，应当在评标、谈判或询价工作完成后，将采购结果报委托方，由委托方确定中标或成交供应商，并发中标或成交通知书和公告。

（6）中央单位应当自中标、成交通知书发出30日内，与中标、成交供应商签订采购合同。

（七）案例分析答案（本题共3小题）

案例一：

1. 答：从案例所反映的事实不难看出，H公司之所以投诉无效，其原因主要有以下几点：

（1）投递主体不恰当。就是投诉书的递送主体不正确。按照《政府采购法》规定，投诉书的递送主体应当是同级政府采购监督管理部门，这就是说，投递的主体只应当是一个，那就是同级政府采购监督管理部门，而H公司则是将投诉书递送给该市的政府采购中心，以及该市的财政局党委、纪检组，市纪委、监察局等部门。显然，H公司违反了上述《政府采购法》第五十五条的规定，不仅使投递主体不正确，还使投递主体由一个变成了多个，因而，得到了不予受理的结果。

（2）投诉事实不确切。H公司投诉书中所反映的事实与真实情况不相符。首先，政府采购中心没有"暗箱操作"，政府采购中心接受委托后，按规定程序在监管机构规定的媒体上发布了采购信息，并广泛邀请供应商参加投标。其次，M公司没有说自己是成交货物生产商在本市的唯一代理商，也没有提供什么成交货物生产商的授权书，只是按招标文件要求，提供了所供仪器设备是正品的证明资料，因此H公司在投诉书中所说的M公司制造假授权书的事实根本不成立。最后，政府采购中心所履行的采购程序合法合规。政府采购中心在规定的时间内，组成谈判小组，并按规定程序，在有关部门的监督下履行了谈判等程序，M公司是从四家供应商中评出的，而不是人为指定的。之所以H公司在投诉书中所反映的事实不确切，是因为该公司错误地理解了供应商的"资信条件"，把生产商所规定的代理商不得跨地区销售的企业规定，误认为是供应商的"资信条件"，因而就以为M公司不符合资格，不能中标，以至于产生M公司制造假授权书，政府采购中心"暗箱操作"，使"造假者成交"等一些不符合事实的说法。

（3）投诉程序不合规。按照《政府采购法》的规定，供应商的正确投诉程序是：

首先要向采购人或采购代理机构提出质疑，只有在被质疑人未按时作出答复，或对其作出的答复不满意的情况下，才可以在质疑答复期满后15个工作日内向同级政府采购监督管理部门提出投诉。另外，供应商也只有对同级政府采购监督管理部门的投诉处理决定不服，或采购监督管理部门逾期未作处理决定的，才能再依法申请行政复议或向人民法院提起行政诉讼。本案例中H公司既没有向采购人或采购代理机构提出质疑，也不存在被质疑人未按时作出答复，而是完全跨过了质疑程序，直接提起投诉，显然，投诉程序不合规。

2．答：结合本案，政府集中采购管理的流程主要包括以下几部分：

（1）编制计划。主管部门接到财政部下达的部门预算后在规定时间内，编制集中采购实施计划并委托负责本部门、本系统政府集中采购的集中采购机构实施采购。

（2）签订委托协议。主管部门与集中采购机构签订委托代理协议，确定委托代理事项，约定双方的权利与义务。

（3）制定操作方案。集中采购机构汇总各中央单位政府集中采购实施计划，并与委托方协商后，制定具体操作方案，包括协议供货采购、定点采购方案。

（4）组织采购。集中采购机构采用公开招标方式或财政部批准的其他采购方式，按照经备案或审批的操作方案开展采购活动。

（5）确定中标、成交结果。集中采购机构被授权确定中标或成交结果的，应当在集中采购工作完成后3个工作日内，将中标结果通知委托方，并发出中标或成交通知书，同时发布中标或成交公告。

（6）中央单位应当自中标、成交通知书发出30日内，与中标、成交供应商签订采购合同。

3．答：政府采购中采购合同规定为：各种采购方式的政府采购合同原则上应当由使用单位与中标供应商签订，使用单位是采购单位所属基层单位的也可以委托其主管单位与中标供应商签订，但应当在合同条款中明确各自的责任。（财政）联合集中采购和（总局）统一采购的合同副本应分别报送财政部和总局计财司。政府采购合同依法成立，合同双方应当全面履行合同的约定，任何一方不得擅自变更或者解除合同。涉及联合集中采购和（总局）统一采购的合同，经合同双方协商一致，对实质性条款进行变更的，采购单位应当将变更后的合同及时报财政部和总局计财司备案。

案例二：

1. 答：本案例中，该次采购能够完成经历了公开招标采购、竞争性谈判采购、单一来源采购三种方式。

该次采购过程的特点有以下3点：一是时间跨度长，从招标文件准备开始一直到签订政府采购合同，历时4个多月；二是涉及政府采购多种采购方式之间的转换，每种采购方式的采购文件制作、采购流程组织都不相同；三是评审过程中不仅涉及实物样品的打分，还有对响应文件的综合评审；四是尽管采购中心事先考虑到许多可能出现的情况，但最终按单一来源方式采购。

2. 答：竞争性谈判采购的优点在于：①周期短，工作量小，采购项目能够更快地完成，及时满足使用单位的需求；②采购人可以与供应商进行更为灵活的谈判，更好地适应使用单位的需求；③更好地保护民族产业。

竞争性谈判采购的缺点在于：①在谈判供应商的选择问题上，由于采购人享有较大的自由，容易造成采购人权力的滥用；②由于参与谈判的供应商数量较少，一些情况下也可能导致不能采购到符合要求的产品而需要重新进行采购。

单一来源采购的优点在于：周期更短，工作量更小，采购项目能够更快地完成，及时满足使用单位的需求。相对于招标采购和谈判采购而言，单一来源采购中采购人所要做的工作更少，由于不存在竞争，只需与一家供应商进行接触，可以最大限度地节约时间，特别是在进行紧急采购的情况下，可以最大限度地满足采购人的时间要求。

单一来源采购的缺点在于：由于不存在竞争，容易导致采购人权力的滥用，滋生腐败。还有可能出现供应商产品质量的下降或者价格的提高的现象，不利于保证采购的质量。

3. 答：（1）单一采购来源的适用条件

符合下列情形之一的货物或者服务，可以依法采用单一来源方式采购：①只能从唯一供应商处采购的；②发生了不可预见的紧急情况不能从其他供应商处采购的；③必须保证原有采购项目一致性或者服务配套的要求，需要继续从原供应商处添购，且添购资金总额不超过原合同采购金额10%的。

（2）单一来源采购的主要程序

单一性来源采购的程序与竞争性谈判的程序大致相同，除了前者只有1家供应商参与，而后者有3家以上的供应商参与竞争以外，程序的流程大致相同。采取单一来源方式采购的，采购人与供应商应当遵循本法规定的原则，在保证采购项目质量和双方商定合理价格的基础上进行采购。

案例三：

1. 答：被告畜牧兽医总站在核查过程中，发现原告提交的投标文件中，涉案冷冻切片机生产制造认可表是由其他型号的合格切片机制造表变造而来。原告在投标时采用变造手段弄虚作假，其行为违反了《招标投标法》的规定，属于无效行为，其在投标过程中所发生的损失是其采用虚假材料进行投标所致；被告的行为不是原告未中标及损失发生的直接原因，故涉案后果应由原告自行承担，其诉讼请求于法无据，不予支持。为此驳回原告的诉讼请求。

2. 答：中央单位主管部门的主要职责是：

（1）制定本部门、本系统政府采购实施办法。

（2）编制本部门政府采购预算和政府采购实施计划。

（3）协助实施政府集中采购。

（4）统一组织实施部门集中采购项目。

（5）按规定权限对所属单位的政府采购活动实施管理。

（6）推动和监督所属单位政府采购工作。

（7）统一向财政部报送本部门、本系统有关政府采购的审批或备案文件、执行情况和统计报表。

3. 答：财政部对集中采购机构政府采购活动进行经常性监督检查的主要内容是：

（1）内部制度建设和监督制约机制落实情况。

（2）政府集中采购目录执行情况。

（3）政府采购备案审批事项落实情况。

（4）政府采购评审专家抽取和使用情况。

（5）政府采购信息在财政部指定发布媒体上的公告情况。

（6）政府采购工作效率、采购价格和资金节约率情况。

（7）服务质量和信誉状况。

（8）对供应商询问、质疑处理情况。

（9）有关政府集中采购规定和政策执行情况。

（10）法律、行政法规和制度规定的其他事项。

第七章 采购与民事诉讼

一、知识概述

通过本章的学习，掌握采购实务中民事诉讼对当事人和诉讼代理人、证据和证明以及保证制度法律规定。了解民事诉讼的基本制度，包括管辖、调解和解制度。

二、基本概念

1. 概念1——民事诉讼

【说明】民事诉讼，是指人民法院在当事人以及其他人员的参与下，按照法律规定认定案件事实并适用法律以解决纠纷、保障当事人合法权益的各种活动的总称。对于法院而言，民事诉讼是一个认定事实、适用法律的过程；对于当事人而言，民事诉讼是一个解决纠纷、保障权益的过程。

2. 概念2——合议制度

【说明】合议制度，简称合议制，是指人民法院在审理案件时，由数名审判员或者署名审判员与陪审员共同组成合议庭对案件进行审判的制度。合议制度能够充分发挥集体智慧与力量，弥补个人知识与经验的不足，并在各个审判员或者陪审员之间形成一定的制约，防止单个审判员在审判中的恣意。

3. 概念3——独任制

【说明】独任制是与合议制相对应的一种制度，是指由一名审判员对案件进行审判的制度。独任制的优点在于效率比较高，还能节约一定的司法资源，缓解日益增长的纠纷诉讼对法院人数要求的巨大压力。

4. 概念4——回避制度

【说明】回避制度，是指人民法院在审理民事案件的过程中，审判人员与案件存在某种关系的情形下，审判人员应当退出本案审理的制度。

5. 概念5——陪审制度

【说明】陪审制度，是指审判员以外的社会公众代表参与案件审判的制度。参与案件审判的社会公众代表成为陪审员。社会公众代表参与案件审判，一方面可以充分发挥公众对司法的监督作用，另一方面可以在审判组织中产生内在的制约效果。

6. 概念6——公开审判制度

【说明】公开审判制度，是指审判过程的公开与审判结果的公开，既包括向案件当事人公开也包括向社会公开。在某些特殊情况下，案件的审判过程不宜公开，但是审判的结果必须公开。

7. 概念7——两审终审制度

【说明】两审终审制度，是指案件经过两级人民法院审判后即告终结的制度。当事人就争议初次向法院提出诉讼时，法院对案件进行的审判称为一审。当事人在一审法院作出判决之后若有不服的，有权向上一级法院提出上诉，由上一级法院对案件进行二审。二审法院所作出的判决是具有终局性效力的最终判决，当事人无权再向上一级法院提出上诉。两审终审制度一方面保证当事人在不满一审判决的情况下有权向其上一级法院寻求援助，另一方面又保证了案件不会因为当事人的反复缠讼而导致司法资源的浪费以及案件争议处理的久争不下，既保证了公正又兼顾了效率。

8. 概念8——级别管辖

【说明】级别管辖，是指各级人民法院之间受理民事案件的分工与权限。一般情况下，第一审民事案件由基层人民法院管辖。基层人民法院是设置在区县一级的人民法院，具体包括县人民法院、县级市人民法院、自治县人民法院和市辖区人民法院。

9. 概念9——一般地域管辖

【说明】一般地域管辖，是指以当事人的所在地与法院的隶属关系确定第一审民事案件的管辖法院的制度。一般情况下，地域管辖应当遵循原告就被告原则，即对公民提起的民事诉讼，由被告住所地人民法院管辖，被告住所地与经常居住地不一致的，由经常居住地人民法院管辖。

10. 概念10——专属管辖

【说明】专属管辖，是指某些特殊类型的案件专门由特定的法院进行管辖的制度。属于专属管辖的案件，当事人不得用书面协议选择其他国家法院管辖，但当事人协议选择仲裁裁决的除外。

11. 概念11——移送管辖

【说明】移送管辖，是指人民法院发现受理的案件不属于本院管辖的，将案件移送有管辖权的人民法院，受移送的人民法院应当受理的制度。受移送的人民法院认为受移送的案件依照规定不属于本院管辖的，应当报请上级人民法院指定管辖，不得再自行移送。

12. 概念12——指定管辖

【说明】指定管辖，是指人民法院因对案件的管辖权发生争议并无法协商解决的情形下，由双方的共同上级法院指定管辖法院的制度。人民法院之间因管辖权发生争议，有关人民法院均应当立即停止进行实体审理，由争议双方对管辖权问题进行协商解决；协商解决不了的，报请它们的共同上级人民法院指定管辖。

13. 概念13——管辖权异议

【说明】管辖权异议，是指当事人对人民法院的管辖权提出异议的制度。人民法院受理案件后，当事人对管辖权有异议的，应当在提交答辩状期间提出。在一般情况下，提出管辖权异议的以被告居多。

14. 概念 14——调解

【说明】调解，是指在一个中立第三方的主持下，双方当事人就民事权益争议自愿、平等地进行协商，达成协议，解决纠纷的活动。根据中立机构的不同，调解包括人民调解委员会调解与法院调解。

15. 概念 15——当事人

【说明】当事人，是指以自己的名义，就特定的民事争议要求法院行使民事裁判权的人，具体而言包括原告、被告和第三人。原告是提起民事诉讼并参与民事诉讼的人，被告是被提起民事诉讼而参与民事诉讼的人，第三人是因与案件的诉讼标的存在一定联系而参与民事诉讼的人。公民、法人和其他组织均可作为民事诉讼的当事人。

16. 概念 16——无独立请求权的第三人

【说明】无独立请求权的第三人，是指因案件的处理结果与其有法律上的利害关系而参加到诉讼中来的人。有独立请求权的第三人与无独立请求权的第三人的区别在于，前者对本案的诉讼标的享有独立的请求权，而后者只是与案件结果有法律上的利害关系，对于本案的诉讼标的并不享有独立的请求权。

17. 概念 17——妨害民事诉讼行为

【说明】妨害民事诉讼行为，是指当事人及其他诉讼参与人或者案外人在诉讼过程中故意实施的扰乱民事诉讼秩序、阻挠民事诉讼进程的行为。

18. 概念 18——期间

【说明】期间，是指受诉法院、当事人或者其他诉讼参与人各自单独进行或者完成某种诉讼行为的期限。期间包括法定期间、人民法院指定的期间和当事人约定的期间。

三、重点内容

1. 民事审判的基本制度

（1）合议制度。

（2）回避制度。

（3）陪审制度。

（4）公开审判制度。

（5）两审终审制度。

2. 民事诉讼的证据

（1）证据的分类。

（2）证据的种类。

（3）证据保全。

3. 民事诉讼保障的特殊制度

（1）财产保全。

（2）先予执行。

（3）对妨害民事诉讼行为的强制措施。

四、习题与案例

（一）单选（本题共20小题）

在每小题列出的四个备选项中只有一个是符合题目要求的，请将其代码填写在题后的括号内。错选、多选或未选均无分。

1. 在对妨害民事诉讼行为的强制措施中，拘留的期限为＿＿＿＿以下。对个人的罚款金额为人民币1000元以下，对单位的罚款金额为人民币1000元以上＿＿＿＿以下。（ ）

A. 10日 30000元   B. 15日 30000元

C. 10日 15000元   D. 15日 15000元

2. 人民法院对必须到庭的被告，经（ ）传票传唤，无正当理由拒不到庭的，可以拘传。

A. 一次   B. 两次

C. 三次   D. 四次

3. 财产保全，是指为了保证日后给付判决的顺利执行，人民法院对当事人争议的财产或者与本案有关的财产依法采取的各种（ ）措施。

A. 特殊性保护   B. 管理性保护

C. 转移性保护   D. 强制性保护

4. 申请人在人民法院采取保全措施后（ ）内不起诉的，人民法院应当解除财产保全。

A. 7日   B. 10日

C. 15日   D. 30日

5. 法定代理人，是指根据法律的规定代理（ ）的当事人参加诉讼，实施诉讼行为，诉讼结果归于当事人的人。

A. 无诉讼行为能力   B. 有诉讼行为能力

C. 未成年人   D. 限制民事行为能力

6. 无独立请求权的第三人，指因案件的处理结果与其有（ ）的利害关系而参加到诉讼中来的人。

A. 经济上   B. 血缘上

C. 法律上   D. 政治上

7. 调解书是法院对双方当事人的调解协议的确认，相当于（ ），调解达成协议，人民法院应当制作调解书。

A. 法院决议   B. 法院裁判

C. 处理意见   D. 法律合同

8. 共同诉讼，指当事人一方或者双方均为（ ）的诉讼。

A. 3人或3人以上   B. 2人

C. 3 人　　　　　　　　　　　　D. 2 人或 2 人以上

9. 人民法院对当事人提出管辖权的异议，应当认真进行审查，并在（　　）内作出异议是否成立的书面裁定。

A. 7 日　　　　　　　　　　　　B. 10 日

C. 15 日　　　　　　　　　　　 D. 30 日

10. 调解指在一个中立第三方的主持下，双方当事人就民事权益争议自愿、平等地进行协商，达成协议，解决纠纷的活动。根据中立机构的不同，调解包括（　　）与法院调解。

A. 人民调解委员会调解　　　　　B. 街道委员会调解

C. 基层人民政府调解　　　　　　D. 基层人民检察院调解

11. 专属管辖指某些特殊类型的案件专门由（　　）进行管辖的制度。

A. 特定的法院　　　　　　　　　B. 专属的法院

C. 上级人民法院　　　　　　　　D. 中国人民法院

12. 一般情况下，地域管辖应当遵循（　　）原则，即对公民提起的民事诉讼，由被告住所地人民法院管辖，被告住所地与经常居住地不一致的，由经常居住地人民法院管辖。

A. 地域优先　　　　　　　　　　B. 被告就原告

C. 时间优先　　　　　　　　　　D. 原告就被告

13. 两个以上人民法院都有管辖权的诉讼，_____可以向其中一个人民法院起诉；原告向两个以上有管辖权的人民法院起诉的，由_____管辖（　　）。

A. 原告　原告户籍所在地人民法院　　B. 被告　最先立案的人民法院

C. 被告　被告户籍所在地人民法院　　D. 原告　最先立案的人民法院

14. 下列案件中，除了（　　），其他都不属于公开审判制度审判范围。

A. 涉及国家秘密的案件

B. 当事人没有申请不公开审理，但涉及商业秘密的案件

C. 涉及个人隐私的案件

D. 经当事人申请，人民法院决定不公开审理的涉及商业秘密的案件

15. 下列选项中，（　　）不是公民担任人民陪审员应当具备的条件。

A. 拥护《中华人民共和国宪法》　　B. 身体健康、品行良好、公道正派

C. 年满 21 周岁　　　　　　　　　D. 具有大学专科以上文化程度

16. 人民陪审员和法官组成合议庭审判案件时，合议庭中人民陪审员所占人数比例应当不少于（　　）。

A. 1/2　　　　　　　　　　　　B. 1/3

C. 1/4　　　　　　　　　　　　D. 1/5

17. 与合议制度相对应的是（　　），指由一名审判员对案件进行审判的制度。

A. 独任制　　　　　　　　　　　B. 独议制

C. 单任制   D. 单议制

18. 在采购活动中发生的争议主要是(   )的争议，在法律上也主要是通过民事诉讼的途径进行解决。

A. 债权关系   B. 合同纠纷

C. 物权关系   D. 财产关系

19. 当审判人员具有(   )情形时，当事人及其法定代理人有权要求回避，但应当提供相关证据材料。

A. 是本案的当事人或者与当事人有直系血亲、三代以内旁系血亲及姻亲关系的

B. 本人或者其近亲属与本案有利害关系的

C. 未经批准，私下会见本案一方当事人及其代理人、辩护人的

D. 担任过本案的证人、鉴定人、勘验人、辩护人、诉讼代理人的

20. 人民法院依照非诉讼程序如督促程序、公示催告程序审理的案件，由于此类案件性质、内容以及目的的特殊性，实行(   )。

A. 两审终审   B. 一审终审

C. 不公开审理   D. 回避制度

(二) 多选（本题共 10 小题）

请把正确答案的序号填写在题中的括号内，多选、漏选、错选不给分。如果全部答案的序号完全相同，例如全选 ABCDE，则本大题不得分。

1. 财产保全可以分为_____和_____两种。(   )

A. 强制保全   B. 诉讼保全

C. 诉前保全   D. 诉中保全

E. 诉后保全

2. 审判人员具有(   )情形之一的，应当自行回避，当事人及法定代理人也有权要求他们回避，但无须提供证据证明。

A. 是本案的当事人或者与当事人有直系血亲、三代以内旁系血亲及姻亲关系的

B. 本人或者其近亲属与本案有利害关系的

C. 担任过本案的证人、鉴定人、勘验人、辩护人、诉讼代理人的

D. 与本案的诉讼代理人、辩护人有夫妻、父母、子女或者同胞兄弟姐妹关系的

E. 本人与本案当事人之间存在其他利害关系，可能影响案件公正处理的

3. 下列人员不得担任陪审员的是(   )。

A. 年满 23 周岁的   B. 因犯罪受过刑事处罚的

C. 品行良好、公道正派   D. 被开除公职的

E. 人民代表大会常务委员会的组成人员，人民法院、人民检察院、公安机关、国家安全机构、司法行政机构的工作人员和职业律师等人员

4. 对于法院而言，民事诉讼是一个(   )的过程。

A. 认定事实　　　　　　　　B. 解决纠纷

C. 保障权益　　　　　　　　D. 寻求救济

E. 适用法律

5. 地域管辖指同级的各地区法院之间受理第一审民事案件的分工与权限。地域管辖又可以进一步分为(　　)。

A. 一般地域管辖　　　　　　B. 特殊地域管辖

C. 专属管辖　　　　　　　　D. 牵连管辖

E. 移送管辖

6. 送达，是指人民法院依照法定的方式和程序，将诉讼文书送交当事人和其他诉讼参与人的行为。送达包括(　　)等多种方式。

A. 直接送达　　　　　　　　B. 留置送达

C. 委托送达　　　　　　　　D. 邮寄送达

E. 转交送达和公告送达

7. 调解协议的内容不得违反法律规定。调解协议具有(　　)情形之一的，人民法院不予确认。

A. 如何承担诉讼费用没有达成协议的

B. 侵害国家利益、社会公共利益的

C. 侵害案外人利益的

D. 违背当事人真实意思的

E. 违反法律、行政法规禁止性规定的

8. 根据共同诉讼标的的不同，可以将共同诉讼分为(　　)。

A. 普通公共诉讼　　　　　　B. 特殊共同诉讼

C. 必要共同诉讼　　　　　　D. 非必要共同诉讼

E. 一般性共同诉讼

9. 下列人员中可以作为诉讼代理人的是(　　)。

A. 律师　　　　　　　　　　B. 当事人的近亲属

C. 无民事行为能力的人　　　D. 有关社会团体或所在单位推荐的人

E. 被限制民事行为能力的人

10. 根据证据表现形式与证明方式的不同，可以将证据分成(　　)。

A. 书证、物证　　　　　　　B. 视听资料

C. 证人证言、当事人陈述　　D. 鉴定结论

E. 勘验笔录

（三）名词解释（本题共 10 小题）

1. 民事诉讼

2. 合议制度

3. 级别管辖

4. 调解

5. 无独立请求权的第三人

6. 期间

7. 两审终审制度

8. 回避制度

9. 独任制

10. 移送管辖

（四）判断（本题共 20 小题）

对的在括号内画 "√"，错误的画 "×"。

1. 根据与待证事实之间联系的不同，可以把证据分为直接证据与间接证据。（　　）

2. 证据保全的启动方式有两种，即当事人申请法院保全和法院主动实施保全。（　　）

3. 证明对象，指当事人在诉讼过程中所要证明的对象，主要指当事人所主张的案件事实。（　　）

4. 众所周知的事实，指一定区域内所有人都知道的事实。（　　）

5. 经当事人申请，人民法院可以组织当事人在开庭审理前交换证据。（　　）

6. 法院在 4 月 1 日对甲乙之间的采购合同纠纷作出判决，并于 4 月 5 日将判决书同时送达甲乙之后，甲乙提起上诉的 15 日期间便应当是 4 月 5 日起算至 4 月 19 日止。（　　）

7. 对不予受理、驳回起诉和管辖权异议裁定不服提起上诉的案件和依审判监督程序审理的案件需要缴纳案件受理费。（　　）

8. 人民法院接受当事人财产保全申请后，对情况紧急的，必须在 24 小时内作出裁定。（　　）

9. 人民法院对必须到庭的被告，经两次传票传唤，无正当理由拒不到庭的，可以拘传。（　　）

10. 需要对诉讼参与人和其他人采取拘留措施的，应经人民法院院长批准，作出拘留决定书，由司法警察将被拘留人送交当地公安机关看管。拘留的期限为 15 日以下。（　　）

11. 在诉讼中，个人工商户以营业执照上登记的业主为当事人。（　　）

12. 调解协议时双方当事人经调解达成一致以后所制作的文书，相当于双方当事人签订的合同。（　　）

13. 有管辖权的人民法院受理案件后，可以以行政区域变更为由，将案件移送给变更后有管辖权的人民法院。（　　）

14. 由中华人民共和国人民法院专属管辖的案件不包括在中华人民共和国中外合作经营企业合同中发生纠纷提起的诉讼。（　　）

15. 一般情况下，地域管辖应当遵循原告就被告原则。（　　）

16. 高级人民法院管辖的第一审民事案件不包括下级人民法院移送审判的第一审案件。（　　）

17. 由于国家公权力的介入，使得诉讼程序具有了强制性和终局性的特点。（　　）

18. 只有当人民法院适用简易程序审理第一审案件，或者适用督促程序时才适用独任制。（　　）

19. 对于当事人而言，民事诉讼是一个认定事实、适用法律的过程。（　　）

20. 院长担任审判长时的回避，由审判委员会决定；审判人员的回避由院长决定；其他人员的回避由审判长决定。（　　）

（五）简答（本题共 12 小题）

将答案要点写出并作简要叙述，必要时可以画出流程图或示意图进行阐述。

1. 简述民事诉讼的主要特征。

2. 简述民事诉讼的效力范围。

3. 简述民事审判中合议制度的适用范围。

4. 简述在民事诉讼中，何种情形下审判人员应当自行回避。

5. 简述陪审制度的适用范围。

6. 简述取得陪审员资格的条件。

7. 简述陪审员的权利与义务。

8. 请列举在何种情况下，民事诉讼中地域管辖的管辖法院将发生一定变化。

9. 简述在民事诉讼中哪些人可以作为第三人参加诉讼。

10. 简述民事诉讼保障制度中送达的方式。

11. 简述诉讼保障制度中财产保全的适用条件。

12. 简述诉讼保障制度中先予执行的适用条件。

（六）论述（本题共 8 小题）

要求阐述过程中理论联系实际、结构严谨、分析透彻，必要时可以画出流程图或示意图进行阐述。

1. 论述采购与民事诉讼中民事审判的基本制度。

2. 论述民事诉讼中特殊地域管辖的内容。

3. 论述民事诉讼中共同诉讼的种类。

4. 论述民事诉讼中证据的质证内容。

5. 论述民事诉讼保障制度中送达的不同方式。

6. 论述诉讼保障基本制度中诉讼费用的内容。

7. 论述构成妨害民事诉讼行为应当符合的条件。

8. 论述在诉讼中无须证明的事实包括哪些内容。

（七）案例分析（本题共 3 小题）

案例一：某建筑公司与业主招投标合同案例

【一审情况】

1. 一审诉辩主张

（1）原告诉称：1997 年 3 月 10 日我公司中标被告广安县农工商公司综合楼工程，并按约定履行了中标单位的义务。为准备该综合楼工程的修建，我公司已订立两份购销合同，并分别缴纳了定金、保证金。现被告以自建该综合楼工程为由，违反招标合同约定，给我公司造成了重大经济损失。请求法院判令被告给予赔偿，并双倍返还保证金 2000 元和资料费 300 元。

（2）被告辩称：我公司与原告广安县观塘建筑公司只形成初评中标关系，双方并未签订工程承包合同。原告与他人签订的合同无权要求我方赔偿损失。

2. 一审事实和证据

四川省广安地区中级人民法院经开庭审理查明：广安县农工商公司因修建双降解塑料厂综合楼，根据有关规定，广安县农工商公司将工程投标者须知、工程地址及现场条件、工程承包范围、方式、工期要求、工程技术要求、其他说明事项等编写了《施工招标综合说明书》，并对外张贴招标公告。广安县观塘建筑公司领取了施工招标说明书，交纳资料费300元和招标保证金1000元参加了该工程投标。1997年3月10日，该工程招标小组在招标大会上宣布：广安县观塘建筑公司中标广安县农工商公司综合楼工程。次日观塘建筑公司为中标工程与广安地区日杂废旧公司签订了一份订购钢材合同，并交纳定金5万元；与侯晓俊签订了一份订购木材合同，并交保证金2万元。同日，观塘建筑公司按招标公告要求，向广安县农工商公司交纳工程保证金时，农工商公司以工程自建为由拒收。同月16日，观塘建筑公司进入施工现场搭建工棚，支出工人工资、拉运材料等费用900元。

上述事实有下列证据证明：

（1）农工商公司编写的《施工招标综合说明书》。

（2）观塘建筑公司与广安地区日杂废旧公司签订的订购钢材合同。

（3）观塘建筑公司与侯晓俊签订的订购木材合同。

（4）广建招〔1997〕字第08号关于"综合楼由观塘建筑公司承包，不存在自建的问题"的批复等证据。

3. 一审判案理由

四川省广安地区中级人民法院认为：观塘建筑公司依照招投标程序取得承建农工商公司综合楼中标资格，应属有效。观塘建筑公司为中标工程必需的钢材、木材对外签订经济合同，并缴纳定金和保证金，其行为是基于中标资格的产生，与中标存在直接联系，观塘建筑公司的中标资格未取消，承建农工商公司综合楼工程按规定应当发生。观塘建筑公司因农工商公司不履行招标单位义务致订购钢材、木材合同不能履行，其定金、保证金等经济损失应由农工商公司承担主要责任，观塘建筑公司负次要责任。

4. 一审定案结论

四川省广安地区中级人民法院根据《中华人民共和国民法通则》第一百零六条第一款之规定，作出如下判决：

（1）广安县农工商公司返还四川省广安县观塘建筑公司资料费300元、招标保证金2000元。

（2）广安县观塘建筑公司进场施工的材料、搭建工棚、工人工资等经济损失900元及为中标工程订购钢材、木材等经济损失70000元，共计70900元，由广安县观塘建筑公司承担13570元，由广安县农工商公司承担57330元。

案件受理费15000元，其他诉讼费2000元，共计17080元，由广安县观塘建筑公司承担3400元，由四川省广安县农工商公司承担13600元。

【二审诉辩主张】

1. 一审判决后，四川省广安县农工商公司不服，向四川省高级人民法院提起上诉。

其主要理由是：农工商公司在修建双解塑料厂时，搭建综合楼工程，并对该两项工程同时进行了招标，后经农业银行检查认为其违反了贷款用途，农工商公司迫于自己不可抗拒的事由作出了停建综合楼工程的决定，一审将此认定为农工商公司自建综合楼不妥；中标通知书是确定中标单位的法定文件，观塘建筑公司在未接到中标通知书，更未与招标单位签订建筑工程承包合同，就与他人签订工程备料合同，属盲目行为，由此而产生的损失与农工商公司无关；1997 年 3 月 11 日下午，农工商公司立即电话通知观塘建筑公司综合楼停建，次日上午，观塘建筑公司派员到农工商公司交纳工程保证金，农工商公司拒收保证金，并再次告之了综合楼停建的情况，此后，观塘建筑公司又与他人签订合同并交纳定金和保证金，故意制造重大损失，应自行承担；经向广安地区日杂废旧公司了解，该公司未与建筑公司签订过购销钢材合同，更未收取定金，故购销钢材的定金损失属观塘建筑公司虚构，且该合同约定的钢材总量是综合楼工程用钢量的 2.03 倍；1997 年 3 月 16 日，观塘建筑公司已明知综合楼停建，其强行进场搭建工棚造成的损失，与农工商公司无关；本案实际标的额仅 7 万余元，一审法院收取 15000 元案件受理费不妥。请求撤销原判，依法改判。

2. 观塘建筑公司辩称：农工商公司在招标大会上宣布观塘建筑公司中标综合楼工程，双方的合同关系基本成立，观塘建筑公司基于取得了中标资格，为工程与他人签订了备料合同，并交付了定金和保证金，因农工商公司以自建为由，拒绝与建筑公司签订建筑工程承包合同，导致备料合同无法履行，所交付的定金不能收回，造成损失，农工商公司对此负有不可推卸的责任；对于观塘建筑公司与广安地区日杂废旧公司签订的购销钢材合同，广安地区日杂废旧公司的经理并不知道，故农工商公司的广安地区日杂废旧公司经理的证词否定观塘建筑公司与广安地区日杂建材分公司签订购销钢材合同的事实缺乏依据，原审处理正确，应予维持。

【二审事实和证据】

四川省高级人民法院审理查明：1997 年 3 月 3 日，农工商公司编写了农工商公司双降解塑料厂厂房、综合楼建设工程施工招标综合说明书，并对外张贴招标公告。3 月 8 日，观塘建筑公司在农工商公司领取了施工招标说明书，并交纳 300 元资料费和 1000 元招标保证金，参加了该工程投标。3 月 10 日，召开决标大会，经由农工商公司及其主管部门广安县乡镇企业局、广安县建设工程施工招标投标办公室、广安县纪委、监察局组成的招标小组评定：观塘建筑公司以综合得分第一名取得综合楼中标资格。3 月 12 日，观塘建筑公司与广安地区日杂废旧公司日杂建材分公司签订购销钢材合同，约定：观塘建材分公司于 1997 年 3 月 25 日—5 月 10 日供应建筑公司钢材 85.5 吨，建筑公司预付定金 5 万元。与侯晓俊签订木材购销合同，约定：侯晓俊为观塘建筑公司承建农工商公司的综合楼工程，供应木材，观塘建筑公司向侯晓俊交纳合同定金 5 万元和保证金 2 万元，建材分公司和侯晓俊向观塘建筑公司出具了收条。同时，观塘建筑公司按照招标说明书要求向农工商公司交纳工程保证金 5 万元，农工商公司以自建综合楼为由拒收该保证金。3 月 13 日，广安县建设工程施工招标投标办公室向观塘建筑公司签发了农工商公司综合楼工程中标通知书。3月16日，观塘建筑公司进入施工现场搭建工棚，遭到农工商公司阻止，双方发生争执，后经当地公安机关解决，得以平息。观塘建筑公司为此支付工人工资、拉运材料等费用900元。农工商公司以综合楼停建为由，拒绝与观塘建筑公司签订建筑工程承包合同，酿成纠纷，观塘建筑公司提起诉讼，请求农工商公司双倍返还招标合同保证金5万元，赔偿经济损失25万元。

二审查明的证据与一审相同。

【二审判案理由】

四川省高级人民法院认为：农工商公司综合楼工程施工招、投标的程序和内容不违反国家法律和政策的有关规定，观塘建筑公司由此取得的中标资格应受法律保护，农工商公司以该工程停建为由，拒绝与观塘建筑公司签订建设工程承包合同，是酿成本案纠纷的主要原因，依据《四川省建设工程施工招标投标管理办法》的规定，应承担向观塘建筑公司返还资料费和双倍返还招标保证金的民事责任。为修建本案所涉工程需要，观塘建筑公司与广安地区日杂废旧公司日杂建材分公司、侯晓俊签约订货而形成的合同关系属另一民事法律关系，现尚未经法律程序确认，观塘建筑公司为履行该合同所支付的定金和保证金是否已为当然损失尚未明确，观塘建筑公司即在本案中径行提起请求农工商公司赔偿该定金和保证金损失的诉讼，其事实与法律依据不足，本院不予支持；建筑公司应在损失依法确定后，另案起诉。观塘建筑公司在已知农工商公司决定停建综合楼工程后，仍强行进场搭建工棚，对由此扩大的经济损失，农工商公司没有过错，应由观塘建筑公司自行承担，农工商公司就此提出的上诉理由成立，本院予以支持。

【二审定案结论】

四川省高级人民法院根据《中华人民共和国民事诉讼法》第一百五十三条第（二）项、《中华人民共和国民法通则》第一百一十一条、第一百一十二条之规定，作出如下判决：

（1）撤销四川省广安地区中级人民法院［1997］广中法经初字第33号民事判决。

（2）广安县农工商公司于本判决生效之日起10日内，返还广安县观塘建筑公司资料费300元、招标保证金2000元。

（3）驳回广安县观塘建筑公司的其他诉讼请求。

第一审案件受理费7010元，其他诉讼费2000元，共计9010元，由广安县观塘建筑公司承担2703元，广安县农工商公司承担6307元；第二审案件受理费7010元，其他诉讼费1000元，共计8010元，由广安县观塘建筑公司承担2403元，广安县农工商公司承担5607元。

结合案例，回答以下问题：

1. 请问酿成本案纠纷的主要原因是什么？一审、二审判决的主要分歧在哪里？

2. 请问在民事诉讼中，对双方的质证程序是如何规定的？

3. 通过观察二审法院的裁定，请问民事诉讼中诉讼费用是如何负担的？

案例二：商品房买卖的纠纷

【案情回放】

原告与被告系好友，被告购买了争议商品房后，由于被告无力负担每月的银行按揭，于是提出将其出售给原告。

原被告于 2005 年 7 月 10 日通过协商，双方在平等、自愿的基础上签订了某市某区盈家花园 10—1608 室的房屋买卖协议，房屋价款 305049 元。由于被告的房屋是银行按揭购房，在程序上必须将银行按揭贷款全部还清解除抵押后才能办理过户手续，原告一时也没有足够的款项办理解押，被告遂要求原告先行支付房款 8 万元，由原告从 2005 年 8 月起每月以被告的名义偿还贷款 2000 元，并以被告的名义缴纳契税和维修基金，办理产权证、土地证，现两证和购房发票等原件全部都交给原告。原告依据协议缴款后进行了装修和入住。

2007 年 5 月 19 日，原告和钱某某及中介公司签订了一份房屋买卖合同，将该房屋以 525000 元（含装修）的价格转让给钱某某，在卖房时，原告向中介公司和买房人都清楚地说明了房屋的权属情况，被告邹某某也同意协助办理过户手续。此后，钱某某向原告支付定金 1 万元、房款 8 万元，并付清银行按揭款项 214000 元，同年 6 月 21 日下午，钱某某准备将最后的 22 万元交付给原告时，被告突然提出要从她的卡上走个账，一会儿就还给原告，原告信以为真，就同意了，结果款项打到被告账户上，被告还给钱某某打了收条，就借口有事急忙离开了。

原告这才慌了神，要求被告实践自己的诺言，将款项还给原告，被告只是将其中的 10 万元还给原告，其余 12 万元拒绝给付原告，理由是她才是房屋的产权人，有理由得到销售房屋的增值部分。

经多次索要无着，原告诉至法院，要求被告返还该 12 万元。

【代理经过】

代理律师在了解清楚事实经过后，代理人认为主要有两个思路：

1. 以合同（2005 年 7 月 10 日）为由起诉被告违约，并要求赔偿实际损失。

2. 以不当得利为由起诉，要求被告返还财产。

由于针对 2005 年 7 月 10 日的合同，被告并非没有履行，其再次与钱某某签订买卖协议（过户用）也是原告明知的；代理人在斟酌后决定选择不当得利作为诉由进行起诉。

接受委托后，代理人调取了相关的证据材料，并依法申请证人（中介公司、钱某某）出庭作证，对本案的客观事实做了一个完整的调查，强化法庭审理效果。

庭审中，由于事实清楚、证据确凿、证人陈述的事实对原告也非常有利，唯一对原告不利的就是房屋的产权人从来都是被告，房屋是从被告名下直接过户到钱某某名下的。

所以针对该点不利，代理律师进行了重点论述，首先，2005 年 7 月 10 日的原被告的商品房买卖合同是合法有效的，依法应当支持；其次，原告已经完全按照该合同全面履行；再次，向第三人钱某某销售房屋的行为是原告自行决定的，是原告找的中介，是原告和钱某某谈妥的价格，是原告与钱某某、中介公司签订的买卖合同；最后，被告对原告将房屋销售给钱某某的过程中从来没有提出任何异议，配合原告和钱某某办理解押手续，并承诺协助办理过户，在房产局办完过户后，被告手中甚至连一份《买卖合同》都没有。

被告拿走原告应得 12 万元纯粹是其心理不平衡导致，加之了解原告的性格，利用了原告对其的信任，骗取了这笔钱。

房产证虽然在被告名下，但是客观事实却是被告已经将房屋转让给原告，法院应当保护交易安全，被告无权对该笔款项主张权利。

【审理结果】

某区人民法院于 2007 年 8 月 28 日作出［2007］民二初字第×号《民事判决书》，判决支持原告的诉讼请求，要求被告返还原告 12 万元。

法院认为："虽然某市某区盈家花园 10—1608 室原登记在被告名下，但根据原告与被告之间签订的房屋买卖协议、原告支付房款及房屋贷款、对房屋进行装修和入住、领取并持有房屋产权证的相关事实，可以证明原告是房屋的实际所有权人，故原告有权转让房屋，原告与钱某某签订的买卖合同合法有效；而钱某某与被告签订的房屋买卖协议目的只是用于办理房屋产权交易过户手续，并非确定房屋买卖权利义务的依据，故被告占有原告的房款 12 万元，没有合同和法律依据，应当返还。"

结合案例，回答以下问题：

1. 本案出现了三份买卖合同，它们的主体分别是谁？

2. 本案办理比较顺利的原因在于所有证据和证人证言都可以证明原告主张的事实，请问民事诉讼中是如何规定证人证言以及当事人陈述的？

3. 有人认为本案中判决书回避了产权证的作用，请问民事诉讼中是如何认定证据证明力的？

案例三：混凝土买卖合同纠纷案件中管辖问题

近年来，建筑房地产业的蓬勃发展在促进混凝土行业发展的同时，也加剧了混凝土行业的激烈竞争，使混凝土市场的供求关系发生了变化，即由原来的卖方市场转为买方市场。这种市场行情的转变也使混凝土公司从原来的交易活动中占据的主动地位转变为处于被动地位，最明显的特征是结算方式和付款方式发生了根本性变化。而现在的情况则是，由混凝土公司先垫资供货，买方在收到货之后分期付款。买方又往往不按照合同约定时间付款，造成货款被拖欠。建筑业的拖欠工程款问题是造成混凝土行业被拖欠货款问题最主要的原因；同时，部分施工企业不讲诚信、不按合同约定履行付款义务，少数施工企业恶意拖欠混凝土货款等行为，其目的就是为了不付款、少付款或者拖延付款时间，使得混凝土行业的拖欠货款问题越来越严重。

现在，随着社会经济环境的变化，混凝土业、建筑业以及相关的行业面临很大考验。以北京市场为例，绝大多数的混凝土公司被拖欠的货款数额都高达数千万元，少数大型的混凝土公司被拖欠的货款数额则达到了上亿元甚至几亿元，这种情况给混凝土公司正常的经营活动造成了严重的影响，有的混凝土公司因为货款被长期拖欠，资金周转困难，不能及时购进原材料，甚至已经停产。由于这些行业本身特殊性，要摆脱困境只能是让被拖欠的工程款迅速回笼。

混凝土公司在起诉时首要涉及的就是应当由哪个法院管辖的问题，在一定程度上，管辖问题会影响到诉讼的效率。如果混凝土买卖合同中没有约定管辖法院，应根据《民事诉讼法》第二十四条确定管辖法院，即"因合同纠纷提起的诉讼，由被告住所地或合同履行地人民法院管辖"。根据北京建筑市场的特点，有很多是外地进京的施工企业，这些外地施工企业有的是长期在京施工的大型建筑公司，也有的是干完一两个工程就离开北京的小型建筑公司。作为建筑材料供应商的混凝土公司不可避免地要与这些外地施工企业打交道。在发生纠纷时，如果由外地法院管辖，不但会增加诉讼成本，降低效率，而且还会给诉讼及执行带来诸多不便。

在实际的司法操作中，还有一种情况值得注意：在合同中未明确约定管辖法院的情况下，根据《民事诉讼法》第二十四条的规定，混凝土公司向合同履行地或被告住所地的法院起诉后，有一些施工企业仍然提出管辖权异议，而且在一审法院裁定驳回其申请后，一些施工企业在明知自己的上诉肯定被驳回的情况下，又继续上诉。实际上，施工企业是在通过管辖权异议提出的方式，来故意拖延还款时间。这样一来，少则拖延两三个月时间，多则拖延半年以上。实践中，这已经成为某些建筑施工企业在当被告时的一种惯用做法。所以，在此情况下，施工企业仍然提出管辖权异议的这种做法，从表面上看是在合理合法地行使法律赋予的权利，但是，其行为的结果却是造成了拖欠货款行为的延续，损害了混凝土公司的合法权益。

例如，2004 年，北京田×集团与北京市××混凝土有限公司签订混凝土买卖合同。2004—2006 年，北京市××混凝土有限公司一直给北京田×集团供应混凝土，但是，北京田×集团拖欠 600 余万元货款尚未给付。因此，2006 年 2 月，北京市××混凝土有限公司将北京田×集团告上法院，最终法院判决北京市××混凝土有限公司胜诉，但是北京田×集团声称没有能力支付货款。无奈之下，北京市××混凝土有限公司将债权转让给了河北省××市××公司并约定由合同签订地法院管辖，因此，河北省××市××公司将北京田×集团起诉至河北省××市人民法法院，法院立案并受理。北京田×集团提出管辖权异议，15 日内法院驳回异议，并开庭审理。最终，法院判决北京田×集团向河北省××市××公司支付 600 万元。河北省××市××公司向法院申请了强制执行，在执行法官的有力配合下，河北省××市××公司最终拿到了执行款。

结合案例，请回答以下问题：

1. 我国《民事诉讼法》是如何确定管辖法院的？

2. 请根据案中的管辖问题，阐述民事诉讼中的地域管辖。

3. 在特殊地域管辖中，对合同纠纷案件的管辖原则是什么？

五、参考答案

（一）单选答案（本题共 20 小题）

1	2	3	4	5	6	7	8	9	10
B	B	D	C	A	C	B	D	C	A
11	12	13	14	15	16	17	18	19	20
A	D	D	B	C	B	A	D	C	B

（二）多选答案（本题共 10 小题）

1	2	3	4	5	6	7	8	9	10
BC	ABCDE	BDE	AE	BACD	ABCDE	BCDE	AC	ABD	ABCDE

（三）名词解释答案（本题共 10 小题）

1. 答：民事诉讼，是指人民法院在当事人以及其他人员的参与下，按照法律规定认定案件事实并适用法律以解决纠纷、保障当事人合法权益的各种活动的总称。对于法院而言，民事诉讼是一个认定事实、适用法律的过程；对于当事人而言，民事诉讼是一个解决纠纷、保障权益的过程。

2. 答：合议制度简称合议制，是指人民法院在审理案件时，由数名审判员或者署名审判员与陪审员共同组成合议庭对案件进行审判的制度。合议制度能够充分发挥集体智慧与力量，弥补个人知识与经验的不足，并在各个审判员或者陪审员之间形成一定的制约，防止单个审判员在审判中的恣意。

3. 答：级别管辖，是指各级人民法院之间受理民事案件的分工与权限。一般情况下，第一审民事案件由基层人民法院管辖。基层人民法院是设置在区县一级的人民法院，具体包括县人民法院、县级市人民法院、自治县人民法院和市辖区人民法院。

4. 答：调解，是指在一个中立第三方的主持下，双方当事人就民事权益争议自愿、平等地进行协商，达成协议，解决纠纷的活动。根据中立机构的不同，调解包括人民调解委员会调解与法院调解。

5. 答：无独立请求权的第三人，是指因案件的处理结果与其有法律上的利害关系而参加到诉讼中来的人。有独立请求权的第三人与无独立请求权的第三人的区别在于，前者对本案的诉讼标的享有独立的请求权，而后者只是对案件结果有法律上的利害关系，对于本案的诉讼标的并不享有独立的请求权。

6. 答：期间，是指受诉法院、当事人或者其他诉讼参与人各自单独进行或者完成某种诉讼行为的期限。期间包括法定期间、人民法院指定的期间和当事人约定的期间。

7. 答：两审终审制度，是指案件经过两级人民法院审判后即告终结的制度。当事人就争议初次向法院提出诉讼时，法院对案件进行的审判称为一审。当事人在一审法院作出判决之后若有不服的，有权向上一级法院提出上诉，由上一级法院对案件进行二审。二审法院所作出的判决是具有终局性效力的最终判决，当事人无权再向上一级法院提出上诉。

8. 答：回避制度，是指人民法院在审理民事案件的过程中，审判人员与案件存在某种关系的情形下，审判人员应当退出本案审理的制度。

9. 答：独任制是与合议制相对应的一种制度，是指由一名审判员对案件进行审判的制度。独任制度的优点在于效率比较高，还能节约一定的司法资源，缓解日益增长的纠纷诉讼对法院人数要求的巨大压力。

10. 答：移送管辖，是指人民法院发现受理的案件不属于本院管辖的，将案件移送有管辖权的人民法院，受移送的人民法院应当受理的制度。受移送的人民法院认为受移送的案件依照规定不属于本院管辖的，应当报请上级人民法院指定管辖，不得再自行移送。

（四）判断答案（本题共 20 小题）

1	2	3	4	5	6	7	8	9	10
×	√	√	×	√	×	×	×	√	√
11	12	13	14	15	16	17	18	19	20
√	√	×	×	√	×	√	√	×	√

（五）简答答案（本题共 12 小题）

1. 答：民事诉讼主要有以下特征：

（1）当事人权利的可处分性。当事人参与民事诉讼主要是为了解决争议进而保障自身的合法权益，但是在诉讼过程中当事人也有权根据情况的需要对自身的权利进行处分，特别是在双方当事人单独进行协商和解或者在法院的主持下进行调解时，一方当事人有可能出于各种考虑而在某些方面作出妥协以换取对方当事人其他方面的让步，这样的方式更加有利于妥善解决双方的纠纷。

（2）诉讼程序的强制性与终局性。民事诉讼归根结底是国家动用公权力来解决当事人之间的争议，从而保障当事人的合法权益。由于国家公权力的介入，使得诉讼程序具有了强制性和终局性的特点。诉讼程序的强制性指民事诉讼的过程与结果都对当事人具有一定的强制作用。

2. 答：民事诉讼的效力范围包括：

（1）对人效力。公民之间、法人之间、其他组织之间以及他们相互之间因财产关系和人身关系发生纠纷的，有权提起民事诉讼。民事诉讼对公民之间、法人之间、其他组织之间以及他们相互之间的争议都是有效的，任意两者之间发生争议提起民事诉讼的，都应当适用《民事诉讼法》。

（2）对事效力。公民之间、法人之间、其他组织之间以及他们相互之间因财产关系和人身关系发生纠纷的，有权提起民事诉讼，民事诉讼中的诉讼对象主要是财产关系争议与人身关系争议。财产关系与人身关系的纠纷主要包括因物权关系、债权关系、知识产权关系、人身权关系引起的诉讼，如财产所有权纠纷、用益物权纠纷、担保物权纠纷、合同纠纷、无因管理纠纷、不当得利纠纷、侵权赔偿著作权纠纷、专利权纠纷、商标权纠纷、人格权纠纷和身份权纠纷等案件。

3. 答：民事审判中合议庭的适用非常广泛，人民法院以及适用普通程序审理第一审案件时应当适用合议制，人民法院审理第二审案件、发回重审的案件以及再审案件时都应当适用合议制。只有当人民法院适用简易程序审理第一审案件，或者适用督促程序时才适用独任制。

4. 答：在民事诉讼中审判人员具有下列情形之一的，应当自行回避，当事人及其法定代理人也有权要求他们回避：

（1）是本案的当事人或者与当事人有直系血亲、三代以内旁系血亲及姻亲关系的。

（2）本人或者其近亲属与本案有利害关系的。

（3）担任过本案的证人、鉴定人、勘验人、辩护人、诉讼代理人的。

（4）与本案的诉讼代理人、辩护人有夫妻、父母、子女或者同胞兄弟姐妹关系的。

（5）本人与本案当事人之间存在其他利害关系，可能影响案件公正处理的。

5. 答：人民法院审判下列第一审案件，由人民陪审员和法官组成合议庭进行，但适用简易程序审理的案件和法律另有规定的案件除外：

（1）社会影响较大的案件。

（2）民事案件原告或者被告申请由人民陪审员参加合议庭审判的案件。

6. 答：公民担任人民陪审员，应当具备下列条件：

（1）拥护《中华人民共和国宪法》。

（2）年满 23 周岁。

（3）品行良好、公道正派。

（4）身体健康。

（5）担任人民陪审员，一般应当具有大学专科以上文化程度。

下列人员不得担任人民陪审员：

（1）因犯罪受过刑事处罚的。

（2）被开除公职的。

（3）人民代表大会常务委员会的组成人员，人民法院、人民检察院、公安机关、国家安全机关、司法行政机关的工作人员和执业律师等人员。

7. 答：陪审员的权利义务主要包括以下几方面的内容：

（1）依法参加审判活动。依法参加审判活动是人民陪审员的权利和义务。

（2）评议权与表决权。合议庭评议案件时，实行少数服从多数的原则。

（3）获得补助权。人民陪审员因参加审判活动而支出的交通、就餐等费用，由人民法院给予补助。

（4）回避义务。人民陪审员的回避，参照有关法官回避的法律规定执行。

（5）其他义务。人民陪审员参加审判活动，应当遵守法官履行职责的规定，保守审判秘密、注重司法礼仪、维护司法形象。

8. 答：在特殊情况下，民事诉讼中地域管辖的管辖法院将发生一定变化：

（1）当事人的户籍迁出后尚未落户，有经常居住地的，由该地人民法院管辖。没有经常居住地，户籍迁出不足一年的，由其原户籍所在地人民法院管辖；超过一年的，由其居住地人民法院管辖。

（2）双方当事人都被监禁或被劳动教养的，由被告原住所地人民法院管辖。被告被监禁或被劳动教养一年以上的，由被告被监禁地或被劳动教养地人民法院管辖。

9. 答：在民事诉讼中一般情况下，下列人员将作为第三人参加诉讼：

（1）代位权诉讼中的债务人。债权人以次债务人为被告向人民法院提起代位权诉讼，未将债务人列为第三人的，人民法院可以追加债务人为第三人。

（2）撤销权诉讼中的受益人或者受让人。债权人依照《合同法》第七十四条的规定提起撤销权诉讼时只以债务人为被告，未将受益人或者受让人列为第三人的，人民法院可以追加该受益人或者受让人为第三人。

（3）合同转让中的债权人。债权人转让合同权利后，债务人与受让人之间因履行合同发生纠纷诉至人民法院，债务人对债权人的权利提出抗辩的，可以将债权人列为第三人。

（4）反诉中的保证人。债务人对债权人提起诉讼，债权人提起反诉的，保证人可以作为第三人参加诉讼。

10. 答：送达，是指人民法院依照法定的方式和程序，将诉讼文书送交当事人和其他诉讼参与人的行为。送达使受送达人实施有关诉讼行为、行使诉讼权利、履行诉讼义务的起始日期得以确定。送达诉讼文书必须有送达回证，由受送达人在送达回证上记明收到日期、签名或者盖章，受送达人在送达回证上的签收日期即为送达日期。送达包括直接送达、留置送达、委托送达、邮寄送达、转交送达和公告送达等多种方式。

11. 答：财产保全，是指为了保证日后给付判决的顺利执行，人民法院对当事人争议的财产或者与本案有关的财产依法采取的各种强制性保护措施。诉讼保障制度中财产保全的适用条件主要有两项：

（1）案件属于具有财产给付内容的案件。只有当案件属于具有财产给付内容的案件时，才有适用财产保全的可能性，采购合同的纠纷案件基本上属于此类案件。如果案件并不属于具有财产给付内容的案件就不能适用财产保全，实际上也无法适用财产保全。

（2）当事人有转移、隐匿、出卖或者毁损财产等行为。当事人有上述行为的，有可能导致将来的案件判决不能得到履行，所有人有进行财产保全的必要性。

12. 答：先予执行，是指人民法院在受理案件后、终审判决作出前，根据一方当事人的申请，裁定另一方当事人向申请人给付一定的金钱或者其他财物，或者停止实施某种行为，并立即付诸执行的程序。人民法院裁定先予执行的，应当符合下列条件：

（1）当事人之间权利义务关系明确，不先予执行将严重影响申请人的生活或者生产经营的。人民法院对当事人申请先予执行的案件，只有在案件的基本事实清楚，当事人间的权利义务关系明确，被申请人负有给付、返还或者赔偿义务，先予执行的财产为申请人生产、生活所急需，不先予执行会造成更大损失的情况下，才能采取先予执行的措施。

（2）被申请人有履行能力。

（3）当事人申请。人民法院先予执行的裁定，应当由当事人提出书面申请，并经开庭审理后作出。在管辖权尚未确定的情况下，不得裁定先予执行。

（六）论述答案（本题共 8 小题）

1. 答：采购与民事诉讼中民事审判的基本制度主要包括以下内容：

（1）合议制度。合议制度简称合议制，是指人民法院在审理案件时，由数名审判员或者数名审判员与陪审员共同组成合议庭对案件进行审判的制度。合议制度能够充分发挥集体智慧与力量，弥补个人知识与经验的不足，并在各个审判员或者陪审员之间形成一定的制约，防止单个审判员在审判中的恣意。与合议制度相对应的是独任制，是指由一名审判员对案件进行审判的制度。独任制的优点在于效率比较高，还能节约一定的司法资源，缓解日益增长的纠纷诉讼对法院人数要求的巨大压力。

（2）回避制度。回避制度是指人民法院在审理民事案件的过程中，审判人员与案件存在某种关系的情形下，审判人员应当退出本案审理的制度。审判人员具有下列情形之一的，应当自行回避，当事人及其法定代理人也有权要求他们回避：①是本案的当事人或者与当事人有直系血亲、三代以内旁系血亲及姻亲关系的；②本人或者其近亲属与本案有利害关系的；③担任过本案的证人、鉴定人、勘验人、辩护人、诉讼代理人的；④与本案的诉讼代理人、辩护人有夫妻、父母、子女或者同胞兄弟姐妹关系的；⑤本人与本案当事人之间存在其他利害关系，可能影响案件公正处理的。

（3）陪审制度。陪审制度是指审判员以外的社会公众代表参与案件审判的制度。参与案件审判的社会公众代表成为陪审员。社会公众代表参与案件审判，一方面可以充分发挥公众对司法的监督作用，另一方面可以在审判组织中产生内在的制约效果。

（4）公开审判制度。公开审判制度是指审判过程的公开与审判结果的公开，既包括向案件当事人公开也包括向社会公开。在某些特殊情况下，案件的审判过程不宜公开，但是审判的结果必须公开。

（5）两审终审制度。两审终审制度是指案件经过两级人民法院审判后即告终结的制度。当事人就争议初次向法院提出诉讼时，法院对案件进行的审判称为一审。当事人在一审法院作出判决之后若有不服的，有权向上一级法院提出上诉，由上一级法院对案件进行二审。二审法院所作出的判决是具有终局性效力的最终判决，当事人无权再次向上一级法院提出上诉。两审终审制度一方面保证当事人在不满一审判决的情况下有权向其上一级法院寻求救济，另一方面又保证了案件不会因为当事人的反复缠讼而导致司法资源的浪费以及案件争议处理的久争不下，既保证了公正又兼顾了效率。

2. 答：特殊地域管辖，是指不仅以当事人的所在地为标准，还可以以引起诉讼的法律事实发生地或者诉讼标的物所在地为标准确定管辖法院的制度。

（1）合同纠纷案件的管辖。因合同纠纷提起的诉讼，由被告住所地或者合同履行地人民法院管辖。如果合同没有实际履行，当事人双方住所地又都不在合同约定的履行地的，应由被告住所地人民法院管辖。双方当事人在合同中对交货地点有约定的，以约定的交货地点为合同履行地；没有约定的，依交货方式确定合同履行地；采用送货方式的，以货物送达地为合同履行地；采用自提方式的，以提货地为合同履行地；代办托运或按木材、煤炭送货办法送货的，以货物发运地为合同履行地。

（2）保险合同的管辖。因保险合同纠纷提起的诉讼，由被告住所地或者保险标的物所在地人民法院管辖。如果保险标的物是运输工具或者运输中的货物，由被告住所地或者运输工具登记注册地、运输目的地、保险事故发生地的人民法院管辖。

（3）票据纠纷的管辖。因票据纠纷提起的诉讼，由票据支付地或者被告住所地人民法院管辖。票据支付地，是指票据上载明的付款地。票据未载明付款地的，票据付款人（包括代理付款人）的住所地或主营业所所在地为票据付款地。

（4）运输合同纠纷的管辖。因铁路、公路、水上、航空运输和联合运输合同纠纷提起的诉讼，由运输始发地、目的地或者被告住所地人民法院管辖。

（5）侵权纠纷的管辖。因侵权行为提起的诉讼，由侵权行为地或者被告住所地人民法院管辖。侵权行为地，包括侵权行为实施地、侵权结果发生地。

（6）产品质量纠纷的管辖。因产品质量不合格造成他人财产、人身损害提起的诉讼，产品制造地、产品销售地、侵权行为地和被告住所地的人民法院都有管辖权。

（7）海事赔偿的管辖。因船舶碰撞或者其他海事损害事故请求损害赔偿提起的诉讼，由碰撞发生地、碰撞船舶最先到达地、加害船舶被扣留地或者被告住所地人民法院管辖。

（8）海难救助费用纠纷的管辖。因海难救助费用提起的诉讼，由救助地或者被救助船舶最先到达地人民法院管辖。

（9）共同海损诉讼的管辖。因共同海损提起的诉讼，由船舶最先到达地、共同海损理算地或者航程终止地的人民法院管辖。

3. 答：根据共同诉讼标的的不同，可以将共同诉讼分为普通共同诉讼和必要共同诉讼。普通共同诉讼，是指当事人一方或者双方为二人以上，其诉讼标的属于同一种类，人民法院认为可以合并审理并经当事人同意后所进行的诉讼；必要共同诉讼，是指当事人一方或者双方为二人以上，其诉讼标的是共同的，各个共同当事人一起参与的诉讼。在共同诉讼中都存在两个或者两个以上的诉讼，但是由于这些诉讼之间具有某种相似性而被合并在一起进行，因此得名共同诉讼。

普通共同诉讼与必要共同诉讼的区别在于，普通共同诉讼的诉讼标的是同类的，必要共同诉讼的诉讼标的是同一的。普通共同诉讼是可分的诉讼，而必要共同诉讼是不可分的诉讼。必要共同诉讼是必须合并的诉讼，否则其中的一个或者几个没有参与的诉讼将不得再单独提起，必要共同诉讼也就因此得名；普通共同诉讼不是必须合并的诉讼，普通共同诉讼中的一个或者几个诉讼即使没有参与共同诉讼，也可以单独提起诉讼。必要共同诉讼的一方当事人的诉讼行为经其他共同诉讼人承认，对其他共同诉讼人发生效力；普通共同诉讼中一方当事人的诉讼行为对其他共同诉讼人不发生效力。

4. 答：双方按照各自的证明责任收集证据进而向法院提交，并通过法院进行交换获得对方所提交的证据并对其进行一定的调查核实以后，双方将在开庭时对对方提供的证据进行质证，指出证据的缺陷或者不足。

（1）质证的程序。证据应当在法庭上出示，由当事人质证，涉及国家秘密、商业秘密和个人隐私或者法律规定的其他应当保密的证据除外。未经质证的证据，不能作为认定案件事实的依据。当事人在证据交换过程中认可并记录在卷的证据，经审判人员在庭审中说明后，可以作为认定案件事实的依据。质证时，当事人应当围绕证据的真实性、关联性、合法性，针对证据证明力有无以及证明力大小，进行质疑、说明与辩驳。人民法院依照职权调查收集的证据应当在庭审时出示，听取当事人意见，并可就调查收集该证据的情况予以说明。案件有两个以上独立的诉讼请求的，当事人可以逐个出示证据进行质证。经法庭许可，当事人可以向证人、鉴定人、勘验人发问。询问证人、鉴定人、勘验人不得使用威胁、侮辱及不适当引导证人的言语和方式。对书证、物证、视听资料进行质证时，当事人有权要求出示证据的原件或者原物。

（2）质证的要求。证人应当出庭作证，接受当事人的质询。证人在人民法院组织双方当事人交换证据时出席陈述证言的，可视为出庭作证。出庭作证的证人应当客观陈述其亲身感知的事实。证人为聋哑人的，可以以其他表达方式作证。证人作证时，不得使用猜测、推断或者评论性的语言。审判人员和当事人可以对证人进行询问。证人不得旁听法庭审理；询问证人时，其他证人不得在场。人民法院认为有必要的，可以让证人进行对质。鉴定人应当出庭接受当事人质询。鉴定人确因特殊原因无法出庭的，经人民法院准许，可以书面答复当事人的质询。当事人可以向人民法院申请由 $1 \sim 2$ 名具有专门知识的人员出庭就案件的专门性问题进行说明。审判人员和当事人可以对出庭的具有专门知识的人员进行询问。经人民法院准许，可以由当事人各自申请的具有专门知识的人员就有案件中的问题进行对质。具有专门知识的人员可以对鉴定人进行询问。

5. 答：送达，是指人民法院依照法定的方式和程序，将诉讼文书送交当事人和其他诉讼参与人的行为。送达使得受送达人实施有关诉讼行为、行使诉讼权利、履行诉讼义务的起始日期得以确定。送达诉讼文书必须有送达回证，由受送达人在送达回证上记明收到日期、签名或者盖章，受送达人在送达回证上的签收日期即为送达日期。送达包括直接送达、留置送达、委托送达、邮寄送达、转交送达和公告送达等多种方式。

（1）直接送达。送达诉讼文书，一般情况下应当直接送交受送达人。受送达人是公民的，本人不在交由他的同住成年家属签收；受送达人是法人或者其他组织的，应当由法人的法定代表人、其他组织的主要负责人或者该法人、组织办公室、收发室、值班室等负责收件的人签收；受送达人有诉讼代理人的；可以送交其代理人签收；受送达人已向人民法院指定代收人的，送交代收人签收。

（2）留置送达。受送达人或者他的同住成年家属拒绝接收诉讼文书的，送达人应当邀请有关基层组织或者所在单位的代表到场，说明情况，在送达回证上记明拒收事由和日期，由送达人、见证人签名或者盖章，把诉讼文书留在受送达人的住所，即视为送达。

（3）委托送达和邮寄送达。直接送达诉讼文书有困难的，可以委托其他人民法院代为送达，或者邮寄送达。邮寄送达的，以回执上注明的收件日期为送达日期。邮寄送达，应当附有送达回证。

（4）转交送达。受送达人是军人的，通过其所在部队团以上单位的政治机关转交。受送达人是被监禁的，通过其所在监所或者劳动改造单位转交。受送达人是被劳动教养的，通过其所在劳动教养单位转交。

（5）公告送达。受送达人下落不明，或者用上述方式无法送达的，应当公告送达。自发出公告之日起，经过60日，即视为送达。

6. 答：诉讼保障基本制度中，当事人应当向人民法院缴纳的诉讼费用包括：

（1）案件受理费。下列案件不缴纳案件受理费：①依照《民事诉讼法》规定的特别程序审理的案件；②裁定不予受理、驳回起诉、驳回上诉的案件；③对不予受理、驳回起诉和管辖权异议裁定不服，提起上诉的案件；④依审判监督程序审理的案件。但是当事人有新的证据，足以推翻原判决、裁定，向人民法院申请再审，人民法院经审查决定再审的案件，以及当事人对人民法院第一审判决或者裁定未提出上诉，第一审判决、裁定或者调解书发生法律效力后又申请再审，人民法院经审查决定再审的案件，当事人仍然应当缴纳案件受理费。

（2）申请费。应当缴纳申请费的事项包括：①申请执行人民法院发生法律效力的判决、裁定、调解书，仲裁机构依法作出的裁决和调解书，公证机构依法赋予强制执行效力的债权文书；②申请保全措施；③申请支付令；④申请公示催告；⑤申请撤销仲裁裁决或者认定仲裁协议效力；⑥申请破产；⑦申请海事强制令、共同海损理算、设立海事赔偿责任限制基金、海事债权登记、船舶优先权催告；⑧申请承认和执行外国法院判决、裁定和国外仲裁机构裁决。

（3）证人、鉴定人、翻译人员、理算人员在人民法院指定日期出庭发生的交通费、住宿费、生活费和误工补贴。证人、鉴定人、翻译人员、理算人员在人民法院指定日期出庭发生的交通费、住宿费、生活费和误工补贴，由人民法院按照国家规定标准代为收取。

（4）其他费用。当事人复制案件卷宗材料和法律文书应当按实际成本向人民法院缴纳工本费。除此之外，诉讼过程中因鉴定、公告、勘验、翻译、评估、拍卖、变卖、仓储、保管、运输、船舶监管等发生的依法应当由当事人负担的费用，人民法院根据谁主张、谁负担的原则，决定由当事人直接支付给有关机构或者单位，人民法院不得代收代付。

7. 答：妨害民事诉讼行为，指当事人及其他诉讼参与人或者案外人在诉讼过程中故意实施的扰乱民事诉讼秩序、阻挠民事诉讼进程的行为。构成妨害民事诉讼的行为，应当符合下列条件：

（1）行为条件。妨害民事诉讼行为的行为人故意实施了一定的行为或者故意不实施一定的行为。如某案件的原告甲故意在法庭上辱骂被告欠债不还，同时还厉声指责承办法院收受贿赂、徇私舞弊，还联合其家属数人对制止其行为的承办人大打出手，并造成其重伤，导致诉讼程序无法继续进行。又如某案件的被告乙在法院判决其败诉，经上诉仍然败诉以后对法院判决极其不满，一直拒绝履行判决内容。在法院对其进行强制执行时，乙从厨房拿出一把菜刀对执行法官实施人身威胁，导致法院判决无法及时执行。甲和乙的上述行为便有可能构成妨害民事诉讼的行为。

（2）时间条件。妨害民事诉讼的行为发生在诉讼进行过程中。如上例中甲如果在案件败诉后一直心存不满，某日在路上偶遇承办法官，便对其破口大骂并直至大打出手，造成该法官重伤。甲的这种行为发生在民事诉讼依法终结之后，属于一般的故意伤害行为，应当由被辱骂的法官向公安机关报警，由公安机关对甲进行立案侦查，通过正常的刑事诉讼程序对甲进行惩罚。

（3）结果条件。妨害民事诉讼的行为扰乱了诉讼秩序、妨害了诉讼的正常进行。若丙在诉讼过程中仅因为轻微不满而对对方当事人稍有微词，并说了一句脏话，但没有出现过激行为，民事诉讼仍然正常进行。那么甲说脏话的行为由于情节轻微，并没有对民事诉讼造成妨害，不构成妨害民事诉讼的行为。

8. 答：在诉讼中无须证明的事实包括以下几方面内容：

（1）诉讼上自认的事实。自认，是指一方当事人在诉讼中对对方当事人所主张的不利于自己的事实表示承认的行为。诉讼过程中，一方当事人对另一方当事人陈述的案件事实明确表示承认的，另一方当事人无须举证。对一方当事人陈述的事实，另一方当事人既未表示承认也未否认，经审判人员充分说明并询问后，其仍不明确表示肯定或者否定的，视为对该项事实的承认。

（2）自然规律及定理。自然规律及定理是已经被无数前人所证明过的事实，因而无须证明。

（3）众所周知的事实。众所周知的事实，是指一定区域内大多数人都知道的事实。由于采购事实的发生往往只限于少数涉及采购事项或者与采购事项相关的人员，并不为大多数人包括法院所了解，当事人有必要在法庭上证明该项事实的存在。如果一项事实已经为大多数人所知道，那么也就证明其存在的必要了。

（4）推定的事实。推定的事实，是指依据法律规定或者经验法则从已知事实推断出来的事实。依照法律规定所作出的推定在司法实践中的运用较为广泛。

（5）预决的事实。预决的事实，是指已为人民法院发生法律效力的裁判所确认的事实，或者已为仲裁机关的生效裁决所确认的事实。

（6）经公正证明的事实。公正行为是国家行为，公正机关对事实的确认，是依照法定程序，经过严格的审查后作出的，一般而言具有真实性。当事人在提出公正文书后，便无须再对其主张的事实进行证明了。

需要注意的是，上述的6项无须证明的事实并非都是不可推翻的。除了第（1）项当事人自认的事实一般不得撤回以及第（2）项自然规律及定理是不得推翻的以外，对于第（3）项至第（6）项事实当事人有权提供足够的相反证据加以推翻。在上述六项无须证明的事实之外的其他事实，基本上都属于当事人应当证明的事实。而哪些当事人负责证明哪些事实的问题，以及如果当事人没有对这些事实进行证明的应当承担何种责任，便属于证明责任的问题了。

（七）案例分析答案（本题共 2 小题）

案例一：

1. 答：本案一审、二审判决对双方当事人所涉农工商公司综合楼工程施工的招标、投标的程序、内容和观塘建筑公司由此取得中标资格，以及农工商公司以该工程停建为由，拒绝与观塘建筑公司签订建筑工程承包合同，是酿成本案纠纷的主要原因。应承担相应责任的认定，是一致的。一审、二审判决的主要分歧在于对观塘建筑公司索赔的诉讼请求分别作出不同的结论。

二审法院在查清全案事实的基础上，确认农工商公司应承担向观塘建筑公司返还资料费和双倍返还招标保证金，按理，因农工商公司违约，还应依法承担相应的赔偿责任，但这是以对方已经造成损失为前提条件的。考虑到观塘建筑公司在诉讼期间未能提供因农工商公司违约而造成自己经济损失的事实依据，按照"谁主张、谁举证"原则，判决对观塘建筑公司的这一诉讼请求不予支持。此外，对观塘建筑公司在明知农工商公司已决定停建综合楼工程后，仍强行进场搭工棚由此扩大的经济损失部分，属于观塘建筑公司的过错，按过错责任原则，其损失应由其自行承担。故对其诉讼请求予以驳回，这是完全正确的。

2. 答：在民事诉讼中，对双方的质证程序按下列顺序进行：

①原告出示证据，被告、第三人与原告进行质证；②被告出示证据，原告、第三人与被告进行质证；③第三人出示证据，原告、被告与第三人进行质证。人民法院依照当事人申请调查收集的证据，作为提出申请的一方当事人提供的证据。人民法院依照职权调查收集的证据应当在庭审时出示，听取当事人意见，并可就调查收集该证据的情况予以说明。案件有两个以上独立的诉讼请求的，当事人可以逐个出示证据进行质证。经法庭许可，当事人可以向证人、鉴定人、勘验人发问。询问证人、鉴定人、勘验人不得使用威胁、侮辱及不适当引导证人的言语和方式。

3. 答：当事人应当向人民法院缴纳的诉讼费用包括：①案件受理费；②申请费；③证人、鉴定人、翻译人员、理算人员在人民法院指定日期出庭发生的交通费、住宿费、生活费和误工补贴；④其他费用（当事人复制案件卷宗材料和法律文书应当按实际成本向人民法院缴纳工本费）。

除此之外，诉讼过程中因鉴定、公告、勘验、翻译、评估、拍卖、变卖、仓储、保管、运输、船舶监管等发生的依法应当由当事人负担的费用，人民法院根据"谁主张、谁负担"的原则，决定由当事人直接支付给有关机构或者单位，人民法院不得代收代付。人民法院为诉讼参与人提供当地民族通用语言、文字翻译的，不收取费用。

案例二：

1. 答：第一份买卖合同的买卖双方分别是原告和被告；第二份买卖合同的主体是原告和钱某某，还有中介公司；第三份买卖合同的主体是被告和钱某某（房产局办理过户用）。

2. 答：证人证言，是指证人就自己感知的事实证明案件真实情况的证据。凡是知道案件情况的单位和个人，都有义务出庭作证。有关单位的负责人应当支持证人作证。证人应当具备一定的感知、记忆和表达能力，不能正确表达意志的人，不能作证。待证事实与其年龄、智力状况或者精神健康状况相适应的无民事行为能力人和限制民事行为能力人，可以作为证人。当事人的陈述，指案件当事人就自己感知的事实证明案件真实情况的证据。人民法院对当事人的陈述，应当结合本案的其他证据，审查确定能否作为认定事实的根据。当事人拒绝陈述的，不影响人民法院根据证据认定案件事实。

证人证言与当事人陈述都是以人的感知来证明案件事实的，所以应该尽早地对这些证据的内容进行提取并以某种形式固定下来，当证人和当事人在法庭上作证时，便可以通过一定的手段对其记忆进行恢复。还要注意的是，证人和当事人作证时应当具有一定的感知、记忆和表达能力，否则其所作的陈述非但不能证明案件事实，还会对法院认定案件事实造成混淆。证人与当事人的区别在于后者是案件争议的当事人，其证言具有明显的倾向性，当事人之间的陈述往往是对立的。证人相对而言比较中立，但也不排除证人因与当事人存在某种关系而对一方当事人有所偏袒，在对证人证言和当事人陈述进行审查时应当切实查证其陈述内容的真实性。

3. 答：在民事诉讼中认定证据证明力主要从以下方面入手：

一方当事人提出的下列证据，对方当事人提出异议但没有足以反驳的相反证据的，人民法院应当确认其证明力：①书证原件或者与书证原件核对无误的复印件、照片、副本、节录本；②物证原物或者与物证原物核对无误的复制件、照片、录像资料等；③有其他证据佐证并以合法手段取得的、无疑点的视听资料或者与视听资料核对无误的复制件；④一方当事人申请人民法院依照法定程序制作的对物证或者现场的勘验笔录。人民法院委托鉴定部门作出的鉴定结论，当事人没有足以反驳的相反证据和理由的，可以认定其证明力。一方当事人提出的证据，另一方当事人有异议并提出反驳证据，对方当事人对反驳证据认可的，可以确认反驳证据的证明力。

案例三：

1. 答：按《民事诉讼法》第二十四条确定管辖法院，即"因合同纠纷提起的诉讼，由被告住所地或合同履行地人民法院管辖"。

2. 答：地域管辖，指同级的各地区法院之间受理第一审民事案件的分工与权限。地域关系又可以进一步分为一般地域管辖、特殊地域管辖、专属管辖与牵连管辖。

一般地域管辖，是指以当事人的所在地与法院的隶属关系确定第一审民事案件的管辖法院的制度；特殊地域管辖，是指不仅以当事人的住所地为标准，还可以以引起诉讼的法律事实发生地或者诉讼标的物所在地为标准确定管辖法院的制度；专属管辖，是指某些特殊类型的案件专门由特定的法院进行管辖的制度；牵连管辖，是指本没有管辖权的法院对争议标的物实施诉前保全后取得管辖权的制度。

3. 答：在特殊地域管辖中，合同纠纷案件的管辖应遵循以下原则：

因合同纠纷提起的诉讼，由被告住所地或者合同履行地人民法院管辖。如果合同没有实际履行，当事人双方住所地又都不在合同约定的履行地的，应由被告住所地人民法院管辖。双方当事人在合同中对交货地点有约定的，以约定的交货地点为合同履行地；没有约定的，依交货方式确定合同履行地；采用送货方式的，以货物送达地为合同履行地；采用自提方式的，以提货地为合同履行地；代办托运或按木材、煤炭送货办法送货的，以货物发运地为合同履行地。合同中约定的货物到达地、到站地、验收地、安装调试地等，均不应视为合同履行地。当事人在合同中明确约定了履行地点或交货地点，但在实际履行中以书面方式或双方当事人一致认可的其他方式变更约定的，以变更后的约定确定合同履行地。当事人未以上述方式变更原约定，或者变更原合同而未涉及履行地问题的，仍以原合同的约定确定履行地。加工承揽合同，以加工行为地为合同履行地，但合同中对履行地有约定的除外。财产租赁合同、融资租赁合同以租赁物使用地为合同履行地，但合同中对履行地有约定的除外。

第八章　民事诉讼程序

一、知识概述

通过本章的学习，掌握采购实务涉及民事诉讼的第一审、第二审和执行程序的法律规定，了解这些法律规定在采购实务的特殊性。

二、基本概念

1. 概念1——起诉

【说明】起诉，是指公民、法人或者其他组织认为自己的合法权益受到侵害，以自己的名义依法向法院提起诉讼请求司法保护的行为。起诉是诉讼程序的启动方式，只有在当事人起诉的情况下，法院才有权对民事争议进行审理。

2. 概念2——撤诉

【说明】撤诉，是指在法院立案后直至宣判前，原告向法院撤回诉讼请求的行为。撤诉权只为原告所享有，并且行使撤诉权时应当经过法院许可。被告如诉讼程序中提出反诉的，也享有对反诉的撤诉权。有独立请求权的第三人也享有相应的撤诉权。

3. 概念3——中止诉讼

【说明】中止诉讼，是指诉讼因某些法定情形的出现而暂时中止，待法定情形消除后继续进行的制度。

4. 概念4——终结诉讼

【说明】终结诉讼，是指诉讼因某些法定情形的出现无法继续进行，由人民法院裁定结束本案当地程序的制度。

5. 概念5——简易程序

【说明】简易程序，是指基层人民法院及其派出法庭审理简单的第一审民事案件时所适用的程序。简易程序相对于普通程序，在程序各个阶段的各个环节都做了一定程度的简化，比普通程序更具效率。

6. 概念6——非诉讼案件

【说明】非诉讼案件，简称非诉案件，是指一些没有争议的案件可以通过法院加以解决，这类案件相对于普通程序、简易程序有所不同，通常被称为非诉讼案件，处理这类案件所适用的程序则被称为非诉讼程序，简称非诉程序。

7. 概念 7——公示催告程序

【说明】公示催告程序，是指人民法院根据当事人的申请，以公示的方式催告有关的利害关系人在法定期间内对公示的票据申报权利，如逾期无人申报，则根据当事人的申请依法对票据作出除权判决的程序。

8. 概念 8——救济程序

【说明】救济程序，是指当事人在法院对案件作出裁判后对裁判结果不满时继续寻求救济的程序，主要包括民事诉讼的第二审程序与民事诉讼的再审程序。

9. 概念 9——再审程序

【说明】再审程序，又称审判监督程序，是指人民法院为了纠正已经发生法律效力的裁判中存在的错误而对案件进行再次审理的程序。再审程序的启动方式有三种，即人民法院发现案件确有错误而决定再审、当事人申请再审符合法定条件的应当再审、检察院对案件提出审判监督抗诉的应当再审。

10. 概念 10——执行公开

【说明】执行公开，是指人民法院将案件执行过程和执行程序予以公开。人民法院应当通过通知、公告或者法院网络、新闻媒体等方式，依法公开案件执行各个环节和有关信息，但涉及国家机密、商业机密等法律禁止公开的信息除外。

11. 概念 11——执行担保

【说明】执行担保，是指在执行中，被执行人向人民法院提供担保，并经申请执行人同意的，人民法院可以决定暂缓执行及暂缓执行的期限。如果担保是有期限的，暂缓执行的期限应与担保期限一致，但最长不得超过一年。

12. 概念 12——执行和解

【说明】执行和解，是指在执行中双方当事人自行和解达成协议的，变更生效法律文书确定的履行义务主体、标的物及其数额、履行期限和履行方式。执行员应当将协议内容记入笔录，由双方当事人签名或者盖章。和解协议一般应当采取书面形式。

13. 概念 13——执行承担

【说明】执行承担，是指作为被执行人的公民死亡的，以其遗产偿还债务。作为被执行人的公民死亡，其遗产继承人没有放弃继承的，人民法院可以裁定变更被执行人，由该继承人在遗产的范围内偿还债务。继承人放弃继承的，人民法院可以直接执行被执行人的遗产。

14. 概念 14——代位执行

【说明】代位执行，是指被执行人不能清偿债务，但对本案以外的第三人享有到期债权的，人民法院可依申请执行人的申请，通知该第三人向申请执行人履行债务。该第三人对债务没有异议但又在通知指定的期限内不履行的，人民法院可以强制执行。

三、重点内容

1. 民事诉讼第一审普通程序的流程

（1）起诉与受理。

（2）审理前的准备。

（3）开庭审理。

（4）撤诉与缺席判决。

（5）中止诉讼与终结诉讼。

2. 民事诉讼的救济程序

（1）民事诉讼的第二审程序。

（2）民事诉讼的再审程序。

3. 民事案件执行程序的主要内容

（1）执行开始。

（2）执行异议。

（3）执行担保。

（4）执行和解。

（5）执行承担。

（6）代位执行。

（7）执行分配。

（8）中止执行与终结执行。

（9）执行监督。

（10）执行回转。

（11）执行期限。

四、习题与案例

（一）单选（本题共 20 小题）

在每小题列出的四个备选项中只有一个是符合题目要求的，请将其代码填写在题后的括号内。错选、多选或未选均无分。

1. 人民法院裁定准许诉前财产保全后，申请人应当在（　　）内提起诉讼。逾期不起诉的，人民法院应当解除财产保全。

A. 7 日
B. 10 日
C. 15 日
D. 30 日

2. 执行回转时，已执行的标的物系特定物的，应当（　　）。

A. 折价抵偿
B. 移交上级
C. 退换原物
D. 没收

3. 有下列情形之一的，人民法院应当裁定中止执行(　　)。

A. 申请人表示可以延期执行的

B. 作为一方当事人的公民死亡，需要等待继承人继承权利或者承担义务的

C. 一方当事人申请执行仲裁裁决，另一方当事人申请撤销仲裁裁决的

D. 作为被执行人的公民死亡，无遗产可供执行，又无义务承担人的

4. 中止执行的裁定书应当写明中止或终结执行的理由和法律依据。中止执行的裁定，送达当事人后(　　)。

A. 立即生效   B. 12 小时内生效

C. 24 小时内生效   D. 48 小时内生效

5. 多份生效法律文书确定金钱给付内容的多个债权人分别对同一被执行人申请执行，各债权人对执行标的物无担保物权的，按照执行法院采取执行措施的(　　)受偿。

A. 债权比例   B. 先后顺序

C. 金钱优先   D. 分配程序

6. 执行担保既可以由被执行人向人民法院提供财产作担保，也可以由(　　)作担保。

A. 人民法院   B. 第三人出面

C. 申请执行人   D. 相关单位

7. 执行员接到申请执行书或者移交执行书，人民法院应当在收到申请执行书后的(　　)内向被执行人发出执行通知，责令其在指定的期间履行，逾期不履行的，强制执行。

A. 1 日   B. 2 日

C. 3 日   D. 4 日

8. 当事人申请执行，应当向人民法院提交的文件和证件有(　　)。

A. 申请执行书和申请执行人的身份证明

B. 生效法律文书副本

C. 继承人或权利承受人申请执行的，应当提交继承或承受权利的证明文件

D. 以上三项都是

9. 在执行受理的条件中，申请执行的期限，双方或者一方当事人是公民的为_____，双方是法人或者其他组织的为_____。(　　)

A. 6 个月　1 年   B. 5 个月　1 年

C. 1 年　6 个月   D. 1 年　5 个月

10. (　　)是民事诉讼的主体程序，主要包括开庭、法庭调查、法庭辩论、合议庭评议和宣判等环节。

A. 开庭审理   B. 起诉与受理

C. 审理前的准备   D. 法院判决

11. 下列选项中不符合起诉条件的是(　　)。

A. 不属于人民法院受理民事诉讼的范围和受诉人民法院管辖

B. 原告是与本案有直接利害关系的公民、法人和其他组织，并以自己的名义提起诉讼

C. 有明确的被告

D. 有具体的诉讼请求和事实、理由

12. 下列说法不正确的是( )。

A. 驳回起诉是因为不符合条件而被驳回

B. 驳回诉讼请求是因为原告的主张不能得到法院的支持而被驳回

C. 驳回起诉与驳回诉讼请求的区别在于，驳回起诉是一种程序性的驳回，驳回诉讼请求是一种实体性的驳回

D. 驳回诉讼请求案件的实体性问题并没有得到处理，而驳回起诉是法院对案件实体性问题处理的结果

13. 在开庭审理的过程中，当事人的身份经审判长核对无误，且当事人对对方出庭人员没有异议，( )宣布各方当事人及其诉讼代理人符合法律规定，可以参加本案诉讼。

A. 书记员   B. 审判长

C. 审判员   D. 陪审员

14. 在民事诉讼中，对于对票据进行除权判决的案件，法院适用( )进行处理。

A. 特别程序   B. 公示催告程序

C. 督促程序   D. 简易程序

15. 民事诉讼的_____是指当事人在法院对案件作出裁判后对裁判结果不满时继续寻求_____的程序。( )

A. 第二审程序 帮助   B. 再审程序 救济

C. 帮助程序 帮助   D. 救济程序 救济

16. 人民法院审理对判决的上诉案件，应当在第二审立案之日起( )内审结。有特殊情况需要延长的，由受诉人民法院院长批准。

A. 半个月   B. 1个月

C. 2个月   D. 3个月

17. 下列说法中不正确的是( )。

A. 人民法院在审理民事、行政案件中作出的财产保全和先予执行裁定，由执行机构负责执行

B. 仲裁裁决书、公正债权文书，由被执行人住所地或者被执行的财产所在地人民法院执行

C. 发生法律效力的民事判决、裁定，以及刑事判决、裁定中的财产部分，由第一审人民法院执行

D. 申请保全的，由证据所在地的基层人民法院裁定并执行

18. 下列说法中不正确的是( )。

A. 人民法院查封、扣押、冻结被执行人的动产、不动产及其他财产权时，应当作出

裁定，并送达被执行人和申请执行人

B. 人民法院查封、扣押动产时，应当张贴封条或者公告，不可直接控制该项财产

C. 人民法院在查封不动产时，可以责令被执行人将有关财产权证交人民法院保管

D. 人民法院查封尚未进行权属登记的建筑物时，应当通知其管理人或者该建筑物的实际占有人，并在显著位置张贴公告

19. 查封、扣押的财产不宜由人民法院保管的，人民法院可以指定(　　)负责保管。

A. 担保物权人   B. 第三人

C. 被执行人   D. 申请执行人

20. 拍卖过程中，顺序相同的多个优先购买权人同时表示买受的，以(　　)的方式决定买受人。

A. 出价最高人   B. 出价先后顺序

C. 抽签   D. 加价幅度高低

(二) 多选（本题共 10 小题）

请把正确答案的序号填写在题中的括号内，多选、漏选、错选不给分。如果全部答案的序号完全相同，例如全选 ABCDE，则本大题不得分。

1. 开庭审理是民事诉讼的主体程序，主要包括(　　)等环节。

A. 开庭   B. 法庭辩论

C. 法庭调解   D. 合议庭评议

E. 宣判

2. 下列各项人民法院的裁定适用范围中，(　　)裁定可以上诉。

A. 不予受理   B. 对管辖权有异议

C. 驳回起诉   D. 财产保全和先予执行

E. 中止或者终结诉讼

3. 下列说法中，不正确的是(　　)。

A. 人们法院审理民事诉讼的审理期限，指从立案的次日起至裁判宣告、调解书送达之日止的期间

B. 公告期间、鉴定期间、审理当事人提出的管辖权异议以及处理人民法院之间的管辖争议期间不在人民法院审理民事诉讼的期限内

C. 人民法院适用普通程序审理的案件，应当在立案之日起 5 个月内审结

D. 如有特殊情况需要延长审结日期的，由人民法院院长批准，可以延长 6 个月

E. 已经由人民法院院长批准延长审结日期的案件，不得再申报上级人民法院延长期限

4. 民事诉讼中缺席判决主要适用的情形有(　　)。

A. 原告经传票传唤，无正当理由拒不到庭的，或者未经法庭许可中途退庭的，可以缺席判决

B. 被告经传票传唤，无正当理由拒不到庭的，或者未经法庭许可中途退庭的，可以缺席判决

C. 原告经传票传唤，无正当理由拒不到庭的，或者未经法庭许可中途退庭的，可以按撤诉处理；被告反诉的，可以缺席判决

D. 有独立请求权的第三人申请撤回参加之诉，人民法院经审查后裁定不许撤诉的，参加之诉可以缺席判决

E. 受送达人下落不明而采取公告送达方式送达传票时，如果公告期间届满，受送达人仍未到庭应诉的，可以缺席判决

5. 终结诉讼，指诉讼因某些法定情形的出现无法继续进行，由人民法院裁定结束本案当地程序的制度。下列选项中不属于终结诉讼法定情形的是(　　)。

A. 原告死亡，有继承人的

B. 原告死亡，没有继承人的

C. 原告死亡，继承人放弃诉讼权利的

D. 被告死亡，有继承人，但继承人放弃诉讼权利和义务的

E. 被告死亡，没有遗产，也没有应当承担义务的人的

6. 人民法院发出的受理申请公告的内容应包括(　　)。

A. 公示催告申请人的姓名或名称

B. 公示催告申请人的职业和年龄

C. 票据的种类、票面金额、发票人、持票人、背书人等

D. 申报权利的期间

E. 在公示催告期间转让票据权利、利害关系人不申报的法律后果

7. 第二审程序的裁判主要包括(　　)。

A. 驳回上诉维持原判　　　　　　　　B. 依法改判

C. 撤销原判发回重审　　　　　　　　D. 撤销原判驳回起诉

E. 撤销原裁定指令受理或者审理

8. 下列说法中不正确的是(　　)。

A. 拍卖成交的，拍卖机构可以按照一定比例向买受人收取佣金

B. 拍卖成交价 200 万元以下的，收取佣金的比例不得超过 8%

C. 拍卖成交价超过 200 万元至 1000 万元的部分，收取佣金比例不得超过 3%

D. 拍卖成交价超过 1000 万元至 5000 万元的部分，收取佣金比例不得超过 5%

E. 拍卖成交价超过 1 亿元的部分，收取佣金比例不得超过 1%

9. 涉外民事诉讼程序中享有司法豁免权的主体主要有(　　)。

A. 外交代表及预期共同生活的配偶和未成年子女

B. 使馆行政技术人员、领事官员和领馆行政技术人员

C. 来中国访问的外国国家元首、政府首脑、外交部长及其他具有同等身份的官员

D. 其他依照我国参加或者缔结国际条约的享有司法豁免权的外国人、外国组织或国

际组织

E. 当事人一方或双方是外国人、无国籍人、外国企业或组织

10. 涉外民事诉讼的原则包括（　　　）。

A. 适用我国民事诉讼法的原则　　　　B. 国际条约优先适用原则

C. 司法豁免原则　　　　　　　　　　D. 适用我国民族语言文字的原则

E. 委托中国律师代理诉讼原则

（三）名词解释（本题共 10 小题）

1. 起诉

2. 救济程序

3. 代位执行

4. 再审程序

5. 撤诉

6. 简易程序

7. 公示催告程序

8. 中止诉讼

9. 终结诉讼

10. 执行和解

（四）判断（本题共 20 小题）

对的在括号内画"√"，错误的画"×"。

1. 起诉是指当事人启动民事诉讼程序的行为，受理则是法院对当事人起诉行为的认可。（　　）

2. 起诉应当向人民法院递交起诉状，并按照被告人数提出副本。如被告为 5 人的，副本也应当是 5 份，即每名被告应当获得 1 份起诉状副本。（　　）

3. 起诉时被告下落不明的案件，经人民法院审查同意，可以适用简易程序进行审理。（　　）

4. 人民法院已经适用普通程序审理案件的，不得转为简易程序。（　　）

5. 督促程序作为非诉讼程序的一种，其特点是当事人之间存在着法律上的争议。（　　）

6. 再审程序，又称上诉审程序，指当事人不服法院的第一审裁判，在该项裁判生效之前向上一级法院提出上诉，上一级法院对案件进行审理所适用的程序。（　　）

7. 在民事诉讼的执行程序中，被执行人、被执行的财产在外地的，负责执行的人民法院必须直接到当地执行，不可委托他人代执行。（　　）

8. 对简单的民事案件，原告可以口头起诉，不用写起诉状。（　　）

9. 人民法院适用简易程序审理案件，应当在立案之日起 6 个月内审结。（　　）

10. 非诉讼案件，简称非诉案件，处理这类案件所适用的程序被称为非诉讼程序，简称非诉程序。（　　）

11. 再审程序的启动是法院行使公权力的结果，并非所有案件都会进入再审程序。只有当生效判决确有错误时，案件才会经再审程序重新处理。（　　）

12. 再审程序的启动方式有两种，即人民法院发现案件确有错误而决定再审和当事人申请再审符合法定条件的应当再审。（　　）

13. 上级法院协调处理有关执行争议案件，认为必要时，可以决定将有关款项划到本院指定的账户。（　　）

14. 人民法院的查封、扣押、冻结没有公示的，其效力不得对抗善意第三人。（　　）

15. 人民法院确定的保留价，第一次拍卖时，不得低于评估价或者市价的90%。（　　）

16. 执行回转时，已执行的标的物系特定物的，应当退还原物。不能退还原物的，可以折价抵偿。（　　）

17. 拍卖应当先期公告。拍卖不动产的应当在拍卖 7 日前公告；拍卖动产或其他财产权的，应当在拍卖 15 日前公告。（　　）

18. 人民法院审理涉外民事案件的期间，不受第一审 3 个月、第二审 6 个月的审理期限的限制。（　　）

19. 人民法院裁定准许诉前财产保全后，申请人应当在 30 日内提起诉讼。逾期不起诉的，人民法院应当解除财产保全。（　　）

20. 案外人对执行标的主张权利的，可以向执行法院提出异议。案外人异议一般应当以书面形式提出，并提供相应的证据。（　　）

（五）简答（本题共 10 小题）

将答案要点写出并作简要叙述，必要时可以画出流程图或示意图进行阐述。

1. 简述民事诉讼的第一审普通程序的内容。

2. 简述民事诉讼的第一审程序中审理前的准备工作。

3. 简述民事诉讼中按撤诉处理的主要情形。

4. 简述民事诉讼中缺席判决主要适用于哪些情形。

5. 简述民事诉讼的第一审简易程序必须符合的条件。

6. 简述民事诉讼中第二审程序的审理内容。

7. 简述民事诉讼的执行机构及其职责。

8. 简述民事诉讼的再审程序的启动方式。

9. 简述民事诉讼中人民法院对被执行人的哪些财产不得查封、扣押和冻结。

10. 简述民事执行措施中拍卖中止与终结的条件。

（六）论述（本题共 6 小题）

要求阐述过程中理论联系实际、结构严谨、分析透彻，必要时可以画出流程图或示意图进行阐述。

1. 论述民事诉讼的第一审程序中起诉必须符合的条件。

2. 论述民事案件的执行程序主要包括哪些流程。

3. 论述民事执行措施的主要内容。

4. 论述民事诉讼的第二审程序中上诉的条件。

5. 论述中止诉讼与终结诉讼的异同。

6. 论述第一审简易程序的特点。

（七）案例分析（本题共2小题）

案例一：船舶营运费用纠纷案

原告西班牙石油有限公司和西班牙石油化工有限公司因与被告阿根廷阿福卢埃姆有限公司船舶营运费用纠纷案，向天津海事法院提起诉讼。

原告西班牙石油有限公司和西班牙石油化工有限公司于1985年1月23日，与被告阿根廷阿福卢埃姆有限公司签订定舱单，由被告所属阿根廷籍"拉果阿卢米内"（M/VLA-GO ALUMINE）轮，将售给中国化工进出口公司的4500吨化工原料运往我国上海港和天津港。原告如数支付了运费。1985年3月26日，"拉果阿卢米内"轮驶抵埃及塞得港后，因被告以经济困难为由，拒付船员工资、港口使用费等营运费用，致使该轮停航45天。两原告为使该轮运输的货物顺利抵达目的港，垫付了本应由被告支付的船员工资、港口使用费337200美元。该轮抵达天津港后，西班牙石油有限公司、西班牙石油化工有限公司于同年6月19日，向天津海事法院提出海事请求权保全申请，要求扣押被申请人阿根廷阿福卢埃姆有限公司所属阿根廷籍"拉果阿卢米内"轮。

天津海事法院经审查，认为申请符合扣押船舶的条件并有合理的依据，经院长批准，于1985年6月28日将停泊在天津港的"拉果阿卢米内"轮予以扣押。

1985年7月8日，西班牙石油有限公司、西班牙石油化工有限公司向天津海事法院起诉，并申请强制出售被告所属"拉果阿卢米内"轮，以偿还原告垫付的船员工资、港口使用费等共计337200美元。

天津海事法院依照《中华人民共和国民事诉讼法（试行）》第九十三条第三款"人民

法院对查封、扣押的物品，不宜长期保存的，可以变卖，保存价款"的规定，于 1985 年 8 月 26 日，对被扣押的"拉果阿卢米内"轮，予以强制出售，保留所卖价款 46 万美元。与此同时，法院为保护"拉果阿卢米内"轮所有债权人的合法权益，分别在《中国日报》、《中国法制报》上刊登公告，限期申请债权登记。

被告未在法定期限内提出答辩。天津海事法院经两次合法传唤，被告均以经济困难为由，拒不出庭应诉。尔后，被告向法院提供的一信件中，承诺原告在埃及塞得港为其垫款 20 万美元，但对其他垫款的合法性与合理性表示异议。

由于被告经人民法院两次合法传唤，无正当理由拒不到庭应诉，天津海事法院依法缺席审理。经两次公开审理查明：

1985 年 1 月 23 日，两原告在西班牙马德里分别与被告签订定舱单，由被告所属"拉果阿卢米内"轮将原告的 4500 吨化工原料，由西班牙运往中国，其中从西班牙巴塞罗那港运往中国天津港二甲苯 2500 吨（毛重 2700 吨），按毛重每吨收取费用 78 美元；由西班牙阿尔赫西拉斯运往中国上海港和天津港的直链烷基苯 2000 吨（毛重 2224 吨），按毛重每吨收取费用 72 美元。

上列费用两原告均已如数付给被告。

1985 年 3 月 26 日，运载上述货物的"拉果阿卢米内"轮驶抵埃及塞得港后，因被告拒绝提供必要的营运费用，致使该轮在塞得港停留 45 天。两原告为使"拉果阿卢米内"轮继续航行至目的港，垫付了 1985 年 2 月 1 日至 4 月 30 日该轮船员工资 106378 美元；垫付了该轮在塞得港的港口使用费、运河费、船用油料和船员给养等费用 106373.08 美元。被告为归还两原告的垫款，于同年 5 月 17 日出具了垫款确认书和期票，保证在 6 月 6 日偿还两原告的垫款 20 万美元。之后，两原告又先后将 147572 美元汇至中国外轮代理公司上海分公司，以支付"拉果阿卢米内"轮在上海港和天津港的营运费用（实际支出 115773.84 美元）。以上两原告共垫付 328524.92 美元。两原告所垫付的船员工资，均有船长等 24 名船员确认；港口使用费及其他费用，有塞得港和上海港、天津港所在地的船舶代理公司的账单证实。被告为原告出具的垫款确认书和期票，因被告责任未能兑现。

天津海事法院审理认为：两原告在被告不履行返还垫款的承诺后，为保全其海事请求权的行使，申请扣押被告所属"拉果阿卢米内"轮是完全正当的。被告作为承运人，在签订定舱单后，理应提供适航的运货船舶，负责将原告交付的货物运送到目的港，完整地交付给收货人。由于被告对其所属"拉果阿卢米内"轮未提供必要的营运费用，致使该轮停留在塞得港，不能完成其原定航程，从而损害了原告的正当权益。因此，被告应对其未履行义务而造成原告所垫付的营运费用及其产生的应付利息和其他经济损失负赔偿责任。据此，依照《中华人民共和国民事诉讼法（试行）》的有关规定，参照国际航运惯例，于 1986 年 7 月 10 日判决被告赔付两原告为其所属"拉果阿卢米内"轮垫付的营运费用 328524.92 美元，利息 34812.86 美元及其他费用 1 万美元。

关于案件受理费 2833.3 美元，其他诉讼费 11370.7 美元，"拉果阿卢米内"轮债务清偿活动费 4600 美元，"拉果阿卢米内"轮扣押监管费、变卖手续费 52713.73 美元，以上共计 71517.73 美元由被告承担，自判决生效后，从"拉果阿卢米内"轮所变卖价款中先行扣除。

上述赔付部分的执行，自判决生效后，由原告与被告的其他债权人，从船舶变卖价款中共同清偿。

判决书送达后，被告没有上诉。

天津海事法院于同年 10 月 28 日，组织债务清偿小组负责办理清偿该轮的债务事宜。

经债务清偿小组审查确认债权人有：本案原告向被告追索的船舶营运费用；原"拉果阿卢米内"轮 24 名船员短缺工资的请求，决定根据 1985 年 2—5 月原告为该轮船员垫付并由船员签收确认的每日工资数额计算出每日平均值，为其日工资标准，依此对船员从 1985 年 6 月 1 日至 7 月 1 日离船期间应得工资进行清偿；中国石油化工进出口公司进口的 4500 吨化工原料，投保中国人民保险公司天津市分公司。货物运抵天津港后，经清点短缺货物价值合计 4638.64 美元，天津市保险分公司向承运人请求短缺货物赔偿及保险费。

1986 年 11 月 27 日，天津海事法院依照《中华人民共和国民事诉讼法（试行）》第一百八十条规定的债务清偿原则和顺序，参照国际海上运输惯例及充分考虑本案当事人和各债权人的合法权益，裁定：

（一）原告西班牙石油有限公司、西班牙石油化工有限公司受偿额为 332907.36 美元。

（二）债权人中国人民保险公司天津市分公司受偿额为 4638.64 美元。

（三）债权人原"拉果阿卢米内"轮 24 名船员受偿额 59434.32 美元。

结合案例，回答以下问题：

1. 在判决书送达后被告没有上诉后，天津海事法院做了哪些工作？

2. 案中由于被告经人民法院两次合法传唤，无正当理由拒不到庭应诉，天津海事法院依法缺席审理，请阐述民事诉讼程序法中是如何规定缺席判决的。

3. 根据法院最后的裁定，请说明判决书应当载明的内容。

案例二：多次抗诉的合同纠纷案

1992 年 3 月初，原告甲市供销社（A）与被告甲市粮管所（B）确定了购销进口复合肥 60 吨的合同。不久，双方便全部履行了合同义务。4 月中旬，双方又签订了一份再购

60 吨同类肥的合同，后因被告未按合同办事，货到站后，原告拒收。4 月 27 日，该批化肥经省化肥检验机构确定为假化肥，遂被工商机关查封。7 月上旬，被告未经工商机关同意，擅自全部将假化肥以 350 元/吨销售给农民，造成不良后果。为此，甲市乙区工商局对被告罚款 1.5 万元，对原告罚款 2000 元，并责令被告将所销售的"进口化肥"所得款全部退回。

1992 年秋，原告向乙区人民法院提起诉讼，请求判令被告返还全部货款，并赔偿一切损失。乙区人民法院受理后，于 1993 年 4 月 1 日作出一份"原告、被告各自负担各自损失"的判决。原告不服一审判决，向甲市中级人民法院提出上诉。同年 10 月 13 日，甲市中级人民法院认为一审"遗漏当事人"、"判决处理不当"作出撤销乙区人民法院 [1993] 乙经字第 2—2 号判决，发回重审的终审裁定。1994 年 7 月 28 日，乙区人民法院因"无法通知被遗漏的'第三人'（假化肥生产厂），无法查清本案全部事实"，遂依法作出（1994）乙民初字第 2—11 号中止诉讼裁定书。翌年 12 月 21 日，因甲市乙区人民检察院提请抗诉，甲市人民检察院遂以"无须追加第三人'广东厂家'"和"一审法院以独任制方式审理应当组成合议庭审理的案件，严重违反法定程序"为由向甲市中级人民法院提出抗诉。1996 年年初，甲市中级人民法院又依法作出要求一审法院再审的指令。1996 年 3 月 19 日，乙区人民法院作出（1996）乙民监字第 2 号裁定书，裁定"本案另行组成合议庭再审，并中止执行原（1994）乙民初字第 2—11 号中止诉讼裁定书"。同年 6 月，乙区人民法院经开庭再审，又依法作出（1996）乙民监字第 2 号判决，撤销该院（1993）乙民初字第 2 号民事判决书，撤销乙民初字第 2—11 号民事裁定书被告返还原告购"化肥"款 3.43 万元，原告付给被告差旅费 631.44 元。对此，原告、被告双方均不服，双方向甲市中级人民法院提出上诉。甲市中级人民法院经过认真再审理，认为一审法院审理本案程序和判决不合法，又作出（1996）甲经字第 08 号裁定书，裁定撤销（1996）乙民监字第 2 号判决书，并发回重审。1997 年 6 月 24 日，乙区人民法院依法作出乙民监字第 2 号民事裁定书，裁定撤销本院 1994 年 7 月 28 日作出的中止诉讼裁定书，恢复本案诉讼。前不久，乙区人民法院主持双方调解成功，被告自愿返还了原告的全部货款。

结合案例，请回答以下问题：

1. 本案例中判诉了多少次，最后是如何解决纠纷的？

2. 根据案件过程，请说明在民事诉讼程序中上诉的条件。

3. 根据本案调解结果，阐述第二审程序中和解失败后的裁判要求。

五、参考答案

（一）单选答案（本题共20小题）

1	2	3	4	5	6	7	8	9	10
D	C	D	A	B	B	C	D	C	A
11	12	13	14	15	16	17	18	19	20
A	D	B	B	D	D	A	B	C	C

（二）多选答案（本题共10小题）

1	2	3	4	5	6	7	8	9	10
ABCDE	ABC	CE	BCDE	AD	ACDE	ABCDE	BDE	ABCD	ABCDE

（三）名词解释答案（本题共10小题）

1. 答：起诉，是指公民、法人或者其他组织认为自己的合法权益受到侵害，以自己的名义依法向法院提起诉讼请求司法保护的行为。起诉是诉讼程序的启动方式，只有在当事人起诉的情况下，法院才有权对民事争议进行审理。

2. 答：救济程序，是指当事人在法院对案件作出裁判后对裁判结果不满时继续寻求救济的程序，主要包括民事诉讼的第二审程序与民事诉讼的再审程序。

3. 答：代位执行，是指被执行人不能清偿债务，但对本案以外的第三人享有到期债权的，人民法院可依申请执行人的申请，通知该第三人向申请执行人履行债务。该第三人对债务没有异议但又在通知指定的期限内不履行的，人民法院可以强制执行。

4. 答：再审程序，又称审判监督程序，是指人民法院为了纠正已经发生法律效力的裁判中存在的错误而对案件进行再次审理的程序。再审程序的启动方式有三种，即人民法院发现案件确有错误而决定再审、当事人申请再审符合法定条件的应当再审、检察院对案件提出审判监督抗诉的应当再审。

5. 答：撤诉，是指在法院立案后直至宣判前，原告向法院撤回诉讼请求的行为。撤诉权只为原告所享有，并且行使撤诉权时应当经过法院许可。被告如诉讼程序中提出反诉的，也享有对反诉的撤诉权。有独立请求权的第三人也享有相应的撤诉权。

6. 答：简易程序，是指基层人民法院及其派出法庭审理简单的第一审民事案件时所适用的程序。简易程序相对于普通程序，在程序各个阶段的各个环节都做了一定程度的简化，比普通程序更具效率。

7. 答：公示催告程序，是指人民法院根据当事人的申请，以公示的方式催告有关的利害关系人在法定期间内对公示的票据申报权利，如逾期无人申报，则根据当事人的申请依法对票据作出除权判决的程序。

8. 答：中止诉讼，是指诉讼因某些法定情形的出现而暂时中止，待法定情形消除后继续进行的制度。

9. 答：终结诉讼，是指诉讼因某些法定情形的出现无法继续进行，由人民法院裁定结束本案当地程序的制度。

10. 答：执行和解，是指在执行中双方当事人自行和解达成协议的，变更生效法律文书确定的履行义务主体、标的物及其数额、履行期限和履行方式。执行员应当将协议内容记入笔录，由双方当事人签名或者盖章。和解协议一般应当采取书面形式。

（四）判断答案（本题共20小题）

1	2	3	4	5	6	7	8	9	10
√	√	×	√	×	×	×	√	×	√
11	12	13	14	15	16	17	18	19	20
√	×	√	√	×	√	√	×	√	√

（五）简答答案（本题共10小题）

1. 答：普通程序是民事诉讼的基本程序，在一般情况下法院审理第一审民事案件应当适用普通程序。普通程序主要包括起诉与受理、审理前的准备、开庭审理三个阶段。

起诉是当事人启动民事诉讼程序的行为，受理则是法院对当事人起诉行为的认可。审理前的准备是法院在受理民事案件并立案后，对当事人提供的证据进行初步审核的程序，将诉讼文书在各个案件当事人之间进行传递，告知各个当事人诉讼期间与权利义务，并根据案件的准备情况确定开庭审理日期的程序。开庭审理是民事诉讼的主体程序，主要包括开庭、法庭调查、法庭辩论、合议庭评议和宣判等环节。其中法庭调查与法庭辩论又是最为重要的环节，在法庭调查环节，各方当事人出示证据，提供证言，并对各种类型的证据进行质证，帮助法院确定本案的基本事实。在法庭辩论环节，各方当事人将主要对本案的法律适用问题进行辩论。在法庭调查与法庭辩论的基础上，合议庭对本案的事实问题与法律问题进行评议，根据"以事实为依据、以法律为准绳"的原则在此基础上对案件作出判决。

2. 答：民事诉讼第一审程序中审理前的准备工作主要有以下几方面内容：

（1）诉讼文书的发送与信息的告知。人民法院应当在立案之日起 5 日内将起诉状副本发送被告，被告在收到之日起 15 日内提出答辩状。

（2）诉讼材料与证据的审核。当事人应当在举证期限内向人民法院提交证据材料，当事人在举证期限内不提交的，视为放弃举证权利。

（3）证据交换与和解。开庭前，合议庭可以召集双方当事人及其诉讼代理人交换、核对证据，核算账目。对双方当事人无异议的事实、证据应当记录在卷，并由双方当事人签字确认。

（4）开庭日期的确定。人民法院审理民事案件，应当在开庭 3 日前通知当事人和其他诉讼参与人。公开审理的，应当公告当事人姓名、案由和开庭的时间、地点。对诉讼代理人、证人、鉴定人、勘验人、翻译人员应当用通知书通知其到庭。

3. 答：民事诉讼中按撤诉处理的情形主要包括：

（1）原告经传票传唤，无正当理由拒不到庭的，可以按撤诉处理。

（2）有独立请求权的第三人经人民法院传票传唤，无正当理由拒不到庭的，或者未经法庭许可中途退庭的，按撤诉处理。无独立请求权的第三人经人民法院传票传唤，无正当理由拒不到庭的，不影响案件的审理。

（3）原告应当预交而未预缴案件受理费，人民法院应当通知其预缴，通知后仍不预缴或者申请减、缓、免未获人民法院批准而仍不预缴的，裁定按自动撤诉处理。当事人撤诉或人民法院按撤诉处理后，当事人以同一诉讼请求再次起诉的，人民法院应予受理。

4. 答：民事诉讼中缺席判决主要适用于以下情形：

（1）原告经传票传唤，无正当理由拒不到庭的，或者未经法庭许可中途退庭的，可以按撤诉处理；被告反诉的，可以缺席判决。

（2）被告经传票传唤，无正当理由拒不到庭的，或者未经法庭许可中途退庭的，可以缺席判决。

（3）受送达人下落不明而采取公告送达方式送达传票时，如果公告期间届满，受送达人仍未到庭应诉的，可以缺席宣判。

（4）有独立请求权的第三人申请撤回参加之诉，人民法院经审查后裁定不许撤诉的，如经其经传票传唤，无正当理由拒不到庭的，或者未经法庭许可中途退庭的，参加之诉可以缺席判决。

5. 答：简易程序，指基层人民法院及其派出法庭审理简单的第一审民事案件时所适用的程序。简易程序的适用必须符合下列条件：

（1）审级条件，简易案件只适用于基层人民法院及其派出法庭审理的第一审民事案件。

（2）事实条件，即"事实清楚"，是指当事人双方对争议的事实陈述基本一致，并能提供可靠的证据，无须人民法院调查收集证据即可判明事实、分清是非。

（3）法律条件，即"权利义务关系明确"，是指谁是责任的承担者，谁是权利的享有者，关系明确。

（4）态度条件，即"当事人争议不大"，是指当事人对案件的是非、责任以及诉讼标的争执无原则分歧。

6. 答：第二审程序，又称上诉审程序，指当事人不服法院的第一审裁判，在该项裁判生效之前向上一级法院提出上诉，上一级法院对案件进行审理所适用的程序。民事诉讼中第二审程序的审理内容包括：

（1）审查范围。第二审案件的审理应当围绕当事人上诉请求的范围进行，对上诉请求的有关事实和适用法律进行全面的审查。

（2）审理方式。第二审人民法院对上诉案件，应当组成合议庭，开庭审理。第二审人民法院审理上诉案件，可以在本院进行，也可以到案件发生地或者原审人民法院所在地进行。

7. 答：人民法院根据需要设立执行机构即执行庭，专门负责执行工作。执行机构应配备必要的交通工具、通信设备、音像设备和警械用具等，以保障及时有效地履行职责。上级人民法院执行机构负责本院对下级人民法院执行工作的监督、指导和协调。执行机构负责执行下列生效法律文书：

（1）人民法院民事、行政判决、裁定、调解书，民事制裁决定、支付令，以及刑事附带民事判决、裁定、调解书。

（2）依法应由人民法院执行的行政处罚决定、行政处理决定。

（3）我国仲裁机构作出的仲裁裁决和调解书。

（4）公证机关依法赋予强制执行效力的关于追偿债款、物品的债权文书。

（5）经人民法院裁定承认其效力的外国法院作出的判决、裁定，以及国外仲裁机构作出的仲裁裁决。

8. 答：再审程序，又称审判监督程序，指人民法院为了纠正已经发生法律效力的裁判中存在的错误而对案件进行再次审理的程序。再审程序的启动方式有以下三种：

（1）人民法院决定再审。各级人民法院院长对本院已经发生法律效力的判决、裁定，发现确有错误，认为需要再审的，应当提交审判委员会讨论决定。经审判委员会讨论决定再审的，应当裁定中止原判决、裁定的执行。

（2）当事人申请再审。当事人对已经发生法律效力的判决、裁定，认为有错误的，可以向原审人民法院或者上一级人民法院申请再审。人民法院接到当事人的再审申请后，应当进行审查。

（3）检察院对案件提出审判监督抗诉的应当再审。

9. 答：人民法院对被执行人下列的财产不得查封、扣押、冻结：

（1）被执行人及其所扶养家属生活所必需的衣服、家具、炊具、餐具及其他家庭生活必需的物品。

（2）被执行人及其所扶养家属所必需的生活费用。当地有最低生活保障标准的，必需的生活费用依照该标准确定。

（3）被执行人及其所扶养家属完成义务教育所必需的物品。

（4）未公开的发明或者未发表的著作。

（5）被执行人及其所扶养家属用于身体缺陷所必需的辅助工具、医疗物品。

（6）被执行人所得的勋章及其他荣誉表彰的物品。

（7）根据《中华人民共和国缔结条约程序法》，以中华人民共和国、中华人民共和国政府或者中华人民共和国政府部门名义同外国、国际组织缔结的条约、协定和其他具有条约、协定性质的文件中规定免于查封、扣押、冻结的财产。

10. 答：民事执行措施中，在拍卖开始前，有下列情形之一的，人民法院应当撤回拍卖委托：

（1）据以执行的生效法律文书被撤销的。

（2）申请执行人及其他执行债权人撤回执行申请的。

（3）被执行人全部履行了法律文书确定的金钱债务的。

（4）当事人达成了执行和解协议，不需要拍卖财产的。

（5）案外人对拍卖财产提出确有理由的异议的。

（6）拍卖机构与竞买人恶意串通的。

（六）论述答案（本题共 6 小题）

1. 答：起诉，指公民、法人或者其他组织认为自己的合法权益受到侵害，以自己的名义依法向法院提起诉讼请求司法保护的行为。起诉是诉讼程序的启动方式，只有在当事人起诉的情况下，法院才有权对民事争议进行审理。起诉必须符合下列条件：

（1）原告是与本案有直接利害关系的公民、法人和其他组织，并以自己的名义提起诉讼。

（2）有明确的被告。明确的被告是诉讼程序启动的重要条件，只要在被告明确的情况下，法院才能将原告的起诉状副本送达被告，被告才有可能参加到诉讼程序中来，当原告胜诉时也才有明确的责任承担者。人民法院依据原告起诉时所提供的被告住址无法直接送达或者留置送达，应当要求原告补充材料。原告因客观原因不能补充或者依据原告补充的材料仍不能确定被告住址的，人民法院应当依法向被告公告送达诉讼文书。人民法院不得仅以原告不能提供真实、准确的被告住址为由裁定驳回起诉或者裁定终结诉讼。

（3）有具体的诉讼请求和事实、理由。具体的诉讼请求是法院支持原告主张的前提，原告如果在起诉时没有提出具体的诉讼请求，那么说明原告并没有具体的要求需要得到满足，那么民事诉讼程序的启动就没有实际的意义。事实和理由是当事人的诉讼请求得到法院支持的基础，一个没有任何事实、理由支持的诉讼请求是无法得到法院支持的。

（4）属于人民法院受理民事诉讼的范围和受诉人民法院管辖。人民法院的受理范围在前文中已作介绍，即因财产关系与人身关系而发生的争议，除此之外的其他争议将不在人民法院的受案范围。

2. 答：民事案件的执行程序主要包括以下内容：

（1）执行开始。执行程序的开始包括两种方式，即当事人申请执行与法院移送执行。一方面，执行是当事人实现债权的重要方式，是否申请执行则是当事人的重要权利，通常情况下法律应当尊重当事人是否申请执行的意愿；另一方面，执行也是法院实现公权力的重要方式，在法定条件下，执行法院有权直接依职权对裁判进行移送执行。

（2）执行异议。案外人对执行标的主张权利的，可以向执行法院提出异议。案外人异议一般应当以书面形式提出，并提供相应的证据。以书面形式提出确有困难的，可以允许以口头形式提出。执行过程中，案外人对执行标的提出异议的，执行员应当按照法定程序进行审查。

（3）执行担保。在执行中，被执行人向人民法院提供担保，并经申请执行人同意的，人民法院可以决定暂缓执行及暂缓执行的期限。

（4）执行和解。在执行中，双方当事人自行和解达成协议的，变更生效法律文书确定的履行义务主体、标的物及其数额、履行期限和履行方式。执行员应当将协议内容记入笔录，由双方当事人签名或者盖章。和解协议一般应当采取书面形式。

（5）执行承担。作为被执行人的公民死亡的，以其遗产偿还债务。作为被执行人的公民死亡，其遗产继承人没有放弃继承的，人民法院可以裁定变更被执行人，由该继承人在遗产的范围内偿还债务。继承人放弃继承的，人民法院可以直接执行被执行人的遗产。

（6）代位执行。被执行人不能清偿债务，但对本案以外的第三人享有到期债权的，人民法院可依申请执行人的申请，通知该第三人向申请执行人履行债务。该第三人对债务没有异议但又在通知指定的期限内不履行的，人民法院可以强制执行。

（7）执行分配。多份生效法律文书确定金钱给付内容的多个债权人分别对同一被执行人申请执行，各债权人对执行标的物均无担保物权的，按照执行法院采取执行措施的先后顺序受偿。

（8）中止执行与终结执行。按照审判监督程序提审或再审的案件，执行机构根据上级法院或本院作出的中止执行裁定书中止执行。终结执行的裁定书应当写明中止或终结执行的理由和法律依据。

（9）执行监督。上级法院发现下级法院在执行中作出的裁定、决定、通知或具体执行行为不当或有错误的，应当及时指令下级法院纠正，并可以通知有关法院暂缓执行。

（10）执行回转。执行完毕后，据以执行的判决、裁定和其他法律文书确有错误，被人民法院撤销的，对已被执行的财产，人民法院应当依当事人申请或依职权按照新的生效法律文书，作出执行回转的裁定，责令原申请执行人返还已取得的财产及其孳息；拒不返还的，强制执行。

（11）执行期限。人民法院执行生效法律文书，一般应当在立案之日起6个月内执行结案，非诉执行案件一般应当在立案之日起3个月内执结，但中止执行的期间应当扣除。确有特殊情况需要延长的，由本院院长批准，还应当及时向申请执行人说明原因。

3. 答：民事执行措施的主要内容为：

（1）查询、冻结、划拨存款。被执行人未按执行通知履行法律文书确定的义务，人民法院有权向银行、信用合作社和其他有储蓄业务的单位查询被执行人的存款情况，有权冻结、划拨被执行人的存款，但查询、冻结、划拨存款不得超出被执行人应当履行义务的范围。

（2）扣留、提取收入。被执行人未按执行通知履行法律文书确定的义务，人民法院有权扣留、提取被执行人应当履行义务部分的收入。但应当保留被执行人及其所扶养家属的生活必需费用。

（3）查封、扣押、冻结。被执行人未按执行通知履行法律文书确定的义务，人民法院有权在保留被执行人及其所扶养家属的生活必需品的前提下裁定查封、扣押、冻结、拍卖、变卖被执行人应当履行义务部分的财产。

（4）拍卖、变卖。财产被查封、扣押后，执行员应当责令被执行人在指定期间履行法律文书确定的义务。被执行人逾期不履行的，人民法院可以按照规定交有关单位拍卖或者变卖被查封、扣押的财产。

（5）搜查。被执行人不履行法律文书确定的义务，并隐匿财产的，人民法院除可对其实施妨害民事诉讼的强制措施外，还应责令被执行人交出隐匿的财产或折价赔偿。被执行人拒不交出或赔偿的，人民法院可按被执行财产的价值强制执行被执行人的其他财产，也可以采取搜查措施，追回被隐匿的财产。

（6）交付财物、票证。法律文书指定交付的财物或者票证，由执行员传唤双方当事人当面交付，或者由执行员转交，并由被交付人签收。生效法律文书确定被执行人交付特定标的物的，应当执行原物。

（7）强制迁出房屋、强制退出土地。强制迁出房屋或者强制退出土地，由受诉人民法院院长签发公告，责令被执行人在指定期间履行。被执行人逾期不履行的，由执行员强制执行。

（8）辅助措施。其他辅助措施包括财产证照转移、完成指定行为、支付迟延履行利息或者迟延履行金、继续履行、限制处境与公布不良信息、罚款、拘留等。

4. 答：第二审程序，又称上诉审程序，指当事人不服法院的第一审裁判，在该项裁判生效之前向上一级法院提出上诉，上一级法院对案件进行审理所适用的程序。在民事诉讼第二审程序中上诉的条件主要包括以下内容：

（1）主体条件。双方当事人和第三人都提出上诉的，均为上诉人。必要共同诉讼人中的一人或者部分人提出上诉的，若该上诉是对与对方当事人之间权利义务分担有意见，不涉及其他共同诉讼人利益的，对方当事人为被上诉人，未上诉的同一方当事人依原审诉讼地位列明；若该上诉仅对共同诉讼人之间权利义务分担有意见，不涉及对方当事人利益的，未上诉的同一方当事人为被上诉人，对方当事人依原审诉讼地位列明；若该上诉对双方当事人之间以及共同诉讼人之间权利义务承担意见的，未提出上诉的其他当事人均为被上诉人。

（2）客体条件。提起上诉的客体必须是未生效的第一审民事裁判，不得提起上诉的民事裁判主要包括：①最高人民法院的裁判；②第二审人民法院的裁判；③人民法院按照第二审程序进行再审所作的裁判；④基层人民法院按非诉程序审理案件所作的裁判。另外，以调解结案的民事案件由于不存在法院裁判，也不得提起上诉。

（3）时间条件。当事人不服地方人民法院第一审判决的，有权在判决书送达之日起15日内向上一级人民法院提起上诉。当事人不服地方人民法院第一审裁定的，有权在裁定书送达之日起10日内向上一级人民法院提起上诉。

（4）形式条件。上诉应当递交上诉状。上诉状的内容，应当包括当事人的姓名，法人的名称及其法定代表人的姓名或者其他组织的名称及其主要负责人的姓名；原审人民法院的名称、案件的编号和案由；上诉的请求和理由。

5. 答：中止诉讼，指诉讼因某些法定情形的出现而暂时中止，待法定情形消除后继续进行的制度。终结诉讼，指诉讼因某些法定情形的出现无法继续进行，由人民法院裁定结束本案当地程序的制度。

（1）中止诉讼的法定情形主要包括：

①一方当事人死亡，需要等待继承人表明是否参加诉讼的。

②一方当事人丧失诉讼行为能力，尚未确定法定代理人的。

③作为一方当事人的法人或者其他组织终止，尚未确定权利义务承受人的。

④一方当事人因不可抗拒的事由，不能参加诉讼的。

⑤本案必须以另一案的审理结果为依据，而另一案尚未审结的。

裁定中止诉讼的原因消除，恢复诉讼程序时，不必撤销原裁定，从人民法院通知或准许当事人双方继续进行诉讼时起，中止诉讼的裁定即失去效力。

（2）终结诉讼的法定情形主要包括：

①原告死亡，没有继承人，或者继承人放弃诉讼权利的。

②被告死亡，没有遗产，也没有应当承担义务的人的。

终结诉讼往往是与中止诉讼密切联系的，在一方当事人死亡的情况下，法院将先作出中止诉讼的裁定，等待继承人表明是否参加诉讼；若原告死亡，并查明没有继承人，或者继承人放弃诉讼权利的，或者被告死亡，查明其没有遗产，也没有应当承担义务的人的，法院将继而作出终结诉讼的决定。

6. 答：简易程序，指基层人民法院及其派出法庭审理简单的第一审民事案件时所适用的程序。简易程序相对于普通程序，在程序各个阶段的各个环节都作了一定程度的简化，比普通程序更具效率。简易程序的特点主要表现在以下几方面：

（1）起诉与受理。对简单的民事案件，原告可以口头起诉。原告本人不能书写起诉状，委托他人代写起诉状确有困难的，可以口头起诉。

（2）传唤证人、当事人的方式。基层人民法院和它派出的法庭审理简单的民事案件，可以用简便方式随时传唤当事人、证人。如人民法院可以采取捎口信、电话、传真、电子邮件等简便方式随时传唤双方当事人、证人。

（3）独任审理。简单的民事案件由审判员一人独任审理，同时仍然由书记员担任记录，不得自审自记。

（4）举证期限。当事人及其诉讼代理人申请人民法院调查收集证据和申请证人出庭作证，应当在举证期限届满前提出，但其提出申请的期限不受普通程序中对举证期限的严格限制。

（5）先行调解。诉讼标的额较小的纠纷案件应当先行调解，但是根据案件的性质和当事人的实际情况不能调解或者显然没有调解必要的除外。

（6）开庭审理。双方当事人到庭后，被告同意口头答辩的，人民法院可以当即开庭审理；被告要求书面答辩的，人民法院应当将提交答辩状的期限和开庭的具体日期告知各方当事人，并向当事人说明逾期举证以及拒不到庭的法律后果，由各方当事人在笔录和开庭传票的送达回证上签名或者捺印。

（7）宣判。适用简易程序进行审理的案件应当当庭宣判，除非人民法院认为不宜当庭宣判的。

（8）判决书。适用简易程序审理的民事案件，在一些具体情形下人民法院在制作裁判文书时对认定事实或者判决理由部分可以适当简化。

（9）审理期限。人民法院适用简易程序审理案件，应当在立案之日起3个月内审结。

（七）案例分析答案（本题共2小题）

案例一：

1. 答：组织债务清偿小组负责办理清偿该轮的债务事宜。

2. 答：民事诉讼中缺席判决主要适用于以下情形：

（1）原告经传票传唤，无正当理由拒不到庭的，或者未经法庭许可中途退庭的，可以按撤诉处理；被告反诉的，可以缺席判决。

（2）被告经传票传唤，无正当理由拒不到庭的，或者未经法庭许可中途退庭的，可以缺席判决。

（3）受送达人下落不明而采取公告送达方式送达传票时，如果公告期间届满，受送达人仍未到庭应诉的，可以缺席宣判。

（4）有独立请求权的第三人申请撤回参加之诉，人民法院经审查后裁定不许撤诉的，如经其经传票传唤，无正当理由拒不到庭的，或者未经法庭许可中途退庭的，参加之诉可以缺席判决。

3. 答：人民法院的裁判包括判决与裁定。判决是对案件实体性问题的裁判，裁定是对案件程序性问题的裁判。判决书应当写明：①案由、诉讼请求、争议的事实和理由；②判决认定的事实、理由和适用的法律依据；③判决结果和诉讼费用的负担；④上诉期间和上诉的法院。判决书由审判人员、书记员署名，加盖人民法院印章。人民法院审理案件，其中一部分事实已经清楚，可以就该部分先行判决。

案例二：

1. 答：该案审理费时6年判抗反复9次，最后调解成功。

2. 答：上诉的条件主要包括：

（1）主体条件。双方当事人和第三人都提出上诉的，均为上诉人。必要共同诉讼人中的一人或者部分人提出上诉的，若该上诉是对与对方当事人之间权利义务分担有意见，不涉及其他共同诉讼人利益的，对方当事人为被上诉人，未上诉的同一方当事人依原审诉讼地位列明；若该上诉仅对共同诉讼人之间权利义务分担有意见，不涉及对方当事人利益的，未上诉的同一方当事人为被上诉人，对方当事人依原审诉讼地位列明；若该上诉对双方当事人之间以及共同诉讼人之间权利义务承担有意见的，未提出上诉的其他当事人均为被上诉人。

（2）客体条件。提起上诉的客体必须是未生效的第一审民事裁判，不得提起上诉的民事裁判主要包括：①最高人民法院的裁判；②第二审人民法院的裁判；③人民法院按照第二审程序进行再审所作的裁判；④基层人民法院按非诉程序审理案件所作的裁判。另外，以调解结案的民事案件由于不存在法院裁判，也不得提起上诉。

（3）时间条件。当事人不服地方人民法院第一审裁定的，有权在裁定书送达之日起10日内向上一级人民法院提起上诉。当事人不服地方人民法院第一审判决的，有权在判决书送达之日起15日内向上一级人民法院提起上诉。

（4）形式条件。上诉应当递交上诉状。上诉状的内容，应当包括当事人的姓名，法人的名称及其法定代表人的姓名或者其他组织的名称及其主要负责人的姓名；原审人民法院名称、案件的编号和案由；上诉的请求和理由。

3. 答：第二审程序中和解失败后，对于下列三种情况，二审人民法院可以根据当事人自愿的原则进行调解，调解不成的，不得进行裁判：

（1）对当事人在一审中已经提出的诉讼请求，原审人民法院未作审理、判决的，第二审人民法院可以根据当事人自愿的原则进行调解，调解不成的，发回重审。

（2）必须参加诉讼的当事人在一审中未参加诉讼，第二审人民法院可以根据当事人自愿的原则予以调解，调解不成的，发回重审。发回重审的裁定书不列应当追加的当事人。

（3）在第二审程序中，原审原告增加独立的诉讼请求或原审被告提出反诉的，第二审人民法院可以根据当事人自愿的原则就新增加的诉讼请求或反诉进行调解，调解不成的，告知当事人另行起诉。

第九章　采购与仲裁法律制度

一、知识概述

通过本章的学习，掌握采购实务中仲裁法律制度，包括仲裁机构、仲裁协议、仲裁程序、申请撤销和仲裁的执行等内容，了解仲裁的概念和特征。

二、基本概念

1. 概念1——仲裁

【说明】仲裁，是指双方当事人在争议发生前或者争议发生后达成协议，将争议的事项交由仲裁机构进行审理，并由其作出具有约束力的裁决以解决该项争议的制度。

2. 概念2——仲裁协议

【说明】仲裁协议，是指当事人自愿达成的将特定争议事项交由约定的仲裁机构进行仲裁的协议，包括合同中订立的仲裁条款和以其他书面方式在纠纷发生前或者纠纷发生后达成的请求仲裁的协议。其中，"其他书面形式"的仲裁协议，包括以合同书、信件和数据电文（包括电报、电传、传真、电子数据交换和电子邮件）等形式达成的请求仲裁的协议。

3. 概念3——首次开庭

【说明】首次开庭，是指答辩期满后人民法院组织的第一次开庭审理，不包括审前程序中的各项活动。一方请求仲裁委员会作出决定，另一方请求人民法院作出裁定的，由人民法院裁定。人民法院审理仲裁协议效力确认案件，应当组成合议庭进行审查，并询问当事人。

4. 概念4——申请撤销裁决

【说明】申请撤销裁决，是指法院依仲裁一方当事人的申请，依据特定的事项由依法裁定否决仲裁裁决效力的行为。

5. 概念5——涉外仲裁

【说明】涉外仲裁，是指涉外经济贸易、运输和海事中发生的纠纷的仲裁，对于这些事项的仲裁除了遵循前文所述的一般仲裁规则以外，还要遵循一些特殊的规则。当这些特殊规则与一般规则发生冲突时，应当以特殊规则为优先。

三、重点内容

1. 仲裁的概念与特征

（1）仲裁排除诉讼。

（2）争议解决的自愿性。

（3）灵活性与效率性。

2. 仲裁机构

（1）仲裁委员会。

（2）仲裁员。

（3）仲裁协会。

3. 仲裁程序

（1）申请与受理。

（2）仲裁庭的组成。

（3）开庭。

（4）裁决。

4. 涉外仲裁的特别规定

（1）涉外仲裁的范围与适用。

（2）涉外仲裁委员会。

（3）财产保全与证据保全。

（4）涉外仲裁协议的效力确认。

（5）开庭。

（6）涉外仲裁裁决的执行。

四、习题与案例

（一）单选（本题共 10 小题）

在每小题列出的四个备选项中只有一个是符合题目要求的，请将其代码填写在题后的括号内。错选、多选或未选均无分。

1. 仲裁指双方当事人在争议发生前或者争议发生后达成协议，将争议的事项交由（　　　）进行审理，并由其作出具有约束力的裁决以解决该项争议的制度。

A. 人民法院　　　　　　　　　B. 法定代理人

C. 仲裁机构　　　　　　　　　D. 委托执行机构

2. 仲裁委员会的组成人员中，法律、经济贸易专家不得少于总人数的（　　　）。

A. 1/2　　　　　　　　　　　　B. 1/4

C. 1/3　　　　　　　　　　　　D. 2/3

3. 中国仲裁协会是仲裁机构的（　　　），是仲裁委员会的自律性组织，根据章程对仲裁委员会及其组成人员、仲裁员的违纪行为进行监督。

A. 执行机构　　　　　　　　　　B. 管理机构

C. 行政机构　　　　　　　　　　D. 服务性机构

4. 当事人申请仲裁，应当向仲裁委员会递交仲裁协议、(　　)及副本。

A. 仲裁申请书　　　　　　　　　B. 证据

C. 授权委托书　　　　　　　　　D. 当事人基本资料

5. 裁决书由仲裁员签名，加盖仲裁委员会印章。对裁决持不同意见的仲裁员(　　)。

A. 必须签名　　　　　　　　　　B. 可以签名，也可以不签名

C. 不能签名　　　　　　　　　　D. 可以不签名，但需注明

6. 下列选项属于仲裁委员会的受理范围的是(　　)。

A. 房地产开发纠纷

B. 有关婚姻的纠纷

C. 有关收养、监护、抚养、继承等事项的纠纷

D. 依法应当由行政机关处理的行政争议

7. 仲裁庭可以由(　　)仲裁员组成。

A. 2名或1名　　　　　　　　　　B. 1名或4名

C. 3名或1名　　　　　　　　　　D. 1名或5名

8. 仲裁程序中，仲裁员是否回避，应由(　　)决定。

A. 人民法院　　　　　　　　　　B. 当事人共同

C. 仲裁委员会集体　　　　　　　D. 仲裁委员会主任

9. 仲裁开庭审理时，申请人经书面通知，无正当理由不到庭或者未经仲裁庭许可中途退庭的，可以视为(　　)。

A. 缺席裁决　　　　　　　　　　B. 藐视仲裁庭

C. 撤回仲裁申请　　　　　　　　D. 直接撤诉

10. 下列说法中不正确的一项是(　　)。

A．当事人向人民法院申请确认仲裁协议效力的案件，由仲裁协议约定的仲裁机构所在地的中级人民法院管辖

B. 当事人在仲裁庭首次开庭前没有对仲裁协议的效力提出异议，而后向人民法院申请确认仲裁协议无效的，人民法院不予受理

C. 当事人在仲裁程序中未对仲裁协议的效力提出异议，在仲裁裁决作出后以仲裁协议无效为由主张撤销仲裁裁决或者提出不予执行抗辩的，人民法院不予支持

D. 当事人在仲裁程序中对仲裁协议的效力提出异议，在仲裁裁决作出后又以此为由主张撤销仲裁裁决或者提出不予执行抗辩，经审查符合法定条件的，人民法院不予受理

（二）多选（本题共 8 小题）

请把正确答案的序号填写在题中的括号内，多选、漏选、错选不给分。如果全部答案的序号完全相同，例如全选 ABCDE，则本大题不得分。

1. 申请确认涉外仲裁协议效力的案件，由仲裁协议约定的（　　）管辖。

A. 仲裁委员会
B. 仲裁机构所在地
C. 仲裁协议签订地
D. 申请人或者被申请人住所地的中级人民法院
E. 申请人或被申请人住所地的高级人民法院

2. 下列关于诉讼和仲裁的说法正确的是（　　）。

A. 仲裁具灵活性与效率性的特点是诉讼无法具备的
B. 仲裁程序相对于诉讼程序来说更为严谨
C. 仲裁的效率性主要体现在一裁终局
D. 民事诉讼的特点是二审终审
E. 由于仲裁程序很好地弥补了诉讼程序的一些缺陷，促使很大一部分当事人选择仲裁作为争议的解决方式

3. 下列选项中符合仲裁员应具备的条件的是（　　）。

A. 从事仲裁工作满 8 年以上
B. 从事律师工作满 8 年以上
C. 曾任审判员满 8 年以上
D. 从事法律研究、教学工作并具有高级职称的
E. 具有法律知识、从事经济贸易等专业工作并具有高级职称或者具有同等专业水平的

4. 下列选项中符合仲裁委员会组成的是（　　）。

A. 仲裁委员会由主任 1 人、副主任 2～4 人和委员 5～10 人组成
B. 仲裁委员会的主任、副主任和委员由法律、经济贸易专家和有实际工作经验的人员担任
C. 仲裁委员会的组成人员中，法律、经济贸易专家不得少于总人数的 1/3
D. 仲裁委员会要有自己的名称、住所和章程
E. 仲裁委员会可以没有聘任的仲裁员

5. 仲裁庭组成后，仲裁委员会应当将仲裁庭的组成情况书面通知当事人。仲裁员有下列（　　）情形之一的，必须回避，当事人也有权提出回避申请。

A. 是本案当事人或者当事人、代理人的近亲属
B. 与本案有利害关系
C. 与本案当事人、代理人有其他关系，可能影响公正仲裁的
D. 私自会见当事人、代理人，或者接受当事人、代理人的请客送礼的
E. 与本案无利害关系，并拒绝会见当事人、代理人的

6. 下列关于裁决的说法不正确的是(　　)。

A. 裁决应当按照首席仲裁员的意见作出，少数仲裁员的不同意见可以记入笔录

B. 裁决书自作出之日起发生法律效力

C. 当事人自收到裁决书之日起 60 日内，可以请求仲裁庭补正其中的文字、计算错误或遗漏事项

D. 对裁决持不同意见的仲裁员，不得在裁决书中签名

E. 裁决书由仲裁员签名，加盖仲裁委员会印章

7. 下列关于涉外仲裁说法正确的是(　　)。

A. 涉外仲裁指涉外经济贸易、运输和海事中发生的纠纷的仲裁

B. 对于涉外仲裁除了遵循一般仲裁规则以外，还要遵循一些特殊的规则

C. 当特殊规则与一般规则发生冲突时，应当以特殊规则为优先

D. 涉外仲裁委员会可以由中国国际商会组织设立

E. 涉外仲裁委员会还可以从具有法律、经济贸易、科学技术等专门知识的外籍人士中聘任仲裁员

8. 当事人提出证据证明裁决有下列(　　)情形之一的，可以向仲裁委员会所在地的中级人民法院申请撤销裁决。

A. 当事人没有达成仲裁协议

B. 裁决的事项不属于仲裁协议的范围或者仲裁委员会无权仲裁的

C. 裁决所依据的证据是伪造的

D. 对方当事人隐瞒了足以影响公正裁决的证据的

E. 仲裁员在仲裁该案时有索贿受贿、徇私舞弊、枉法裁决行为的

(三)　名词解释(本题共 5 小题)

1. 仲裁协议

2. 申请撤销裁决

3. 涉外仲裁

4. 仲裁

5. 首次开庭

（四）判断（本题共 10 小题）

对的在括号内画"√"，错误的画"×"。

1. 一项民事争议一旦经过仲裁程序处理，一般情况下不得再提起诉讼。（   ）

2. 仲裁程序相对于诉讼程序而言更为严谨。（   ）

3. 仲裁委员会可以在直辖市和省、自治区人民政府所在地的市设立，也可以根据需要在其他设区的市设立，不按行政区划层层设立。（   ）

4. 仲裁委员会独立于行政机关，与行政机关没有隶属关系，仲裁委员会之间也没有隶属关系。（   ）

5. 仲裁委员会收到仲裁申请之日起 5 日内，认为不符合受理条件的，可以口头通知当事人不予受理，并说明理由。（   ）

6. 仲裁协议独立存在，合同的变更、解除、终止或者无效，不影响仲裁协议的效力。（   ）

7. 当事人对仲裁协议的效力有异议时，如一方请求仲裁委员会作出决定，另一方请求人民法院作出裁定的，由仲裁委员会裁定。（   ）

8. 仲裁一般要公开进行，涉及国家机密的可以不公开。（   ）

9. 裁决书应当写明仲裁请求、争议事实、裁决理由、裁决结果、仲裁费用的负担和裁决日期。（   ）

10. 当事人约定由 3 名仲裁员组成的仲裁庭的，第三名仲裁员是首席仲裁员。（   ）

（五）简答（本题共 8 小题）

将答案要点写出并作简要叙述，必要时可以画出流程图或示意图进行阐述。

1. 简述仲裁的主要特征。

2. 简述仲裁委员会应当具备的条件。

3. 简述仲裁员应当符合的条件。

4. 简述仲裁协议的内容。

5. 简述当事人申请仲裁应当符合的条件。

6. 简述仲裁程序中，仲裁员必须回避、当事人也有权提出回避申请的前提条件。

7. 简述申请撤销裁决的前提条件。

8. 简述在仲裁裁决执行中，法院裁定不予执行的前提条件。

（六）论述（本题共 3 小题）

要求阐述过程中理论联系实际、结构严谨、分析透彻，必要时可以画出流程图或示意图进行阐述。

1. 论述仲裁与诉讼的异同。

2. 论述仲裁程序主要包括的环节。

3. 论述涉外仲裁有哪些特别规定。

（七）案例分析（本题共 2 小题）

案例一：运输合同的纠纷仲裁

【案情介绍】

1996 年 11 月 21 日，申请人与被申请人签订运输合同，由被申请人向申请人提供专业运输服务。合同期限自 1996 年 11 月 25 日起至 1997 年 11 月 24 日止，为期一年。运输合同和附件规定：被申请人作为申请人指定客户的独立承包商，应申请人要求和指令提供运输服务。被申请人应用冷冻集装箱将客户的产品从 T 市的工厂运送到客户在 G 市的冷库，并将空冷冻集装箱运回 T 市，包括装卸冷冻集装箱；工厂到申请人指定的 S 市港口采用陆运方式，从 S 市港口到 G 市采用海运方式，然后再采用陆运方式从 G 市港口将冷冻集装箱运至 G 市冷库。被申请人应保证至少每 10 天从申请人指定的 S 市港口发运一批海运货物，并负责因自己过失而导致的任何船主附加费、损失和责任；未经申请人允许，被申请人不得转让或移交运输合同规定的任何义务，也不得安排或雇用任何人或任何方履行其在运输合同中的义务。收费标准 T 市工厂至 G 市冷库，每箱运输服务费为人民币 1.4 万元（包括运输所需所有公路费、港口费、领港费、装卸费、起重费及其他期间发生或缴纳的所有税款和收费）。

申请人称：1997 年 8 月 6 日，被申请人在履行运输合同的一批货运任务时，在通常的运输周期内迟迟没有空箱返回，经向被申请人和其委托的直接承运人××集装箱综合服务有限公司了解，得到答复是：船遇强台风，继而是船搁浅，最后是船的机械受损，需修复后数日返回。此时，已过正常返航期限数周。直至 1998 年 1 月上旬，6 个冷冻集装箱中的 2 个运返，其余 4 个还是没到。经申请人多方了解，获悉由于被申请人违反合同，允许第三方利用返回空箱装载货物，因涉嫌走私在××沿海被当地公安局查获扣押，等候进一步处理。被申请人早知此事，但对申请人隐瞒真相，并不愿出面解决。为避免损失扩大，申请人只得亲自出面解决。最后 4 个冷冻集装箱于 1998 年 4 月 1 日运回，而 6 个冷冻集装箱因被扣而延期的超期天数分别为 128 天和 228 天。而上述冷冻集装箱系申请人向美国的冷冻集装箱公司租赁而来，因超期返箱申请人向其支付了超期租赁费 164638.80 元人民币；在领取冷冻集装箱时，向××市公安局支付堆存费 33880.00 元人民币；将空箱运返，向××市货运代理有限公司支付海运费 23400.00 元人民币，向×××公司支付陆运费 3000.00 元人民币，预付差旅费 12375.46 元人民币。共计 237294.26 元人民币（未计利息）。上述损失的发生是由于被申请人违反运输合同的规定，在未经申请人同意的情况下，擅自和 S 市××冷冻集装箱运输公司达成协议，利用申请人的空箱装载其他货物，因货物涉嫌违法走私而遭公安局扣押数月所至。申请人据此提出仲裁请求：

（1）被申请人偿付冷冻集装箱额外租金 164638.80 元人民币。

（2）被申请人支付冷冻集装箱堆存费 33880.00 元人民币。

（3）被申请人支付海运费 23400.00 元人民币，陆运费 3000.00 元人民币。

（4）被申请人支付差旅费 12375.46 元人民币。

（5）被申请人负担本案仲裁费和申请人办理本案支出的有关费用，律师费 12800.00 元人民币。

被申请人辩称：运输合同签订后，根据当时的船运价，每箱人民币 1.4 万元的运价很低，经和申请人商量，申请人表示开始几趟返程可全部给被申请人使用，被申请人可用 6 个冷冻集装箱。被申请人在与申请人所称的第三方协议也有明确约定。因此，申请人对空箱返回捎带其他货物的情况是事先知晓的，况且，被申请人是因为运价低才不得已为之，并非是为了获取额外的利润。本案争议源于 S 市货运公司的货物涉嫌走私，但与被申请人无关。申请人在订立运输合同时，故意回避原协商时对每批次 12 箱的承诺，而被申请人因为经验不足，没能发现，与其供应商签订了租赁柴油发电机的长期租赁合同。根据运输合同规定，一年应运 30 余批次，而实际只运了 16 批、150 箱。申请人运量的减少，造成被申请人租赁发电机每月支付的 15000.00 元人民币的成本无法收回，同时使被申请人违反了与其直接承运人对运量的约定，申请人对此需要承担一定的违约责任。

【仲裁庭意见】

1. 法律适用问题

根据运输合同第 12 条的约定："本合同受中华人民共和国法律的管辖。"仲裁庭确认本案应适用中国法律。

2. 运输合同的效力

本案当事人就运输合同及其附件中的条款经过协商一致，并经双方代表签署，运输合同依法成立，对双方均有约束力。

3. 被申请人的违约责任

本案事实表明，1997 年 8 月 6 日，被申请人在执行申请人指定令的单项运输任务时，在返途中利用 6 个冷冻集装箱装载了国家禁止的走私汽车，违反《国内水路集装箱货物运输规则》，6 个冷冻集装箱于 1997 年 8 月 17 日在××沿海被当地公安局扣留，事发后，被申请人虽与承运人多次交涉，并未及时告知申请人真实情况，造成因未及时处理，冷冻集装箱于 1998 年 1 月上旬返回 2 个，同年 4 月 1 日才全部返回。因此给申请人造成租赁费、堆存费、运输费等额外损失。此外，仲裁庭注意到运输合同第 1 条、第 2 条规定："承包商（注：被申请人，下同）承认，TSE（注：申请人，下同）在向客户提供服务时需要对运输服务进行监督……因此，承包商将随时和始终在 TSE 及其职员的监督下，按

卖双方且申诉人不知道也不同意被诉人与两家用户之间的协议，因此被诉人应对其迟交货物和不交付部分货物承担责任。仲裁庭裁决被诉人如数退还 150 吨涤纶丝的货款加利息，并且向申诉人支付迟交及不交货物的罚款。

中国国际贸易促进委员会对外经济贸易仲裁委员会（以下简称"仲裁委员会"），根据申诉人广东省海南××对外贸易公司与被诉人×国××投资有限公司于 1985 年 1 月 11 日签订的第 4 号合同和第 5 号合同中的仲裁条款的规定和申诉人 1986 年 1 月 12 日提出的书面仲裁申请，受理了申诉人诉被诉人未按约履行义务而要求赔偿的仲裁案（以下简称"本案"）。

仲裁委员会按照其仲裁程序规则的规定，组成了以×××为首席仲裁员，×××和×××为仲裁员的仲裁庭，对本案进行了审理。仲裁庭审阅了申诉人提出的书面申诉和有关的证明文件以及被诉人提出的书面材料，并于 1986 年 12 月 9 日、1987 年 3 月 3 日、1987 年 3 月 17 日、1987 年 4 月 27 日和 1987 年 5 月 5 日在北京开庭审理。每次开庭前，仲裁庭通知了申诉人和被诉人，申诉人每次均到庭，被诉人却不到庭。仲裁庭根据申诉人的申请，按照《仲裁程序规则》第二十八条的规定，对本案进行了审理并作出了裁决。

【仲裁庭意见】

仲裁庭根据双方签订的合同和已查明的事实，认为：

（1）申诉人在根据被诉人提供的结汇单据通过银行向被诉人支付了全部货款 882000 美元后，理应按期收到涤纶丝 450 吨，但实际上被诉人于双方协议的交货期逾期数月之后才先后交付涤纶丝 300 吨。一是这 300 吨涤纶丝迟交了，二是还有 150 吨涤纶丝根本就没有交货。被诉人申辩说，迟交是由于船运方面发生故障所致，但被诉人未能提供船运方面发生故障的证据。被诉人还说，他没有全部交付货物，即未交付涤纶丝 150 吨，是因为两家用户广东省××开发公司和××贸易服务公司未按他们与他达成的协议行事的结果。但是，这两家用户并不是第 4 号合同和第 5 号合同的缔约人，该两合同的缔约人是本案申诉人和被诉人，因此，被诉人与第三方的协议，在法律上是不能约束申诉人的，而且申诉人已一再表明，他对上述被诉人与用户之间的协议毫无所知，并强调说，当他知道后，便立即通知了被诉人表示了反对意见。

根据上述情况，被诉人应对其迟交货物和不交付部分货物承担责任。

（2）被诉人没有交付 150 吨涤纶丝，但收取了货款，应如数退还给申诉人并加计利息。

（3）第 4 号合同和第 5 号合同规定，如卖方不能按合同规定交货或不能交货时，除一般公认的不可抗力原因外，卖方应按迟交或不能交货部分总值的 3% 罚款，赔偿给买方。据此，被诉人有责任向申诉人支付迟交的 300 吨货物总值的 3% 罚款，并有责任向申诉人支付未交付的 150 吨货物总值的 3% 罚款。

（4）根据《仲裁程序规则》第三十四条的规定，被诉人应合理补偿申诉人因办理本案所支出的一部分费用。

（5）关于被诉人提出的他与广东省××开发公司和××贸易服务公司达成的差价补

充协议，因为上述两个公司不是本案的当事人，不属于本案仲裁庭审理的范围，因此不予考虑。

（6）本案的仲裁费用应由被诉人承担。

【裁决】

仲裁庭裁决如下：

（1）被诉人应将其不交付150吨涤纶丝而收取了的货款294000.00美元如数退还申诉人并加计利息，其中215600.00美元从1985年6月10日起计算利息，其余78400.00美元从1985年8月30日起计算利息，直至被诉人退还该货款之日为止，利息按年利率7.92%计算。

（2）被诉人应向申诉人支付300吨涤纶丝迟交和150吨涤纶丝不交付的罚金，罚金按照合同规定应为货款总金额的3%，即共计26460.00美元。

（3）被诉人应补偿申诉人由于办理本案而支付的一部分费用，即24000.00元人民币。

（4）本案仲裁费用由被诉人承担。

本裁决为终局裁决。申诉人和被诉人应于本裁决作出之日起45天内履行。

结合案例，请回答以下问题：

1. 根据案情，仲裁庭对本案的观点是什么？

2. 结合案情，请问仲裁委员会组成有哪些规定？

3. 在本案中有外方参与，请问涉外仲裁的范围和适用条件是什么？

五、参考答案

（一）单选答案（本题共10小题）

1	2	3	4	5	6	7	8	9	10
C	D	B	A	B	A	C	D	C	D

（二）多选答案（本题共 8 小题）

1	2	3	4	5	6	7	8
BCD	ACDE	ABCDE	BE	ABCD	ACD	ABCDE	ABCDE

（三）名词解释答案（本题共 5 小题）

1. 答：仲裁协议，是指当事人自愿达成的将特定争议事项交由约定的仲裁机构进行仲裁的协议，包括合同中订立的仲裁条款和以其他书面方式在纠纷发生前或者纠纷发生后达成的请求仲裁的协议。

2. 答：申请撤销裁决，是指法院依仲裁一方当事人的申请，依据特定的事项由依法裁定否决仲裁裁决效力的行为。

3. 答：涉外仲裁，是指涉外经济贸易、运输和海事中发生的纠纷的仲裁，对于这些事项的仲裁除了遵循前文所述的一般仲裁规则以外，还要遵循一些特殊的规则。当这些特殊规则与一般规则发生冲突时，应当以特殊规则为优先。

4. 答：仲裁，是指双方当事人在争议发生前或者争议发生后达成协议，将争议的事项交由仲裁机构进行审理，并由其作出具有约束力的裁决以解决该项争议的制度。

5. 答：首次开庭，是指答辩期满后人民法院组织的第一次开庭审理，不包括审前程序中的各项活动。一方请求仲裁委员会作出决定，另一方请求人民法院作出裁定的，由人民法院裁定。人民法院审理仲裁协议效力确认案件，应当组成合议庭进行审查，并询问当事人。

（四）判断答案（本题共 10 小题）

1	2	3	4	5	6	7	8	9	10
√	×	√	√	×	√	×	×	√	√

（五）简答答案（本题共 8 小题）

1. 答：仲裁，是指双方当事人在争议发生前或者争议发生后达成协议，将争议的事项交由仲裁机构进行审理，并由其作出具有约束力的裁决以解决该项争议的制度。仲裁主要具有以下特征：

（1）仲裁排斥诉讼。不论是法院的裁判还是仲裁机构的裁决，都具有法律上的终局性效力，一方当事人无正当理由拒不履行相关裁判的，另一方当事人将有权依法请求法院对该项终局性裁判进行强制执行，所以仲裁与诉讼在某种程度上讲是不能并存的，当然也是没有并存必要的。

（2）争议解决的自愿性。争议解决的自愿性，指当事人采用仲裁方式解决纠纷，应当双方自愿，达成仲裁协议。双方不论是在争议发生前还是争议发生后达成的仲裁协议都是有效的。

（3）灵活性与效率性。当事人在仲裁程序中有权选择仲裁机构、仲裁庭的组成形式、开庭方式以及仲裁规则等诸多事项，并且当事人往往处于保护各种私密信息的考虑而要求仲裁庭对争议进行秘密审理，上述的这些灵活性特点是诉讼所无法具备的。

2. 答：仲裁委员会是我国法定的仲裁机构，是发生争议的当事人通过仲裁协议自主选择的，通过仲裁方式解决相应争议事项的专门机构。仲裁委员会可以在直辖市和省、自治区人民政府所在地的市设立，也可以根据需要在其他设区的市设立，不按行政区划层层设立。仲裁委员会应当具备下列条件：

（1）有自己的名称、住所和章程。

（2）有必要的财产。

（3）有该委员会的组成人员。

（4）有聘任的仲裁员。

3. 答：仲裁委员会应当从公道正派的人员中聘任仲裁员，并按照不同专业设仲裁员名册。仲裁员应当符合下列条件之一：

（1）从事仲裁工作满 8 年的。

（2）从事律师工作满 8 年的。

（3）曾任审判员满 8 年的。

（4）从事法律研究、教学工作并具有高级职称的。

（5）具有法律知识、从事经济贸易等专业工作并具有高级职称或者具有同等专业水平的。

4. 答：仲裁协议，指当事人自愿达成的将特定争议事项交由约定的仲裁机构进行仲裁的协议，包括合同中订立的仲裁条款和以其他书面方式在纠纷发生前或者纠纷发生后达成的请求仲裁的协议。仲裁协议应当具有下列内容：

（1）请求仲裁的意思表示。意思表示必须是当事人各方在协商一致的基础上的共同意思表示，并且这种意思表示还应当是当事人自愿作出的真实的意思表示。

（2）仲裁事项。仲裁事项指当事人在仲裁协议中约定的提请仲裁的争议事项范围，当事人只有将仲裁协议中约定的仲裁事项提请仲裁时，仲裁机构才能受理。

（3）选定的仲裁委员会。仲裁协议约定的仲裁机构名称不准确，但能够确定具体的仲裁机构的，应当认定选定了仲裁机构。

5. 答：当事人申请仲裁应当符合下列条件：

（1）有仲裁协议。

（2）有具体的仲裁请求和事实、理由。

（3）属于仲裁委员会的受理范围。根据法律的规定，有关婚姻、收养、监护、扶养、继承等事项的纠纷，以及依法应当由行政机关处理的行政争议不能由仲裁机构进行仲裁。

6. 答：仲裁员有下列情形之一的，必须回避，当事人也有权提出回避申请：

（1）是本案当事人或者当事人、代理人的近亲属。

（2）与本案有利害关系。

（3）与本案当事人、代理人有其他关系，可能影响公正仲裁的。

（4）私自会见当事人、代理人，或者接受当事人、代理人的请客送礼的。

当事人提出回避申请，应当说明理由，在首次开庭前提出。回避事由在首次开庭后知道的，可以在最后一次开庭终结前提出。

7. 答：申请撤销裁决，指法院依仲裁一方当事人的申请，依据特定的事由依法裁定否决仲裁裁决效力的行为。当事人提出证据证明裁决有下列情形之一的，可以向仲裁委员会所在地的中级人民法院申请撤销裁决：

（1）没有仲裁协议的，即当事人没有达成仲裁协议。

（2）裁决的事项不属于仲裁协议的范围或者仲裁委员会无权仲裁的。

（3）仲裁庭的组成或者仲裁的程序违反法定程序的，即违反仲裁法规定的仲裁程序和当事人选择的仲裁规则可能影响案件正确裁决的情形。

（4）裁决所根据的证据是伪造的。

（5）对方当事人隐瞒了足以影响公正裁决的证据的。

（6）仲裁员在仲裁该案时有索贿受贿、徇私舞弊、枉法裁决行为的。

8. 答：在下列情形下，法院经审查后将可能裁定不予执行：

（1）当事人在合同中没有订有仲裁条款或者事后没有达成书面仲裁协议的。

（2）裁决的事项不属于仲裁协议的范围或者仲裁机构无权仲裁的。

（3）仲裁庭的组成或者仲裁的程序违反法定程序的。

（4）认定事实的主要证据不足的。

（5）适用法律确有错误的。

（6）仲裁员在仲裁该案时有贪污受贿、徇私舞弊、枉法裁决行为的。

（7）仲裁机构裁决的事项部分属于仲裁协议的范围，部分超过仲裁协议范围的，对超过部分，人民法院应当裁定不予执行。

（8）人民法院认定执行该裁决违背社会公共利益的，裁定不予执行。

（六）论述答案（本题共3小题）

1. 答：当事人在仲裁程序中有权选择仲裁机构、仲裁庭的组成形式、开庭方式以及仲裁规则等诸多事项，并且当事人往往处于保护各种私密信息的考虑而要求仲裁庭对争议进行秘密审理，上述的这些灵活性特点是诉讼所无法具备的。诉讼程序由法院主持，象征着国家公权力的介入，其权力运行也必须遵循法定的形式而不得擅自更改，所以诉讼程序相对于仲裁程序而言更为严谨，一方面能够最大程度地实现公正，在此基础上兼顾效率，但始终不能具备与仲裁程序相比的灵活性。仲裁的效率性主要体现在一裁终局。民事诉讼的特点是二审终审，一项争议往往会经过漫长的历时数月甚至数年的一审、二审乃至再审程序而得不到及时的解决，当事人的合法权益也不能得到及时的保障。仲裁程序则很好地弥补了诉讼程序的上述缺陷，因此也促使很大一部分当事人选择了仲裁作为争议解决方式。

2. 答：仲裁程序主要包括以下几个环节：

（1）申请与受理。当事人申请仲裁，应当向仲裁委员会递交仲裁协议、仲裁申请书及副本。仲裁申请书应当载明下列事项：①当事人的姓名、性别、年龄、职业、工作单位和住所，法人或者其他组织的名称、住所和法定代表人或者主要负责人的姓名、职务；②仲裁请求和所根据的事实、理由；③证据和证据来源、证人姓名和住所。仲裁委员会收到仲裁申请书之日起 5 日内，认为符合受理条件的，应当受理，并通知当事人；认为不符合受理条件的，应当书面通知当事人不予受理，并说明理由。

（2）仲裁庭的组成。仲裁庭可以由 3 名仲裁员或者 1 名仲裁员组成。由 3 名仲裁员组成的，设首席仲裁员。当事人约定由 3 名仲裁员组成仲裁庭的，应当各自选定或者各自委托仲裁委员会主任指定 1 名仲裁员，第三名仲裁员由当事人共同选定或者共同委托仲裁委员会主任指定。第三名仲裁员是首席仲裁员。当事人约定由 1 名仲裁员成立仲裁庭的，应当由当事人共同选定或者共同委托仲裁委员会主任指定仲裁员。当事人没有在仲裁规则规定的期限内约定仲裁庭的组成方式或者选定仲裁员的，由仲裁委员会主任指定。

（3）开庭。仲裁一般应当开庭进行，当事人协议不开庭的，仲裁庭可以根据仲裁申请书、答辩书以及其他材料作出裁决。仲裁一般不公开进行，当事人协议公开的，可以公开进行，但涉及国家机密的除外。仲裁委员会应当在仲裁规则规定的期限内将开庭日期通知双方当事人。当事人有正当理由的，可以在仲裁规则规定的期限内请求延期开庭。是否延期，由仲裁庭决定。申请人经书面通知，无正当理由不到庭或者未经仲裁庭许可中途退庭的，可以视为撤回仲裁申请。被申请人经书面通知，无正当理由不到庭或者未经仲裁庭许可中途退庭的，可以缺席裁决。

（4）裁决。裁决应当按照多数仲裁员的意见作出，少数仲裁员的不同意见可以记入笔录。仲裁庭不能形成多数意见时，裁决应当按照首席仲裁员的意见作出。仲裁庭仲裁纠纷时，其中一部分事实已经清楚，可以就该部分先行裁决。裁决书自作出之日起发生法律效力。裁决书应当写明仲裁请求、争议事实、裁决理由、裁决结果、仲裁费用的负担和裁决日期。当事人协议不愿写明争议事实和裁决理由的，可以不写。裁决书由仲裁员签名，加盖仲裁委员会印章。对裁决持不同意见的仲裁员，可以签名，也可以不签名。对裁决书中的文字、计算错误或者仲裁庭已经裁决但在裁决书中遗漏的事项，仲裁庭应当补正；当事人自收到裁决书之日起 30 日内，可以请求仲裁庭补正。

3. 答：涉外仲裁的特别规定主要表现在以下几个方面：

（1）涉外仲裁的范围与适用。涉外仲裁，指涉外经济贸易、运输和海事中发生的纠纷的仲裁，对于这些事项的仲裁除了遵循前文所述的一般仲裁规则以外，还要遵循一些特殊的规则。当这些特殊规则与前面介绍的一般规则发生冲突时，应当以特殊规则为优先。

（2）涉外仲裁委员会。涉外仲裁委员会可以由中国国际商会组织设立，由主任一人、副主任若干人和委员若干人组成，可以由中国国际商会聘任。涉外仲裁委员会还可以从具有法律、经济贸易、科学技术等专门知识的外籍人士中聘任仲裁员。

（3）财产保全与证据保全。当事人申请采取财产保全的，中华人民共和国的涉外仲裁机构应当将当事人的申请，提交被申请人住所地或者财产所在地的中级人民法院裁定。我国涉外仲裁机构将当事人的财产保全申请提交人民法院裁定的，人民法院可以进行审查，决定是否进行保全。裁定采取保全的，应当责令申请人提供担保，申请人不提供担保的，裁定驳回申请。

（4）涉外仲裁协议的效力确认。申请确认涉外仲裁协议效力的案件，由仲裁协议约定的仲裁机构所在地、仲裁协议签订地、申请人或者被申请人住所地的中级人民法院管辖。涉及海事海商纠纷仲裁协议效力的案件，由仲裁协议约定的仲裁机构所在地、仲裁协议签订地、申请人或者被申请人住所地的海事法院管辖；上述地点没有海事法院的，由就近的海事法院管辖。

（5）开庭。涉外仲裁的仲裁庭可以将开庭情况记入笔录，或者作出笔录要点，笔录要点可以由当事人和其他仲裁参与人签字或者盖章。

（6）涉外仲裁裁决的执行。经中华人民共和国涉外仲裁机构裁决的，当事人不得向人民法院起诉。一方当事人不履行仲裁裁决的，对方当事人可以向被申请人住所地或者财产所在地的中级人民法院申请执行。申请人向人民法院申请执行我国涉外仲裁机构裁决，需提交书面申请书，并附裁决书正本。

（七）案例分析答案（本题共2小题）

案例一：

1. 答：本案当事人就运输合同及其附件中的条款经过协商一致，并经双方代表签署，运输合同依法成立，对双方均有约束力。

2. 答：不论是法院的裁判还是仲裁机构的裁决，都具有法律上的终局性效力，一方当事人无正当理由拒不履行相关裁判的，另一方当事人将有权依法请求法院对该项终局性裁判进行强制执行，所以仲裁与诉讼在某种程度上讲是不能并存的，当然也是没有并存必要的。双方当事人约定将争议提交仲裁机构仲裁的，任何一方当事人将不得擅自就该项争议向人民法院提起诉讼。

诉讼程序由法院主持，象征着国家公权力的介入，其权力运行也必须遵循法定的形式而不得擅自更改，所以诉讼程序相对于仲裁程序而言更为严谨，能够最大限度地实现公正，在此基础上兼顾效率，但始终不能具备与仲裁程序相比的灵活性。仲裁的效率性主要体现在一裁终局。民事诉讼的特点是二审终审，一项争议往往会经过漫长的历时数月甚至数年的一审、二审乃至再审程序而得不到及时的解决，当事人的合法权益也不能得到及时的保障。仲裁程序则很好地弥补了诉讼程序的上述缺陷，因此也促使很大一部分当事人选择了仲裁作为争议解决方式。

3. 答：当事人申请仲裁应当符合下列条件：

（1）有仲裁协议。

（2）有具体的仲裁请求和事实、理由。

（3）属于仲裁委员会的受理范围。根据法律的规定，有关婚姻、收养、监护、扶养、继承等事项的纠纷，以及依法应当由行政机关处理的行政争议不能由仲裁机构进行仲裁。

案例二：

1. 答：仲裁庭认为：被诉人未能提供船运方面发生故障的证据，两家用户不是本案合同的买卖双方且申诉人不知道也不同意被诉人与两家用户之间的协议，因此被诉人应对其迟交货物和不交付部分货物承担责任。仲裁庭裁决被诉人如数退还 150 吨涤纶丝的货款加利息，并且向申诉人支付迟交及不交货物的罚款。

2. 答：仲裁委员会应当从公道正派的人员中聘任仲裁员，并按照不同专业设仲裁员名册。仲裁员应当符合下列条件之一：

（1）从事仲裁工作满 8 年的。

（2）从事律师工作满 8 年的。

（3）曾任审判员满 8 年的。

（4）从事法律研究、教学工作并具有高级职称的。

（5）具有法律知识、从事经济贸易等专业工作并具有高级职称或者具有同等专业水平的。

3. 答：涉外仲裁，指涉外经济贸易、运输和海事中发生的纠纷的仲裁，对于这些事项的仲裁除了遵循前文所述的一般仲裁规则以外，还要遵循一些特殊的规则。当这些特殊规则与前面介绍的一般规则发生冲突时，应当以特殊规则为优先。

第十章　采购与行政救济法

一、知识概述

通过本章的学习，掌握采购实务中的行政复议、行政诉讼等法律制度，重点掌握其要件和特性。了解各种行政救济的基本理论。

二、基本概念

1. 概念1——行政复议

【说明】行政复议，是指公民、法人或者其他组织认为行政机关的具体行政行为侵犯其合法权益，依法向法定的行政机关提出申请，由该行政机关对具体行政行为进行审查并作出处理的制度。

2. 概念2——具体行政行为

【说明】具体行政行为，是指行政机关针对特定对象或者特定事项所作出的对行政相对人的权益产生影响的行为，如工商局对某小吃店作出的罚款处罚决定，或者环保局对某污染物排放不达标的企业作出的责令停业整顿的处罚决定，都属于典型的具体行政行为。

3. 概念3——抽象行政行为

【说明】抽象行政行为，是指特定的国家行政机关指定和发布普遍性行为规范的行为，如财政部依法制定《政府采购管理暂行办法》的行为便属于典型的抽象行政行为。

4. 概念4——行政诉讼

【说明】行政诉讼，是指公民、法人或者其他组织认为行政机关的具体行政行为侵害其合法权益，依法向人民法院提起诉讼，由人民法院对该项具体行政行为进行审理并作出裁判的活动的总称。

5. 概念5——行政诉讼的受案范围

【说明】行政诉讼的受案范围，是指人民法院受理行政案件的范围，相当于行政相对人有权提起行政诉讼的行政争议的范围。从行政机关的受监督程度与行政相对人的受保护程序的角度来看，行政诉讼的受案范围越广则行政机关受到的监督就越多，行政相对人受到的保护也越多；行政诉讼的受案范围越窄，则行政机关受到的监督就越少，行政相对人受到的保护也越少。

6. 概念6——调解行为

【说明】调解行为，是指一种当事人双方自愿的情形下行政机关所实施的行为，不属于具体行政行为，对当事人并不具有强制的约束力。当事人对调解的内容不服的，当事人完全可以就争议本身向法院提起民事诉讼。

7. 概念7——仲裁行为

【说明】仲裁行为，是指由各级劳动行政管理机关设立的劳动仲裁委员会所实施的劳动仲裁行为，对此类仲裁行为不服的，当事人有权通过提起民事诉讼寻求救济。但对于法律以外的行政法规、地方性法规以及规章所规定的仲裁行为，当事人则有权提起行政诉讼。

8. 概念8——行政指导行为

【说明】行政指导行为，是指行政机关以倡导、示范、建议、咨询等方式引导行政相对人自愿作出某种行为或者自愿不作出某种行为以实现行政管理目的的活动。

9. 概念9——行政复议申请人

【说明】行政复议申请人，是指认为自己的合法权益受到具体行政行为的侵害，依法以自己的名义提起行政复议申请的公民、法人或者其他组织。行政复议的申请人一般是行政相对人，即行政行为所指向的个体。

10. 概念10——行政复议被申请人

【说明】行政复议被申请人，是指其具体行政行为被申请人认为侵害其合法权益的行政机关。一般情况下，作出具体行政行为的行政机关是被申请人。两个或者两个以上行政机关以共同名义作出具体行政行为的，共同作出具体行政行为的行政机关是共同被申请人。法律法规和规章授权的组织作出具体行政行为的，该组织是被申请人。行政机关委托的组织作出具体行政行为的，委托的行政机关是被申请人。县级以上地方人民政府依法设立的派出机关作出具体行政行为的，该派出机关是被申请人。作出具体行政行为的行政机关被撤销的，继续行使其职权的行政机关是被申请人。

11. 概念11——行政复议第三人

【说明】行政复议第三人，是指同被申请复议的具体行政行为具有利害关系的公民、法人或者其他组织。如在行政处罚案件中，被处罚人与被侵害人一方申请行政复议，另一方可以作为第三人参加行政复议。

12. 概念12——现场笔录

【说明】现场笔录，是指行政机关工作人员在实施具体行政行为的现场对现场有关能够证明案件的事实所作的书面记录。现场笔录与勘验笔录一样，都属于有关机关的专门人员对现场情况的记录，两者的不同之处在于现场笔录是行政机关实施具体行政行为时对现场情况的记录，而勘验笔录是在案件事实发生之后有关勘验人员对现场情况的记录。

13. 概念13——非诉讼行政案件的执行

【说明】非诉讼行政案件的执行，简称非诉行政案件的执行，是指行政机关的具体行政行为生效之后，行政相对人既不向人民法院提起行政诉讼，又不履行具体行政行为确定的义务的，具体行政行为确定的权利人以及没有强制执行权的行政机关向人民法院提出申请，由人民法院采取强制措施，使行政机关的具体行政行为得以实现的制度。

三、重点内容

1. 行政复议的法律制度

（1）行政复议的概念及其审查对象。

（2）行政复议的参加人。

（3）行政复议的管辖。

（4）行政复议的申请。

（5）行政复议的受理。

（6）行政复议的审理。

（7）行政复议的决定。

（8）行政复议决定的履行。

2. 行政诉讼的基本制度

（1）行政诉讼的主要特点。

（2）行政诉讼的受案范围。

（3）行政诉讼的管辖。

（4）行政诉讼的参加人。

3. 行政诉讼的证据制度

（1）证据的种类。

（2）举证责任。

（3）当事人提供证据。

（4）法院对证据的收集。

（5）证据的质证。

（6）证据的审查与认定。

4. 行政诉讼程序

（1）行政诉讼的起诉与受理。

（2）行政诉讼的审理。

（3）行政诉讼的判决。

（4）行政诉讼的二审程序。

（5）行政诉讼的再审程序。

（6）行政诉讼案件的执行程序。

四、习题与案例

（一）单选（本题共 20 小题）

在每小题列出的四个备选项中只有一个是符合题目要求的，请将其代码填写在题后的括号内。错选、多选或未选均无分。

1. 行政复议以（　　）为审查对象。

A. 抽象行政行为　　　　　　　　　B. 具体行政行为

C. 行政复议第三人　　　　　　　　D. 行政复议被申请人

2. 下列属于抽象行政行为的是（　　）。

A. 工商局对某小吃店作出的罚款处罚决定

B. 环保局对某污染物排放不达标的企业作出的责令停业整顿的处罚决定

C. 财政部依法制定《政府采购管理暂行办法》的行为

D. 政府采购监督管理部门对采购人的违法行为进行罚款的行为

3. 下列关于行政复议的参加人说法中不正确的是（　　）。

A. 在"工商局对个体商贩王某进行了处罚"的行为中，工商局是行政复议的申请人

B. 作出具体行政行为的行政机关被撤销的，继续行使其职权的行政机关是行政复议的被申请人

C. 在行政处罚案件中，被处罚人与被侵害人一方申请行政复议，另一方可以作为第三人参加行政复议

D. 行政复议的第三人指同被申请复议的具体行政行为具有利害关系的公民、法人或者其他组织

4. 一般情况下，申请行政复议的期限为（　　），但并不排除一些法律对行政复议的期限作出特殊的规定。

A. 15 日　　　　　　　　　　　　　B. 30 日

C. 45 日　　　　　　　　　　　　　D. 60 日

5. 行政复议的申请方式为（　　）。

A. 书面申请　　　　　　　　　　　B. 可以书面申请，也可以口头申请

C. 口头申请　　　　　　　　　　　D. 邮件或电话申请

6. 行政复议机关收到行政复议申请后，应当在（　　）进行审查，对不符合法定条件的行政复议申请，决定不予受理，并书面告知申请人。

A. 1 日内　　　　　　　　　　　　B. 3 日内

C. 5 日内　　　　　　　　　　　　D. 7 日内

7. 行政诉讼与（　　）构成我国行政法律制度中的两大救济制度。

A. 两审终审制度　　　　　　　　　B. 仲裁制度

C. 民事诉讼　　　　　　　　　　　D. 行政复议

8. 行政诉讼与行政复议最大的区别在于( )。

A. 行政复议解决的是行政争议

B. 行政诉讼是一种司法解决争议的程序

C. 行政复议是由上一级行政机关对下一级行政机关的具体行政行为进行审查

D. 行政诉讼的处理结果更加可靠和真实

9. 行政诉讼主要解决的是( )的问题。

A. 行政机关的具体行政行为的合法性与合理性

B. 侵权、违约与责任承担

C. 犯罪与刑罚

D. 国家对私人或者私人对私人提起诉讼

10. 下列关于行政诉讼的参加人说法不正确的是( )。

A. 合伙企业向人民法院提起诉讼的，应当以核准登记的字号为原告

B. 公民、法人或者其他组织直接向人民法院提起诉讼的，作出具体行政行为的行政机关是被告

C. 同提起诉讼的具体行政行为有利害关系的其他公民、法人或者其他组织，可以作为诉讼代理人申请参加诉讼

D. 在诉讼过程中，被告对原告作出新的具体行政行为，原告不服向同一人民法院起诉的，人民法院可以决定合并审理

11. ( )是行政诉讼中特有的证据种类。

A. 视听资料   B. 当事人的陈述

C. 鉴定结论   D. 现场笔录

12. 下列关于法院对证据收集的说法中不正确的一项是( )。

A. 勘验现场时，当事人或其成年亲属应当到场，拒不到场的，需中断勘验的进行

B. 当事人认为人民法院委托的鉴定部门作出的鉴定结论有缺陷的，可以通过补充鉴定、重新质证或者补充质证等方式解决

C. 人民法院需要调取的证据在异地的，可以书面委托证据所在地人民法院调取

D. 人民法院有权依职权主动调取证据，也可以在当事人提出申请时调取证据

13. 关于证明同一事实的数个证据，其证明效力下列说法中不正确的是( )。

A. 国家机关以及其他职能部门依职权制作的公文文书优于其他书证

B. 出庭作证的证人证言和未出庭作证的证人证言在证明效力上是相当的

C. 原件、原物优于复制件、复制品

D. 法定鉴定部门的鉴定结论优于其他鉴定部门的鉴定结论

14. 人民法院审理行政案件时组成合议庭的成员人数应当是( )。

A. 1 人以上的单数   B. 2 人以上的偶数

C. 3 人以上的单数   D. 4 人以上的偶数

15. 诉讼参与人或其他人有伪造、隐藏、毁灭证据的行为时，下列不属于人民法院可

以采取的措施的是(　　)。

　　A. 予以训诫

　　B. 处以 5000 元以下的罚款、一个月以下的拘留

　　C. 责令悔过　　　　　　　　　　　D. 构成犯罪的，依法追究其刑事责任

　　16. 下列关于行政诉讼案件的执行程序与非诉行政案件的执行程序的说法中，不正确的是(　　)。

　　A. 行政诉讼案件的执行程序执行的是人民法院的行政诉讼判决

　　B. 非诉行政案件的执行程序执行的是行政机关的具体行政行为

　　C. 行政机关拒绝履行判决、裁定的，第一审人民法院可以采取罚款措施，但不能追究刑事责任

　　D. 一般而言，不具有强制执行权的行政机关主要有环保、土地管理、文化、文物、卫生、教育等

　　17. 在行政诉讼的二审程序中，人民法院审理上诉案件应当在收到上诉状之日起 2 个月内作出终审判决，有特殊情况需要延长的，由(　　)批准。

　　A. 合议庭庭长　　　　　　　　　　B. 本院院长

　　C. 高级人民法院　　　　　　　　　D. 最高级人民法院

　　18. 行政诉讼判决中，当事人对下列裁定项不服可以提起上诉，除了 (　　)。

　　A. 终结诉讼　　　　　　　　　　　B. 不予受理

　　C. 驳回起诉　　　　　　　　　　　D. 管辖异议

　　19. 行政复议以(　　)为审查对象。

　　A. 行政机关　　　　　　　　　　　B. 个体商贩

　　C. 抽象行政行为　　　　　　　　　D. 具体行政行为

　　20. 下列关于行政复议的申请方式说法正确的是(　　)。

　　A. 只能书面申请　　　　　　　　　B. 只能口头申请

　　C. 可以书面申请也可以口头申请

　　D. 除了书面申请和口头申请外，还可以以邮件、传真等电子信息方式申请

(二) 多选 (本题共 10 小题)

　　请把正确答案的序号填写在题中的括号内，多选、漏选、错选不给分。如果全部答案的序号完全相同，例如全选 ABCDE，则本大题不得分。

　　1. 在质证的过程中，当事人应围绕证据的(　　)，针对证据有无证明效力以及证明效力大小进行质证。

　　A. 唯一性　　　　　　　　　　　　B. 关联性

　　C. 客观性　　　　　　　　　　　　D. 合法性

　　E. 真实性

　　2. 下列证据不得在开庭时公开质证的是(　　)。

A. 涉及国家秘密的证据　　　　　　B. 涉及商业秘密的证据

C. 涉及个人隐私的证据　　　　　　D. 法律规定的其他应当保密的证据

E. 当事人提交的书面证言

3. 行政复议的决定包括（　　　　）。

A. 维持决定　　　　　　　　　　　B. 履行决定

C. 裁定决定　　　　　　　　　　　D. 赔偿决定

E. 撤销、变更或者确认违法决定

4. 下列选项中不属于我国法律制度中的三大基本诉讼制度的是（　　　　）。

A. 民事诉讼　　　　　　　　　　　B. 刑事诉讼

C. 行政复议　　　　　　　　　　　D. 行政诉讼

E. 仲裁

5. 下列具有强制执行权的行政机关是（　　　　）。

A. 公安、国家安全　　　　　　　　B. 海关、税务、工商

C. 城市管理、外汇管理　　　　　　D. 物价、审计

E. 政府

6. 具体行政行为有下列（　　　　）情形之一的，人民法院应当判决撤销或者部分撤销原具体行政行为，并可以判决被告重新作出具体行政行为。

A. 主要证据不足的　　　　　　　　B. 适用法律法规错误的

C. 违反法定程序的　　　　　　　　D. 超越职权的

E. 滥用职权的

7. 在证据的审查过程中，法庭从（　　　　）方面审查证据的合法性。

A. 证据是否符合法定形式　　　　　B. 是否符合证据形成的原因

C. 是否有影响证据效力的其他违法情形

D. 证据的取得是否符合法律法规、司法解释和规章的要求

E. 提供证据的人或者证人与当事人是否具有利害关系

8. 下列关于行政诉讼、民事诉讼、刑事诉讼说法正确的是（　　　　）。

A. 行政诉讼与民事诉讼、刑事诉讼并列为我国法律制度中的三大基本诉讼制度

B. 行政诉讼与民事诉讼存在一定的密切联系

C. 行政诉讼处理的是民事案件，刑事诉讼处理的是刑事案件

D. 行政复议与行政诉讼基本上属于两种可以自由选择的救济方式

E. 在行政诉讼没有明确规定的情况下对行政案件的处理往往可以适用民事诉讼的规定

9. 下列关于行政诉讼受案范围的说法中不正确的是（　　　　）。

A. 从行政机关的受监督程度与行政相对人的受保护程序的角度来看，行政诉讼的受案范围越广则行政机关受到的监督就越多，行政相对人受到的保护也越多

B. 所有的行政行为都可以被起诉，所有的行政争议都适合通过行政诉讼加以解决

C. 我国目前对可以起诉的行政诉讼案件作了概括式的规定，而对不得起诉的案件作了列举式的规定

D. 根据我国现行法律的规定，人民法院不受理公民、法人或者其他组织对国防、外交等国家行为提起的诉讼

E. 根据我国现行法律的规定，人民法院受理公民、法人或者其他组织对抽象行政行为提起的诉讼

10. 下列选项中，属于中级人民法院管辖的第一审行政案件的是(   )。

A. 确认发明专利权的案件、海关处理的案件

B. 对国务院各部门或者省、自治区、直辖市人民政府所作的具体行政行为提起诉讼的案件

C. 被告为县级以上人民政府，且基层人民法院不适宜审理的案件

D. 社会影响重大的共同诉讼、集团诉讼案件

E. 重大涉外或者涉及中国香港特别行政区、澳门特别行政区、台湾地区的案件

（三）名词解释（本题共 10 小题）

1. 行政诉讼

2. 行政复议

3. 行政复议申请人

4. 具体行政行为

5. 抽象行政行为

6. 调解行为

7. 仲裁行为

8. 现场笔录

9. 行政指导行为

10. 行政诉讼的受案范围

（四）判断（本题共 20 小题）

对的在括号内画"√"，错误的画"×"。

1. 行政复议程序与行政诉讼程序都是一种对行政争议的解决程序。（　　）

2. 第三人，指同被申请复议的抽象行政行为具有利害关系的公民、法人或者其他组织。（　　）

3. 其他法律只能对行政复议的申请期限加以延长，但不得加以缩短。（　　）

4. 行政复议处理期限从受理之日起开始计算。（　　）

5. 行政诉讼与民事诉讼构成我国行政法律制度中的两大救济制度。（　　）

6. 行政诉讼主要解决的是侵权、违约与责任承担的问题；民事诉讼主要解决的是行政机关的具体行政行为的合法性与合理性的问题。（　　）

7. 行政诉讼的原被告地位恒定不变，行政诉讼通常被理解为"民告官"。（　　）

8. 中级人民法院可以管辖确认发明专利权的案件、海关处理的案件。（　　）

9. 所有的行政争议都适合通过行政诉讼加以解决。（　　）

10. 勘验笔录是行政机关实施具体行政行为时对现场情况的记录。（　　）

11. 人民法院需要调取的证据在异地的，可以书面委托证据所在地人民法院

调取。（　　）

12. 未经庭审质证的证据，不能作为定案的依据。（　　）

13. 原告或者第三人提供的在举证期限届满后发现的证据不属于法庭对新证据的质证范围。（　　）

14. 对属于人民法院受案范围的行政案件，公民、法人或者其他组织可以先向上一级行政机关或者法律法规规定的行政机关申请复议，对复议不服的，再向人民法院提起诉讼，不得直接向人民法院提起诉讼。（　　）

15. 公民、法人或者其他组织直接向人民法院提起诉讼的，应当在知道作出具体行政行为之日起 3 个月内提出。（　　）

16. 人民法院应当公开审理行政案件，但涉及国家秘密、个人隐私和法律另有规定的除外。（　　）

17. 行政复议决定维持原具体行政行为的，人民法院判决撤销原具体行政行为，人民法院判决自然无效。（　　）

18. 当事人不服人民法院第一审判决的，有权在判决书送达之日起 15 日内向上一级人民法院提起上诉。（　　）

19. 人民检察院对人民法院已经发生法律效力的判决、裁定，发现违反法律法规规定的，无权按照审判监督程序提出抗诉。（　　）

20. 非诉行政案件的执行程序执行的是行政机关的具体行政行为，而行政诉讼案件的执行程序执行的是人民法院的行政诉讼判决。（　　）

（五）简答（本题共 12 小题）

将答案要点写出并作简要叙述，必要时可以画出流程图或示意图进行阐述。

1. 简述具体行政行为与抽象行政行为的区别。

2. 简述行政复议的参加人有哪些。

3. 简述行政复议受理期间，出现哪些情形时具体行政行为可以停止执行。

4. 简述行政复议的决定内容。

5. 简述具体行政行为出现哪些情形时，复议机关可以决定撤销、变更或者确认该具体行政行为违法。

6. 简述人民法院不受理公民、法人或其他组织对哪些事项提起的诉讼。

7. 简述在哪些情况下，人民法院认为是共同诉讼可以合并审理。

8. 简述在证据的审查过程中，法庭应当从哪些方面审查证据的真实性。

9. 简述证明同一事实的数个证据，其证明效力如何认定。

10. 简述在诉讼的再审程序中，出现哪些情况必须中止诉讼。

11. 简述在行政诉讼案件执行程序中，行政机关拒绝履行判决、裁定时，第一审人民法院可以采取哪些措施。

12. 简述行政诉讼的判决中裁定的适用范围。

（六）论述（本题共 8 小题）

要求阐述过程中理论联系实际、结构严谨、分析透彻，必要时可以画出流程图或示意图进行阐述。

1. 论述行政复议的管辖范围。

2. 论述行政复议的申请。

3. 论述行政复议的审理流程。

4. 论述行政诉讼的主要特点。

5. 论述行政诉讼的管辖范围如何确定。

6. 论述行政诉讼中证据的种类。

7. 论述法院对证据的收集过程。

8. 论述行政诉讼的判决种类。

（七）案例分析（本题共 3 小题）

案例一：上海海松贸易公司诉上海市国家税务局复议裁定上诉案

上海海松贸易公司因复议裁定一案，不服上海市黄浦区人民法院（2000）黄行初字第 13 号行政判决，向本院（上海市第二中级人民法院，以下简称"上海二中院"）提起上诉。本院依法组成合议庭，公开开庭审理了本案。上诉人上海海松贸易公司法定代表人曹海芳的特别授权委托代理人王春明，被上诉人上海市国家税务局法定代表人周杏英的特别授权委托代理人徐伟炎、朱洪超到庭参加诉讼。本案现已审理终结。

原审认定，上海市国家税务局（以下简称"市国税局"）于 2000 年 8 月 8 日作出沪国税复［2000］裁字第 1 号复议裁定，认定上海海松贸易公司（以下简称"海松公司"）在收到上海市松江区国家税务局作出的沪松国税查三字（2000）第 1 号税务处理决定后，未缴纳税款即申请复议，不符合《税务行政复议规则（试行）》（以下简称《税务复议规则》）应先缴纳税款，然后再提出行政复议申请的规定，故作出裁定：

（1）海松公司应按上海市松江区国家税务局的批复履行分期缴款的计划；

（2）海松公司缴清上海市松江区国家税务局作出的处理决定书上明确的应缴税款、滞纳金后，再提出行政复议申请。原审法院认为，市国税局所作复议裁定，认定事实清楚，适用法律正确，遂作出判决，维持上海市国家税务局于 2000 年 8 月 8 日作出的沪国税复（2000）裁字第 1 号复议裁定。

判决后，海松公司不服，向本院提起上诉。

上诉人海松公司上诉称，原审判决适用法律不当，根据《中华人民共和国行政复议法》（以下简称《行政复议法》）的规定，市国税局应受理其提出的行政复议申请。故请求二审法院撤销原审判决及复议裁定，判令市国税局受理其提出的行政复议申请。

被上诉人市国税局则认为，原审判决认定事实清楚，适用法律正确，请求维持原审判决及复议裁定。

经二审庭审查明，原审判决认定事实清楚。上海市松江区国家税务局于 2000 年 5 月 15 日对上诉人海松公司作出沪松国税查三字（2000）第 1 号税务处理决定，海松公司不服，于 2000 年 7 月 6 日向被上诉人市国税局提出行政复议申请，市国税局收到申请后，要求海松公司提供按照税务处理决定缴清税款的凭证，但海松公司无法提供。上述事实，有上海市松江区国家税务局税务处理决定、上诉人海松公司行政复议申请、被上诉人市国税局于 2000 年 7 月 20 日致上诉人海松公司的函可以证明，上诉人海松公司亦承认其提出行政复议申请时，尚未缴清税款，本院予以确认。

在二审庭审中，被上诉人市国税局提供其作出复议裁定的法律依据是《中华人民共和国税收征收管理法》（以下简称《税收征收管理法》）第五十六条第一款"纳税人、扣缴义务人、纳税担保人同税务机关在纳税上发生争议时，必须先依照法律、行政法规的规定缴纳或者解缴税款及滞纳金，然后可以在收到税务机关填发的缴款凭证之日起 60 日内向上一级税务机关申请复议"和《税务复议规则》第十三条第二款"申请人按前款规定申请行政复议的，必须先依照税务机关根据法律、行政法规确定的税额、期限缴纳或者解缴税款及滞纳金，然后可以在收到税务机关填发的缴款凭证之日起 60 日内提出行政复议申请"。上诉人海松公司则认为，《行政复议法》并未规定要在履行具体行政行为确定的义务之后才能提起行政复议，《税收征收管理法》和《税务复议规则》与《行政复议法》的规定不一致，应以《行政复议法》的规定为依据，被上诉人适用法律错误。

本院认为，被上诉人市国税局具有依法受理当事人对税务处理决定不服提出行政复议，并作出行政复议决定的职权。上诉人海松公司在向被上诉人提出行政复议申请时，未提交缴清税款的事实证据。《税收征收管理法》第五十六条第一款规定了提起行政复议的特别规定，且《税收征收管理法》与《行政复议法》的规定并不矛盾，《税务复议规则》第十三条第二款符合《税收征收管理法》第五十六条第一款的规定。被上诉人依据《税务复议规则》第十三条第二款规定，在上诉人海松公司未缴清税款的情况下，对其提出的行政复议申请作出的复议裁定，符合法律规定，亦未侵犯上诉人依法申请行政复议的权利。上诉人海松公司认为被上诉人市国税局适用法律不当，应根据《行政复议法》受理其行政复议申请，缺乏法律依据。原审法院判决维持被上诉人市国税局作出的复议裁定，属认定事实清楚，适用法律正确。上诉人上诉请求，本院不予支持。

据此，依据《中华人民共和国行政诉讼法》第六十一条第一项之规定，判决如下：

（1）驳回上诉，维持原判。

（2）上诉案件受理费 100 元人民币，由上诉人海松公司负担。

（3）本判决为终审判决。

结合案例，请回答以下问题：

1. 在案例中，本院（上海二中院）判决的理由是什么？

2. 根据案例，请问行政复议的审查对象是谁？

3. 通过案例，阐述行政复议的申请条件是什么？

案例二：现代摩比司株式会社诉中华人民共和国国家知识产权局专利复审委员会、上海中集冷藏箱有限公司、五方斯达特技术工程公司专利无效行政纠纷上诉案

上诉人现代摩比司株式会社因专利无效行政纠纷一案，不服北京市第一中级人民法院（2005）一中行初字第228号行政判决，向本院（北京市高级人民法院）提起上诉。本院2005年11月21日受理后，依法组成合议庭，于2005年12月8日公开开庭审理了本案。上诉人现代摩比司株式会社的委托代理人蒋洪义、马春生，被上诉人国家知识产权局专利复审委员会（以下简称"专利复审委员会"）的委托代理人王颖、程强，被上诉人上海中集冷藏箱有限公司（以下简称"中集公司"）的委托代理人董巍、孙建歧，被上诉人五方斯达特技术工程公司（以下简称"五方斯达特公司"）的委托代理人董巍到庭参加诉讼。本案现已审理终结。

现代摩比司株式会社是96104636.8号"集装箱的壁板连接结构"发明专利的专利权人。中集公司和五方斯达特公司分别于2004年2月18日和2004年6月16日，请求专利复审委员会宣告该专利权无效。中集公司认为该专利不符合《专利法》第三十三条、第二十六条第四款及第二十二条第二款、第三款之规定，五方斯达特公司认为该专利不具备新颖性和创造性。专利复审委员会经审查于2004年12月7日作出第6637号无效决定，宣告96104636.8号发明专利无效。现代摩比司株式会社不服，向北京市第一中级人民法院提起行政诉讼。

北京市第一中级人民法院判决认定，本专利说明书及其附图关于"突起部制成具有凹部和凸部的形状"的记载作为一个实施例，只能是对权利要求1中所述的波浪形的一种解释，而不应对权利要求进行限定。一般情况下，波浪形必然具有凹部和凸部，但凹部和凸部是相对而言的，并非只有唯一的表现形式。现代摩比司株式会社关于"波浪形的凹、凸是相对于壁板厚度的中心线而言"的主张是对权利要求1技术方案的进一步限定，已超越了说明书和附图的范畴，其主张不能成立。附件1~5记载了平表面即端部形成一定数目且分布均匀的小折纹或小波纹，这些小折纹和小波纹是由折压机或波纹压机强迫形成的，小折纹和小波纹的数量由肋的深度及其他一些尺寸加以确定，以及变形产生一道或多道褶皱、波纹或类似形状等内容，多个均匀分布的小波纹相当于本专利权利要求1中波浪形突起部，即附件1~5给出了在褶皱的顶端部设置带有波浪形突起部的技术启示。现代摩比司株式会社关于附件1~3和附件1~5未公开本专利所记载的将壁板褶皱部分的端部加工成一条波浪形的边缘以使该部位与横梁形成波浪形接触这一技术特征的主张不能成立。鉴于本专利权利要求1前序部分已经描述了"一块在接触部位焊接在上述横梁上并且形成集成箱外壁的壁板"，且在特征部分又限定了"褶皱部分顶端部带有波浪形的突起部接触着所述横梁"，故本专利权利要求1所述的"横梁和壁板能在接触部位从头到尾贯通焊接在一起"主要是对这种壁板连接结构带来的技术效果的描述。现代摩比司株式会社也表明集装箱侧板褶皱部的波浪形突起部必然导致形变后的应力均匀，适于工业化制造的连续焊接等，是客观存在的、本领域普通技术人员能够直接得到的技术效果。从附件1~3中"其中面板的每条加强筋具有中央部位，该中央部位在其端部，通过中间连接型

面与面板的直线边相接，型面形成了一个斜面并且由 2 个波纹加以密封，这样加强筋就以近乎直线的方式以靠近波纹的间隙，通向面板的边"，以及"如果面板的边实现良好的密封性，只要用焊接的方法堵塞住面板边上面这两条波纹所产生的间隙即可"等记载可以看出，附件 1~3 给出了在特定情况下，可以实现对面板边进行连续、贯通焊接的技术启示，即使附件 1~3 的技术方案在褶皱处可能出现断焊，但这是另一个需要解决的技术问题。现代摩比司株式会社关于附件 1~3 未公开"使加强筋端部与支撑骨架在接触部位从头到尾贯通地用自动焊连续焊接在一起"这一技术特征的主张不能成立。附件 1~5 中所述的吸收褶皱多余部分的多个小波纹是均匀分布的，在小波纹达到一定数量时，波纹与横梁或框架之间的缝隙会相应减小，使得两者接触会更加紧密。在达到可以通过焊接技术使得壁板与横梁或框架的连续、贯通焊接，而无须加入填充块施以手工焊接或进行其他特殊工序时，就自然可以获得与本专利相同的连接结构，并达到相同的技术效果。鉴于现代摩比司株式会社认可可以将附件 1~3 和附件 1~5 结合评价本专利的创造性，并且附件 1~3 和附件 1~5 已经披露了本专利权利要求 1 的全部技术特征，将附件 1~5 和附件 1~3 结合从而获得本专利权利要求 1 技术方案是显而易见的。现代摩比司株式会社关于附件 1~3 和附件 1~5 结合不能得到本专利权利要求 1 技术方案的主张不能成立。在本领域普通技术人员将附件 1~3 和附件 1~5 结合无须花费创造性劳动即可获得本专利技术方案的基础上，由于现代摩比司株式会社在无效程序中认可集装箱侧板褶皱部分的波浪形突起部必然带来形变后应力均匀，可以实现连续焊接等技术效果，且这些有益的技术效果是普通技术人员能够直接得到的，并非是预料不到的，故现代摩比司株式会社所称本专利所述技术方案在焊接效果、应力均匀等方面明显优于现有技术，对本专利创造性的判断不能产生实质性影响。依照《行政诉讼法》第五十四条第（一）项之规定，判决维持专利复审委员会第 6637 号无效决定。

现代摩比司株式会社不服，向北京市高级人民法院提起上诉，请求撤销一审判决和专利复审委员会第 6637 号无效决定，维持 96104636.8 号发明专利权有效。现代摩比司株式会社称：第一，本专利权利要求 1 中记载的"波浪形的突起部"这项技术特征只能唯一地解释为说明书中所记载以及附图 3A 和附图 3B 所示明的结构形式，而不能解释为其他结构形式。一审判决认为本专利中"突起部制成具有凹部和凸部的形状"作为一个实施例，只能是对权利要求 1 中的波浪形的一种解释，不应对权利要求进行限定，是错误的。第二，附件 1~3 和附件 1~5 或其结合，均未公开本专利所记载的将壁板褶皱部分的端部加工成一条波浪形的边缘以使该部位与横梁形成波浪形接触这一特征。而且，附件 1~3 和附件 1~5 给出的技术启示都是使凸肋的端部形成一条直的边缘，使其与横梁形成直线接触，这与本专利技术方案恰恰相反。一审判决认定附件 1~3 和附件 1~5 公开了本专利权利要求 1 全部技术特征与事实不符。第三，本专利与现有技术相比，实现了一次性连续的贯通焊接，降低了材料的变形率，而且加工工序更为简单，成本更低，产生了有益的效果，具有显著进步。专利复审委员会和中集公司、五方斯达特公司服从原审判决。

经审理查明：1996 年 4 月 23 日现代精工株式会社向中国专利局申请了 96104636.8 号

"集装箱的壁板连接结构"发明专利,该专利申请于 2001 年 5 月 9 日被授予发明专利权。专利权人为现代精工株式会社,后于 2004 年 6 月 15 日变更为现代摩比司株式会社。经授权的权利要求为:

一种集装箱壁板连接结构,它包括:一根作为集装箱框架的横梁,以及一块在接触部位焊接在上述横梁上并且形成集装箱外壁的壁板,其特征在于,焊接在上述横梁上的上述壁板的褶皱部分的顶端部带有波浪形的突起部,该波浪形突起部接触着所述横梁,使得上述横梁和上述壁板能在接触部位从头到尾贯通焊接在一起。

2004 年 2 月 18 日中集公司向专利复审委员会申请宣告该专利权无效,认为该专利不符合《中国专利法》第三十三条、第二十六条第四款之规定且不具有新颖性和创造性。中集公司共提交了 5 份证据,其中的对比文件 1(即附件 1 ~ 3)为 1983 年 2 月 23 日公开的 EP0072739A1 号欧洲专利申请公开说明书,其中涉及一种带闭合加强筋面板的加工方法,披露了以下技术内容:该方法用于在面板加强筋的端部获得一条直的边缘,这样就使面板能够与其他支承骨架进行焊接式密封。其中面板的每条加强筋具有中央部位,该中央部位在其端部,通过中间连接型面与面板的直线边相接,型面形成了一个斜面并且由 2 个波纹加以密封,这样加强筋就以近乎直线的方式靠近波纹的间隙,通向面板的边。如果面板的边实现良好的密封性,只要用焊的方法堵塞住面板边上面这两条波纹所产生的间隙即可。可将波纹密封,以消除间隙,从而使波纹的端部变得密封。对比文件 2(即附件 1 ~ 5)是 1978 年 8 月 29 日公开的 US4109503 号美国专利,其中披露了如下技术内容:在平薄板上制得封闭或不向外开口的肋条,板上带有肋,肋通过斜部与板的平表面连接,其所述板的平表面即端部形成一定数目的小折纹或小波纹,这些小折纹和小波纹是由折压机或波纹压机强迫来形成的,小折纹和小波纹的数量由肋的深度及其他一些尺寸加以确定。由所述小波纹吸纳多余材料,并使波纹板保持平整状态。另外,这些小波纹也是均匀分布的。在说明书背景技术中明确指出加肋或波纹金属构件可用于集装箱领域中。五方斯达特公司于 2004 年 6 月 16 日请求专利复审委员会宣告该专利权无效,亦认为该专利不具有新颖性和创造性。五方斯达特公司共提交了 7 份证据,其中的附件 2 ~ 2 为 1995 年 6 月 1 日公开的 DE4339962A1 号德国专利申请公开说明书,附件 2 ~ 4 与对比文件 1 相同。专利复审委员会经审查认为,本案争议专利符合专利法第三十三条和第二十六条第四款之规定,但相对于对比文件 1、2 不具有创造性。本专利权利要求 1 与附件 1 ~ 3 相比,其区别在于:①本专利涉及集装箱壁板,附件 1 ~ 3 涉及金属面板,后者为前者的上位概念;②本专利中褶皱部分的顶端部带有波浪形突起,而附件 1 ~ 3 加强筋的型面端部形成 2 个波纹。对于区别技术特征①,由于两者属于相同的技术领域,普通技术人员容易想到将附件 1 ~ 3 中公开的技术应用到本专利中。另外,附件 1 ~ 3 要解决的技术问题与本专利相同。对于区别技术特征②,本领域技术人员根据附件 1 ~ 3 公开的技术内容,在将面板上的肋压回到板材平面中时,必然会产生多余材料,而余料的产生必定要形成小凸起或波纹。在附件 1 ~ 3 公开的技术方案中,其中面板加强筋在端部被压回时多余材料完全由两侧的波纹吸收。这种方式对于那些变形能力差、塑性较差的面板来说,会在波纹处产生较大的变形应力，导致应力集中。本领域技术人员在考虑将多余材料均匀分布避免产生过分的变形应力这一技术问题时，完全可以从附件 1~5 中获得技术启示，将附件 1~5 中的技术用于附件 1~3 从而获得本专利权利要求 1 是显而易见的，无须付出创造性劳动，且两者的结合并未带来预料不到的技术效果，故权利要求 1 不具有创造性。2004 年 12 月 3 日专利复审委员会作出第 6637 号无效决定，宣告 96104636.8 号发明专利权无效。

上述事实，有 96104636.8 号发明专利文件的授权文本，专利复审委员会第 6637 号无效决定，附件 1~3、附件 1~5 及当事人陈述等在案佐证。

本院认为，本案二审审理中各方当事人争议的焦点在于本案争议的 96104636.8 号发明专利是否具有创造性，更具体说就是对于本领域普通技术人员而言，将附件 1~3 和附件 1~5 结合，能否显而易见地得到 96104636.8 号发明专利独立权利要求所记载的技术方案。本案争议专利权利要求 1 所记载的技术方案与附件 1~3 相比，其区别在于，本案争议专利中褶皱部分的顶端带有波浪形突起，而附件 1~3 加强筋的型面端部形成 2 个波纹，即在附件 1~3 中，面板加强筋在端部被压回时多余材料由两侧的两个波纹吸收，而本案争议专利中则由多个均匀分布的"波浪形突起"即波纹吸收。附件 1~5 中明确指出，吸收褶皱多余材料部分的多个小波纹或小折纹是均匀分布的，在小波纹或小折纹达到一定数量时，波纹与横梁或框架之间的缝隙会相应减小，变得两者接触会更加紧密。因此，本领域普通技术人员将附件 1~3 和附件 1~5 结合，得到 96104636.8 号发明专利权利要求 1 技术方案是显而易见的，无须花费创造性劳动，而且附件 1~3 和附件 1~5 相结合也不能为本案争议专利权利要求 1 技术方案带来预料不到的技术效果。故权利要求 1 技术方案不具有创造性。综上，专利复审委员会第 6637 号无效决定和一审判决认定事实清楚、适用法律正确、审理程序合法，本院应予维持。上诉人现代摩比司株式会社的上诉理由不能成立，其上诉请求不予支持。据此，依照《中华人民共和国行政诉讼法》第六十一条第一款第（一）项之规定，判决如下：

（一）驳回上诉，维持原判。

（二）一审、二审案件受理费共计 2000 元，均由现代摩比司株式会社负担（已缴纳）。

（三）本判决为终审判决。（注：考虑案例长度，案情中附件未附）

结合案例，请回答问题：

1. 在本案中，本院是如何认定行政复议诉讼的？

2. 本案例中主要的证据是书证，请问行政诉讼是如何规定当事人提供的书证的？

3. 本章中前面两个案例最后的行政诉讼判决结果都是维持原判，请问行政诉讼的判决有哪些？

案例三：格力政府采购案启示录

2008 年 9 月 28 日至 2008 年 10 月 29 日，广州市番禺中心医院空调安装采购项目公开进行了招标。其中，集中采购机构为广州市政府采购中心，评审方法为综合评标法，评审标准有三，即技术、商务、价格，其各占总分的 45%、15%、40%。

2008 年 11 月 4 日，经评标委员会按上述评审方法和评审标准对各投标文件进行评审，格力被推荐为第一候选成交供应商。

2008 年 11 月 5 日，格力按广州市政府采购中心及招标文件要求，提供投标文件中的商务文件原件供采购人核对。

2008 年 11 月 10 日，采购人广州市番禺中心医院向广州市采购中心发函，并抄送番禺区政府采购管理办公室，称格力的投标设备技术实质上不能满足招标文件打星的条款。

2008 年 11 月 18 日，广州市政府采购中心组织原评标委员会对采购结果进行复审，并将复审结果提交采购人确认。

2008 年 11 月 21 日，广州市政府采购中心根据复审结果发布中标通知，确定广东省石油化工建设集团公司为中标供应商，中标金额为 2151.1887 万元。

2008 年 11 月 24 日，格力向广州市政府采购中心提出质疑。2008 年 11 月 27 日，广州市政府采购中心作出答复。

2008 年 12 月 22 日，因对广州市政府采购中心的质疑答复不满意，格力向番禺区财政局提出投诉。

2009 年 1 月 22 日，依据 2008 年 11 月 18 日复审结果，番禺区财政局作出不支持格力投诉请求的投诉处理决定（番财采 [2009] 1 号）。

2009 年 4 月 22 日，格力就番财采 [2009] 1 号投诉处理决定向广州市财政局提起行政复议。广州市财政局认为，2008 年 11 月 18 日复审结果违法，仅以复审结果推翻开标当日评审结果有失公正，据此作出撤销番禺区财政局作出的番财采 [2009] 1 号投诉处理决定，并责令番禺区财政局重新作出处理决定。

2009 年 6 月 9 日，广州市政府采购中心重新抽取专家专门就格力投标文件评审，并作格力投标文件未响应招标文件的评审结论。

2009 年 6 月 16 日，根据 2009 年 6 月 9 日专家评审结果，番禺区财政局作出驳回格力投诉（番财采 [2009] 9 号）。

2009 年 7 月 22 日格力就番财采 [2009] 9 号投诉处理决定，仍向广州市财政局提起行政复议。

2009 年 9 月 28 日，广州市财政局作出复议决定，并于 2009 年 9 月 29 日送达格力。

鉴于广州市财政局改变了番禺区财政局所作出的投诉处理决定，2009 年 10 月 12 日，格力被迫无奈与广州市财政局对簿公堂。本案已于 2009 年 11 月 2 日在广州市天河区人民法院开庭审理。

在质疑、投诉、行政复议过程中，广州市番禺中心医院空调已由广东省石油化工建设集团公司安装完毕。

尽管目前该案还未宣判，但细查整个事件的材料和参加完庭审后，个人认为此次格力政府采购案至少反映出以下问题：

一、政府采购评审有待进一步规范

此次格力政府采购案历经三次评审活动，分别为 2008 年 11 月 4 日的评审、2008 年 11 月 18 日的复审、2009 年 6 月 9 日的第三次评审。

这三次评审活动是否合法，直接关系到谁才是番禺区中心医院空调安装采购项目的中标人的问题，即格力与广东省石油化工建设集团公司谁才是该项目合法中标人。因此，有必要对这三次评审的效力进行探讨。

（一）关于第一次评审的效力

根据招标文件第四章关于开标评标中标的规定，招标应由依法组建的评审专家按招标文件规定的评审方法和标准，对所有有效投标文件进行评审并推荐中标候选人。

就格力政府采购案而言，2008 年 11 月 4 日项目开标当日，依法组建的评标委员会按招标文件规定的综合评分法，对所有投标文件进行了评审，并最后推荐格力为第一中标候选人。

由于第一次评委的组建及评审方法均合法且合乎招标文件规定，因此，第一次评审即 2008 年 11 月 4 日的评审结果显然合法有效。

（二）关于第二次评审即复审的效力

第二次评审的评标委员会仍为原评标委员会。但第二次评审的启动，却并非开标评审程序。而是在开标评审结束且已推荐中标候选人名单后，由番禺区财政局指定广州市政府采购中心组织原评审专家进行评审。

就这样，在没有任何新证据的情况下，同一评标委员会开标当日推荐格力为第一中标候选人，而在半个月之后的复审中，却作出格力未实质响应投标文件的规定，前后结果大相径庭让人咋舌，至于个中缘由，就目前整个政府采购大环境而言，相信稍有常识的人都不难理解。

根据《招标投标法》第三十八条第一款，即评标应在严格保密的情况下进行。而原评标委员会推荐中标人后，投标文件也不再处于保密状态，其已然丧失了再次评审的前提条件。退一步，即使原评标委员会仍要评审，但因其已具有利害关系，也无法绕开回避问题。

所以，第二次评审的违法性自毋庸赘言。对此，即使是广州市财政局作出的穗财法 [2009] 48 号行政复议决定，也不得不认定评标委员会与项目具有利害关系，所作复审违法。

（三）关于第三次评审的效力

第三次评审的启动，缘于采购人不满意第一次评审结果，而复审的效力又被广州市财政局以有失公正为由推翻。而广州市采购中心已按违法复审结果发布了报价高于格力440多万元的广东省石油化工建设集团公司为中标人。

因此，为了推翻第一次评审结果，同时又为了使违法中标结果具有合法性，番禺区财政局又另行抽取专家重新组成评审委员会，专门对格力的投标文件进行评审。但第三次评审与第二次评审一样，其违法性也是显而易见：

首先，第三次评审同样不具备评审的前提条件，即开标评审后，投标文件，包括格力的投标文件已经不具有保密状态。

其次，第三次评审只针对格力一家进行评审，客观上造成对格力的歧视，从而严重违反政府采购之公平、公正原则。

最后，第三次评审过程谬误百出。

本次专家核实的内容是，格力所报产品是否满足招标文件关于模块及制冷量的要求，但本次专家核实时却连模块及制冷量内容在招投标文件的页码都引用错误，而且尹妙玲、吴增华、汪志舞三位专家在如此低级的错误上犯得居然一模一样，这不能不说明，评审专家根本就没有看招标文件和投标文件，就直接下结论。

而曹世达专家更是制冷与制热不分，直接以制热量代替制冷量进行评审；还有奇妙的是，评审专家的结论跟采购人质疑格力的理由一样，即与采购人于2008年11月7日向广州市政府采购中心所提供的《情况说明》的理由相一致。以上种种不能不让人哑然，其评审结果可想而知了。

综上，三次评审中，显然只有第一次评审合法有效，而后两次评审本身不符合评审的保密要求，且第三次评审过程错误百出结论违法。因此，广东省石油化工建设集团公司据此中标并与采购人签订合同违法。

二、政府采购监管有待进一步加强

财政部门作为政府采购的监管部门，应履行全面的监督管理职责，包括对采购文件、采购过程、采购结果、投诉处理等方面的监管。

财政部门的监管作为行政监督，为主动监督，不受供应商的质疑投诉范围限制。关于这一点，广州市财政局自己也非常清楚，在其答辩状中也明确承认其有全面监管的权力。

但令人遗憾的是，格力政府采购案至今已一年多，涉及的监管部门有番禺区财政局、广州市财政局，对于格力政府采购案中出现的诸多违法情形，两级监管部门却似乎都视而不见。

（一）复审方面

广州市财政局作出的已生效番财法〔2009〕48号行政复议决定，认为第二次评审（复审）违法，却又未依法作出处罚，实质并未纠正违法行为，以致违法继续。而这种不作为可谓是此次格力政府采购案出现的关键性原因，也是此次广州市财政局成为被告的核心所在。

（二）中标方面

由于第二次评审（复审）本身违法，未能推翻第一次评审结果，广州市财政局却未依法督促采购人广州市番禺区中心医院确定格力为中标人，任由广东省石油化工建设集团公司依据违法的中标结果被确定为中标人，并履行政府采购合同。

（三）第三次评审方面

广州市财政局虽作出番财法〔2009〕48号行政复议决定，认定第二次评审，即复审违法，但也仅是简单令番禺区财政局重新作出投诉处理决定。即使如此，番禺区财政局不仅未依法重新作出投诉处理决定，反而非法组织第三次评审，并据此作出驳回格力投诉请求的投诉处理决定。

以上种种的违法情形均发生在区、市两级财政部门的眼皮底下，但在长达一年的时间内，其非但没有得到应有的纠正，反倒还得到集中采购机构、财政部门有形或无形的支持。

所以，如果政府采购监管依然得不到加强，纳税的人的钱还将源源不断地被浪费。如果这种监管不力的局面得不到遏制，今天广州财政只是多花了400万元，明天、后天，就有可能多花4000万，甚至更多。

三、政府采购救济制度有待进一步完善

政府采购救济制度包括质疑、投诉、复议、诉讼，整个程序下来，历时较长。由于缺乏完善的暂停制度，加上政府采购监管方面存在的诸多问题，供应商救济制度在实践中往往起不到应有的作用。

此次格力政府采购案，从格力2008年11月24日提出质疑，到最近提起行政诉讼历时近一年。而在此过程中，违法确定的中标人广东省石油化工建设集团公司已经与采购人签订合同并已经履行合同完毕。

而以上局面并非个案，曾经的中国政府采购第一案及其他许多政府采购案例都曾面临同样的尴尬，而这些与现行救济制度的相关规定不无关系。

首先，部门规章自行将质疑作为投诉前置程序。

虽然我国《政府采购法》、《招标投标法》并未规定质疑前置，但政府采购监管部门所制定的部门规章，如财政部第20号令却明令规定质疑前置。此外，按立法法规定，部门规章作为下位法不得与法律相抵触，但由于上述规章为监管部门自身所制定，在政府采购部门畅通无阻，以致出现部门规章架空政府采购法与招标投标法等上位法的情形，从而《政府采购法》与《招标投标法》赋予供应商选择救济方式的权利完全被部门规章所剥夺。

其次，暂停制度先天不足。

我国政府采购关于暂停的规定，在投诉处理阶段，监管部门可以暂停项目，也可不暂停项目。而国际惯例一般是必须暂停，直至争议问题处理完毕，除非出现事关国家利益或国家紧急情况，即使出现事关国家利益或国家紧急情况不能暂停采购时，也必须由采购员（Contracting Officer）作出书面决定并记录在案以供事后继续审查其合法性。这方面美国政府采购的做法尤为典型。

但时至今日,《招标投标法》出台已 10 年,《政府采购法》出台也已 7 年。这数年间,即使国内情况再复杂、国际经验再庞杂,也完全有充裕的时间制定国内招标投标完善的暂停制度了。但相关法律法规,包括最近已征求意见的招标投标实施条例仍未就相关暂停制度作进一步完善,这已非不可为可解释的了,说其故意不为也并不为过。

即使监管部门暂停项目的话,也只限于投诉阶段,而且暂停时间以 30 个自然日为限,也就是说,碰上节假日并不顺延。而投诉处理决定期间为 30 个工作日,碰上节假日要顺延。其中自然日与工作日的客观差异也就意味着,实际上暂停的时间短于投诉处理时间,甚至投诉处理过程还未完成,政府采购合同已可以开始履行。

一旦出现投诉未完成,合同已履行,就国内而言投诉人是无论如何也无法再获得该政府采购合同了,更枉谈履行了。这不符合国际上通行的政府采购供应商救济暂停的做法,也有悖于我国加入的 WTO 政府采购协定的要求。即便万幸最终认定采购项目违法,也有可能因为政府采购合同已履行完毕的,相关供应商所能获的救济微乎其微。

综上,就供应商救济制度,当务之急,应完善暂停制度,并将其作为一项必要的常规制度,即一旦出现争议,必须暂停项目,除非法律、行政法规另有规定,否则日后类似案例还将层出不穷,相关供应商的救济仍将继续流于无形。

四、政府采购各方当事人权责有待进一步理清

格力政府采购案折射出政府采购评审不规范、监管乏力、救济制度不完善等问题,但所有问题的症结在于政府采购各方当事人责权利不清、不平衡。

(一)政府采购监管部门选择性失明

尽管广州市财政局在其答辩状称:有全面审查案件的权力,对于案件能认定而未认定的事实都依法予以了认定,对于能作出结论而未作出结论的事实也都依法予以作出结论,对于认定和结论错误的都依法予以了纠正。

但从上述事项中,可以看出事实远非如此。其对于格力所指出的复审、中标结果违法及第三次评审违法从未作实质处理,放任违法行为,甚至还以具体行政行为保护违法行为。

(二)集中采购机构法律地位不明

一方面,法律规定通用集中采购项目必须委托集中采购机构。集中采购机构进行政府采购活动,应当符合采购价格低于市场平均价格、采购效率更高、采购质量优良和服务良好的要求。政府采购监督管理部门应当对集中采购机构的采购价格、节约资金效果、服务质量、信誉状况、有无违法行为等事项进行监督,及规定采购人员的专业岗位任职要求。另一方面,法律又规定集中采购机构为采购代理机构,与社会中介采购代理机构一样,接受采购人的委托进行采购。

由于法律对集中采购机构地位规定不明,实践中出现将集中采购代理机构视同社会中介代理机构的认识。有的地区更在此基础上推崇两个竞争机制的观点及做法,即打破现有的行政隶属关系,在集中采购业务代理中引入竞争机制,使集中采购机构互相竞争;促使

社会中介采购代理机构与集中采购机构互相竞争。

以上表面上看似加强竞争，实则增加纳税人额外成本。国外通行做法均是在行政部门内设立集中采购机构，在实践中也证明行之有效，并保留至今。而这些国家均为市场经济发达国家，远比国内某些地区更注重规范竞争，尚且如此作制度性安排。反倒是国内部分地区所谓两个竞争机制的观点与做法，其用意我们不能不表示怀疑。

尽管法律关于集中采购机构的法律地位不明，但上述地区这一做法完全违背了政府采购法关于集中采购机构设立的规定，有悖于集中采购代理机构的设立初衷，使得通用集中采购项目规避监管，更因为集中采购代理机构与采购人的行政级别错位，导致监管的混乱及缺位，这或许正是某些地区政府采购中心频曝窝案，以及格力政府采购案出现的原因之一。

（三）专家独立性缺失

目前，政府采购项目，专家是较为重要的一环，在招标、竞争性谈判、询价中都少不了专家的作用，其作用主要通过评审委员会体现。

格力政府采购案中，在2008年11月4日开标评审当日，评标专家按招标文件规定的评标方法和评标标准，推荐格力为第一中标候选人。

然而在采购人确定中标人期间，同样的专家，在开标评审时，不但认为格力实质性响应投标文件，且确定其为排名第一的中标候选人，而在半个月后的复审中，没有任何新证据的情况下，却又认定格力未响应招标文件，其结果天壤之别。

在采购人确认期间，没有任何新的理由，集中采购机构组织原评审专家进行评审，作为专家，首先应知道招标的保密前提已不复存在，且已无评审权利，复审已然违法，但仍继续复审，并作出采购人希冀的评审结论，废弃格力作为排名第一的中标候选人。从中，凸显评审专家独立性缺失。

而第三次评审，虽然是重新抽取的专家，但专家评审结果竟然完全脱离招标文件与投标文件，甚至不知道需评审内容所在招标文件、投标文件的页码，而且几位专家同时出现一模一样的页码引用错误，更有专家冷热不分，直接以制热量参数取代制冷量参数进行评审，更不可思议的是，这些专家的评审结论与采购人出具的《情况说明》中的内容一致。凡此种种，无不让人佩服第三次评审专家与采购人之间的"灵犀"。

（四）采购人权利过大

尽管现行法律规定，采购人只能在评审专家推荐的中标候选人名单确认中标人，并且通常情况下，依法推荐出的排名第一的中标候选人是最符合采购人利益，也是最响应招标文件规定的，因此，只能确定排名第一的中标候选人为中标人。

然而，此次采购项目招标文件第四章定标中规定，广州市政府采购中心应在规定期限内将评标报告及《采购结果确认书》送至采购人。同时评标委员会推荐的中标候选人应在规定期限内将商务文件原件送采购人核对与其投标文件中的复印件是否一致。采购人接到原件之日起3个工作日内，核对没有不一致的，依法确认中标供应商；核对发现有不一致或供应商无正当理由不按时提供原件的，书面向采购中心提出，并报同级财政部门核实后按无效投标处理。

招标文件这一规定,一方面没有依据,另一方面由于核对原件只是对中标候选人进行,在投标人之间造成歧视不说,也不利及早发现提供虚假材料的投标。

此外,招标文件这一规定很容易被采购人用作拒不定标的理由。事实上,在本案中,原本采购人只是对商务文件进行核对,格力按招标文件规定,提交了商务文件原件供采购人核对,但至今采购人并未提出格力的商务文件原件与投标文件商务文件不一致。因此,按照招标文件第四章定标以及相关法律的规定,格力也应被确定为中标人。

但采购人却在商务文件核对期间,提出格力未响应招标文件,并以此为由,番禺区财政局、广州市政府采购中心借助专家,最终确定广东省石油化工建设集团公司为中标人。

当然,没有完善的暂停制度也是采购人敢于滥用权利的原因,而最近征求意见的招标投标法实施条例仍未在此方面作出相应完善,反倒在扩大招标人权力方面千方百计做文章,置供应商的合法权益救济、完善的暂停制度于不顾,这不能不让人扼腕。

五、政府采购有待各方进一步参与

此次,格力因政府采购将广州市财政局作为被告诉诸法院,引发媒体、民众、学者等广泛讨论,说明政府采购逐渐被大家所认识、关注,这对于政府采购的发展无疑是件好事,毕竟众人拾柴火焰高。但我们也看到,其中有学者、律师由于种种原因,对整个事件的把握有待商榷。

有学者认为,格力选择被告的问题上存在"宁选大的,也不选对的"情形。事实上,我国行政诉讼法及司法解释均规定,经复议的案件,复议机关改变原具体行政行为的,复议机关是被告。格力起诉广州市财政局正是基于广州市财政局所作出的行政复议决定改变了番禺区的投诉处理决定,完全符合相关规定。所以格力起诉广州财政局更多的是"选对的",只是碰巧广州市财政局在责任方里刚好是最大的。

而南方某律师不知从何判断是格力动员的媒体。格力诉广州市财政局作为公开审理的案件,天河区法院在其电子显示屏上公告当事人姓名、案由和开庭的时间、地点,稍对政府采购敏感一点的媒体完全可以从中发现线索,并进一步通过各种渠道获取相关信息,何以用人动员。而南方某地区政府采购频曝窝案,也早已培养了诸多媒体的长期关注,稍有风吹草动,引来众多媒体实属正常。或许,该律师可以被动员,但这并不代表别人也可轻易被动员。

其实不仅南方某地区,即使在全国,随着社会经济的发展,民众素质的提高,各方也对政府采购的关注持续加大,因为这关系到纳税人的钱的使用问题,同样也是近年来,政府采购方面整个大环境使然。广州市财政局日前公布财政预算,按该律师的说法,不知是不是也得认为动员某些媒体迫使其而成。

重庆市合川区政府采购学生床事件,其所涉及的财政性资金不过94万元,尚且引发全国各大媒体的广泛关注,不知该律师是不是也要查找一下其潜在"动员力量"。

格力政府采购案所涉及的金额高达2150多万元,且违法行为就发生在两级财政部门眼皮底下,而这些违法行为仍能我行我素安然无恙。如果媒体关注才能促使相关监督管理部门以后不仅在事后，更在事前、事中切实行使监管权力的话，我们倒宁愿有更多的媒体介入，相信我们也愿意做这方面的"动员"，甚至是摇旗呐喊。这样才能保证中国政府采购事业规范、健康、持续的发展，保证纳税人的钱能高效节约的使用，而不是中饱个别人的私囊，尤其是在现在4万亿元刺激经济方案中、政府采购作用日渐突出的背景下。

其实，靠媒体的关注来推动监管，本身就是政府采购监管缺失的一种体现，甚至是当前政府采购的悲哀。当然，媒体的参与、普通民众的参与，以及社会各界的参与对政府采购的推动不无裨益，但在当前社会环境下，核心仍在于供应商自身的积极参与。

倘若，格力不提起诉讼，那么此次采购项目的违法行为将依旧得不到曝光，政府采购过程中所存在的问题将依旧得不到解决，损害的将不仅仅是格力的合法利益，最终损害的还将是我们整个纳税人的利益，乃至社会公正。

试想，若非孙中界断指明志、张军奋而提起诉讼，广大媒体共同关注，又怎么会有今日"钓鱼执法"之纠正？所以，只有企业都能拿起法律武器维护自己的正当政府采购利益，同时广大媒体共同关注，才真正长远有利于整个政府采购中违法的纠正。

结合案例，请回答以下问题：

1. 通过本案例，反映了政府采购中的哪些问题？

2. 请问番禺区财政局、广州市政府采购中心在本案中处于何种地位，法律是如何来规定该角色的？

3. 通过案例，原告应该如何来进行行政复议和行政诉讼两种救济手段？

五、参考答案

（一）单选答案（本题共20小题）

1	2	3	4	5	6	7	8	9	10
B	C	A	D	B	C	D	B	A	C
11	12	13	14	15	16	17	18	19	20
D	A	B	C	B	C	C	A	D	C

（二）多选答案（本题共 10 小题）

1	2	3	4	5	6	7	8	9	10
BDE	ABCD	ABDE	CE	ABCDE	ABCDE	ACD	ABDE	BCE	ABCDE

（三）名词解释答案（本题共 10 小题）

1. 答：行政诉讼，是指公民、法人或者其他组织认为行政机关的具体行政行为侵害其合法权益，依法向人民法院提起诉讼，由人民法院对该项具体行政行为进行审理并作出裁判的活动的总称。

2. 答：行政复议，是指公民、法人或者其他组织认为行政机关的具体行政行为侵犯其合法权益，依法向法定的行政机关提出申请，由该行政机关对具体行政行为进行审查并作出处理的制度。

3. 答：行政复议申请人，是指认为自己的合法权益受到具体行政行为的侵害，依法以自己的名义提起行政复议申请的公民、法人或者其他组织。行政复议的申请人一般是行政相对人，即行政行为所指向的个体。

4. 答：具体行政行为，是指行政机关针对特定对象或者特定事项所作出的对行政相对人的权益产生影响的行为，如工商局对某小吃店作出的罚款处罚决定，或者环保局对某污染物排放不达标的企业作出的责令停业整顿的处罚决定，都属于典型的具体行政行为。

5. 答：抽象行政行为，是指特定的国家行政机关指定和发布普遍性行为规范的行为，如财政部依法制定《政府采购管理暂行办法》的行为便属于典型的抽象行政行为。

6. 答：调解行为，是指一种当事人双方自愿的情形下行政机关所实施的行为，不属于具体行政行为，对当事人并不具有强制的约束力。当事人对调解的内容不服的，当事人完全可以就争议本身向法院提起民事诉讼。

7. 答：仲裁行为，主要是指由各级劳动行政管理机关设立的劳动仲裁委员会所实施的劳动仲裁行为，对此类仲裁行为不服的，当事人有权通过提起民事诉讼寻求救济。但对于法律以外的行政法规、地方性法规以及规章所规定的仲裁行为，当事人则有权提起行政诉讼。

8. 答：现场笔录，是指行政机关工作人员在实施具体行政行为的现场对现场有关能够证明案件的事实所作的书面记录。现场笔录与勘验笔录一样，都属于有关机关的专门人员对现场情况的记录，两者的不同之处在于现场笔录是行政机关实施具体行政行为时对现场情况的记录，而勘验笔录是在案件事实发生之后有关勘验人员对现场情况的记录。

9. 答：行政指导行为，是指行政机关以倡导、示范、建议、咨询等方式引导行政相对人自愿作出某种行为或者自愿不作出某种行为以实现行政管理目的的活动。

10. 答：行政诉讼的受案范围，是指人民法院受理行政案件的范围，相当于行政相对人有权提起行政诉讼的行政争议的范围。从行政机关的受监督程度与行政相对人的受保护程序的角度来看，行政诉讼的受案范围越广则行政机关受到的监督就越多，行政相对人受到的保护也越多；行政诉讼的受案范围越窄，则行政机关受到的监督就越少，行政相对人受到的保护也越少。

（四）判断答案（本题共 20 小题）

1	2	3	4	5	6	7	8	9	10
√	×	√	√	×	×	√	√	×	×
11	12	13	14	15	16	17	18	19	20
√	√	×	×	√	√	×	√	×	√

（五）简答答案（本题共 12 小题）

1. 答：具体行政行为，指行政机关针对特定对象或者特定事项所作出的对行政相对人的权益产生影响的行为；与具体行政行为相对的概念是抽象行政行为，指特定的国家行政机关指定和发布普遍性行为规范的行为。

具体行政行为与抽象行政行为的区别在于具体行政行为针对的是特定的对象以及事项，该行为的作出将对行政相对人的权益产生直接的影响，而抽象行政行为针对的是不特定的对象以及事项，该行为的作出并不会对行政相对人的权益产生直接的影响。

2. 答：行政复议的参加人有以下几类：

（1）申请人。行政复议申请人，指认为自己的合法权益受到具体行政行为的侵害，依法以自己的名义提起行政复议申请的公民、法人或者其他组织。行政复议的申请人一般是行政相对人，即行政行为所指向的个体。

（2）被申请人。被申请人，指其具体行政行为被申请人认为侵害其合法权益的行政机关。一般情况下，作出具体行政行为的行政机关是被申请人。

（3）第三人。第三人，指同被申请复议的具体行政行为具有利害关系的公民、法人或者其他组织。

3. 答：行政复议期间具体行政行为不停止执行。但是有下列情形之一的，可以停止执行：

（1）被申请人认为需要停止执行的。

（2）复议机关认为需要停止执行的。

（3）申请人申请停止执行，行政复议机关认为其要求合理，决定停止执行的。

（4）法律规定停止执行的。

4. 答：行政复议机关负责法制工作的机构应当对被申请人作出的具体行政行为进行审查，提出意见，经行政复议机关的负责人同意或者集体讨论通过后，按照下列规定作出

经复议的案件，复议机关决定维持原具体行政行为的，作出原具体行政行为的行政机关是被告；复议机关改变原具体行政行为的，复议机关是被告。两个以上行政机关作出同一具体行政行为的，共同作出具体行政行为的行政机关是共同被告。

复议机关在法定期间内不作复议决定，当事人对原具体行政行为不服提起诉讼的，应当以作出原具体行政行为的行政机关为被告；当事人对复议机关不作为不服提起诉讼的，应当以复议机关为被告。

行政机关被撤销的，继续行使其职权的行政机关是被告。

当事人不服经上级行政机关批准的具体行政行为，向人民法院提起诉讼的，应当以在对外发生法律效力的文书上署名的机关为被告。

法律法规或者规章授权行使行政职权的行政机关内设机构、派出机构或者其他组织，超出法定授权范围实施行政行为，当事人不服提起诉讼的，应当以实施该行为的机构或者组织为被告。

3. 答：对属于人民法院受案范围的行政案件，公民、法人或者其他组织可以先向上一级行政机关或者法律法规规定的行政机关申请复议，对复议不服的，再向人民法院提起诉讼；也可以直接向人民法院提起诉讼。复议机关不受理复议申请或者在法定期限内不作出复议决定，公民、法人或者其他组织不服，依法向人民法院提起诉讼的，人民法院应当依法受理。法律法规规定应当先向行政机关申请复议，对复议不服再向人民法院提起诉讼的，依照法律法规的规定。

参考文献

［1］孙明贵. 采购物流实务［M］. 北京：机械工业出版社，2004.

［2］胡军. 采购与供应概论［M］. 北京：中国物资出版社，2008.

［3］王利明，房绍坤，王轶. 合同法［M］. 北京：中国人民大学出版社，2002.

［4］王利明. 合同法研究（第一卷）［M］. 北京：中国人民大学出版社，2002.

［5］王利明. 合同法研究（第二卷）［M］. 北京：中国人民大学出版社，2003.

［6］崔建远. 合同法［M］. 北京：法律出版社，2007.

［7］梁慧星. 民法总论［M］. 北京：法律出版社，2007.

［8］李建伟. 民法 62 讲［M］. 北京：人民法院出版社，2006.

［9］何红锋. 政府采购法详解［M］. 北京：知识产权出版社，2002.

［10］曹富国.《中华人民共和国政府采购法》释义［M］. 北京：机械工业出版社，2002.

［11］曹富国. 中国招标投标法原理与适用［M］. 北京：机械工业出版社，2002.

［12］江伟. 民事诉讼法（第二版）［M］. 北京：高等教育出版社，2004.

［13］张卫平. 民事诉讼法［M］. 北京：高等教育出版社，2006.

［14］卞建林. 证据法学［M］. 北京：中国政法大学出版社，2004.

［15］张东. 仲裁法教程［M］. 北京：对外经济贸易大学出版社，2007.

［16］常英. 仲裁法学［M］. 北京：中国政法大学出版社，2000.

［17］胡建淼. 行政法与行政诉讼法［M］. 北京：清华大学出版社，2008.

［18］张正钊. 行政法与行政诉讼法［M］. 北京：中国人民大学出版社，1999.

［19］姜明安. 行政法与行政诉讼法［M］. 北京：北京大学出版社，1999.

［20］应松年. 行政诉讼法［M］. 北京：中国政法大学出版社，2004.

［21］物流与采购网. www.cflp.org.cn.

［22］全国知识产权律师网. http：//www.lawtime.cn.

［23］110 法律咨询. http：//www.110.com.

［24］华律网. http：//www.66law.cn.

［25］北京利贞律师网. http：//www.bjlzlawyer.com.

［26］法律快车. http：//www.lawtime.cn/info/hetong.

［27］国家司法考试在线. http：//www.sikao.com.

［28］北京浩伟律师事务所. http：//www.haoweilaw.com.

[29] 中国民商法律网. http：//www. civillaw. com. cn.

[30] 葵花法律论坛. http：//www. mykh. net.

[31] 法法网. http：//www. fafawang. com.

[32] 北京合同律师网. http：//www. bjhetong. com.

[33] 中国电子商务法律网. http：//www. chinaeclaw. com.

[34] 中国采购与招标网. http：//www. chinabidding. com. cn.